Wiesner/Leibinger/Müller · Öffentliche Finanzwirtschaft

Öffentliche Finanzwirtschaft

von
Prof. Herbert Wiesner
Dozent a.D. an der Fachhochschule des Bundes für öffentliche Verwaltung

Prof. Dr. Bodo Leibinger
Reinhard Müller
Dozenten an der Fachhochschule des Bundes für öffentliche Verwaltung

12., neu bearbeitete Auflage

R. v. Decker

Reihe „Handbücher und Kommentare"

Vorliegender Band herausgegeben von

Michael Streffer
Ministerialdirigent a.D.
im Bundesministerium der Verteidigung

© 2008 R. v. Decker, Verlagsgruppe Hüthig Jehle Rehm GmbH, Heidelberg
Satz: Gottemeyer, Rot
Druck: Gulde-Druck, Tübingen
ISBN 978-3-7685-0555-0

Geleitwort

Mit der vorliegenden Auflage erscheint die „Öffentliche Finanzwirtschaft" – in wesentlichen Teilen – ein zweites Mal unter neuer Verantwortung. Bereits die Vorauflage wurde – neben dem langjährigen Alleinautor Wiesner – von Bodo Leibinger und Reinhard Müller betreut, beide Dozenten am Zentralbereich der Fachhochschule des Bundes für öffentliche Verwaltung. Eine ständig wachsende Nachfrage erforderte die Neuauflage zum gegenwärtigen Zeitpunkt, und die Verfasser haben die Gelegenheit genutzt, das Werk auf den neuesten Stand zu bringen; insbesondere gilt dies für die Teile C bis G. Schon ein Blick in das umfangreiche und informative Abbildungsverzeichnis lässt die Vielseitigkeit der Darstellung und das gelungene Bemühen der Autoren erkennen, den Stoff anschaulich zu vermitteln.

Mit den Autoren freuen sich Herausgeber und Verlag über den großen Zuspruch, den das Werk auch und gerade nach Erscheinen der Vorauflage gefunden hat, bestätigt dies doch die Entscheidung des Pensionärs Wiesner, sein Werk in die Hände jüngerer, fachlich hervorragend ausgewiesener Kollegen zu legen.

Für die neue, 12. Auflage wünschen Herausgeber und Verlag den Autoren den gleichen Erfolg wie bisher.

Bonn, im Mai 2008   *Michael Streffer*

Vorworte

Öffentliche Finanzwirtschaft wird von verschiedenen Wissenschaftsdisziplinen geprägt. Der juristische Ansatz reicht vom Verfassungsrecht bis zum einfachen Kassenrecht, der ökonomische Ansatz von volkswirtschaftlichen Fragen der Wirtschafts- und Sozialpolitik bis zu einzelwirtschaftlichen Fragen der Organisation. Im Mittelpunkt der Betrachtung steht der staatliche Haushaltsplan. Er wird von der Verwaltung nach genau festgelegten Regeln aufgestellt und ausgeführt, von den Regierungen beschlossen und von den Parlamenten durch Haushaltsgesetz festgestellt. Allein auf Grund seines Umfangs kann der Haushaltsplan nicht ohne Einfluss auf die Gesamtwirtschaft bleiben.

Mit diesem Buch soll erneut der Versuch unternommen werden, die komplexe und umfangreiche Materie der öffentlichen Finanzwirtschaft geschlossen und vor allem verständlich wiederzugeben. Das Buch soll Studierenden und Praktikern auch als Nachschlagewerk dienlich sein.

Auch in dieser 12. Auflage sind wir für die Kapitel C bis G verantwortlich. Von der nächsten Auflage an werden wir die Bearbeitung des Buches vollständig übernehmen, da sich unser geschätzter Kollege Wiesner zurückziehen wird. Ihm gilt unser ganz besonderer Dank. Prof. Wiesner hat die ersten 10 Auflagen des Buches in den Jahren 1973 bis 2003 als Alleinautor verfasst und dem Werk hohes Ansehen in Hochschulen und gleichermaßen auch bei Praktikern verschafft. Es ist uns eine Ehre, aber auch eine große Freude, dieses Standardwerk zur Öffentlichen Finanzwirtschaft weiterführen zu dürfen.

Köln, im Mai 2008

Bodo Leibinger
Reinhard Müller

Ich bin sicher, dieses Lehrbuch in fachlich höchst kompetente Hände zu übergeben. Zugleich bin ich überzeugt und dankbar, dass meine Kollegen Leibinger und Müller als ausgewiesene Finanzexperten dieses Lehrbuch – wie mit ihren Beiträgen schon jetzt – auf höchstem fachlichen Niveau insgesamt fortführen werden.

Für die Zukunft wünsche ich meinen Nachfolgern und ihrem Buch alles erdenklich Gute!

Heide/Holst., im Mai 2008

Herbert Wiesner

Inhaltsübersicht

Inhaltsverzeichnis

Anhang

Verzeichnis der Abbildungen und Übersichten

Abbildungen

Übersichten

Abkürzungsverzeichnis

a.a.O.	am angeführten Ort
AnnAO	Annahmeanordnung
AO	Abgabenordnung
Art.	Artikel
AuszAO	Auszahlungsanordnung
BAT	Bundesangestelltentarif
BBesG	Bundesbesoldungsgesetz
BBG	Bundesbeamtengesetz
Begr.	Begründung
BesGr	Besoldungsgruppe
BGB	Bürgerliches Gesetzbuch
BGBl	Bundesgesetzblatt
BHO	Bundeshaushaltsordnung
BIP	Bruttoinlandsprodukt
BKa	Bundeskasse
BM	Bundesminister(ium)
BMF	Bundesminister(ium) der Finanzen
BMI	Bundesminister(ium) des Innern
BMWA	Bundesminister(ium) für Wirtschaft und Arbeit
BR	Bundesrat
BReg	Bundesregierung
BRH	Bundesrechnungshof
BRKG	Bundesreisekostengesetz
BT	Bundestag
BUKG	Bundesumzugskostengesetz
BVerfG	Bundesverfassungsgericht
BVerfGE	Entscheidungssammlung des Bundesverfassungsgerichts
EDV	elektronische Datenverarbeitung
ErstG	Erstattungsgesetz
Fn	Fußnote
FPL	Funktionenplan
GG	Grundgesetz
GGO	Gemeinsame Geschäftsordnung der Bundesministerien
GO	Geschäftsordnung
BO-BReg	Geschäftsordnung der Bundesregierung
GO-BT	Geschäftsordnung des Bundestages
GPL	Gruppierungsplan
grds.	grundsätzlich

GVBl	Gesetz- und Verordnungsblatt
HG	Haushaltsgesetz
HGE	Entwurf des Haushaltsgesetzes
HGrG	Gesetz über die Grundsätze des Haushaltsrechts des Bundes und der Länder (Haushaltsgrundsätzegesetz)
Hj	Haushaltsjahr
Hpl	Haushaltsplan
HRB	Haushaltstechnische Richtlinien des Bundes
HÜL	Haushaltsüberwachungsliste
i.e.S.	im engeren Sinne
i.w.S.	im weiteren Sinne
Kap	Kapitel
KBestB	Kassenbestimmungen des Bundes
ku	künftig umzuwandeln
kw	künftig wegfallend
LHO	Landeshaushaltsordnung
LMF	Landesminister(ium) der Finanzen
LRH	Landesrechnungshof
LV	Landesverfassung
LZB	Landeszentralbank
MinBlFin	Ministerialblatt des Bundesministers der Finanzen
MTB	Manteltarifvertrag des Bundes
NJW	Neue Juristische Wochenschrift
Nordrh.-Westf.	Nordrhein-Westfalen
NZSt	Nebenzahlstelle
PP	Produktionspotenzial
RB Bau	Richtlinien des Bundes für die Durchführung von Bauaufgaben
Rdschr	Rundschreiben
RegEntwBegr	Regierungsentwurfsbegründung
RHO	Reichshaushaltsordnung
Rj	Rechnungsjahr
Rn	Randnummer
RRO	Reichsrechnungslegungsordnung
RWB	Wirtschaftsbestimmungen für die Reichsbehörden
S.	Seite
s.	siehe
StWG	Gesetz zur Förderung der Stabilität u. des Wachstums der Wirtschaft
Tit	Titel
Tz	Textziffer

VBRO	Buchführungs- und Rechnungslegungsordnung für das Vermögen des Bundes
Vgl.	Vergleiche
VMBI	Verwaltungsmitteilungen des Bundesministers der Verteidigung
VOB	Verdingungsordnung für Bauleistungen
VOL	Verdingungsordnung für Leistungen(ausgen. Bauleistungen)
VV-BHO	Verwaltungsvorschriften zur Bundeshaushaltsordnung
VV-HB	Verwaltungsvorschriften zur Haushaltssystematik des Bundes
VwKostG	Verwaltungskostengesetz
VwVG	Verwaltungsvollstreckungsgesetz
Zst	Zahlstelle

„Der Staatshaushalt muss ausgeglichen sein. Die öffentlichen Schulden müssen verringert werden. Die Arroganz der Behörden muss gemäßigt und kontrolliert werden. Die Zahlungen an ausländische Regierungen müssen verringert werden, wenn der Staat nicht bankrott gehen soll. Die Leute sollen wieder lernen zu arbeiten statt auf öffentliche Rechnung zu leben."

Marcus Tullius Cicero, 55 vor Christus

Literaturverzeichnis

Andreae/Mauser, Finanztheorie, Stuttgart/Düsseldorf, 1969.

Andreae/Schlögl, Finanzpolitik, Stuttgart/Düsseldorf, 1975.

Arnold/Geske (Hg.), Öffentliche Finanzwirtschaft, München, 1988.

Blödtner/Friedrich, Lehrbuch der Finanzwissenschaft, Herne/Berlin, 1981.

Bofinger, Peter, Wir sind besser als wir glauben. Wohlstand für alle, München 2005.

Borrmann/Schwanenberg, Öffentliche Finanzwirtschaft, 2. Aufl., Köln/Berlin/Bonn/München, 1992.

Bundesministerium der Finanzen (Hg.), Rundschreiben vom 10.7.2006 – II A2-H 1200-77/90: Bildung von Ausgaberesten im flixibilisierten Bereich.

Bundesministerium der Finanzen (Hg.), Das System der Öffentlichen Haushalte, Berlin, Stand: Oktober 2006.

Bundesministerium der Finanzen, Verwaltungsvorschriften zur Haushaltsführung 2008 vom 20.12.2007.

Fuchs, Haushaltsrecht und Haushaltswirtschaft in der staatlichen Verwaltung, Herford, 2000.

Geigant/Sobotka/Westphal, Lexikon der Volkswirtschaft, 7. Aufl., Landsberg/Lech, 2000.

Giese/Schunck/Winkler, Verfassungsrechtsprechung in der Bundesrepublik, Frankfurt, 1966.

Gläser, Finanzpolitische Willensbildung in der Bundesrepublik Deutschland, Berlin, 1964.

Görg, Finanzwirtschaft, öffentliche, in: Evangelisches Staatslexikon, 3. Aufl., Stuttgart/Berlin, 1987.

Haller, Finanzpolitik, 5. Aufl., Tübingen, 1972.

Hansmeyer, Der öffentliche Kredit 1 - Der Staat als Schuldner, 3. Aufl., Frankfurt, 1984.

Hansmeyer/Rürup, Staatswirtschaftliche Planungsinstrumente, 2. Aufl., Tübingen, 1975.

Hedtkamp, Lehrbuch der Finanzwissenschaft, 2. Aufl., Neuwied, 1977.

Heinig, Das Budget, 1. Bd., Tübingen, 1949.

Heller, R. F., Haushaltsgrundsätze für Bund, Länder und Gemeinden, Systematische Gesamtdarstellung, Heidelberg, 1998.

Henle, Finanzpolitik und Finanzverfassung, München/Wien, 1980.

Henneke, Öffentliches Finanzwesen – Finanzverfassung – Eine systematische Darstellung, 2. Aufl., Heidelberg, 2000.

Heuer, Kommentar zum Haushaltsrecht, Neuwied, Loseblattausgabe.

Hirsch, Parlament und Verwaltung, Teil 2, Stuttgart/Berlin/Köln/Mainz, 1968.

Jürgens/Piduch/Cohrs, Finanzverfassung, Steuern und öffentlicher Haushalt, 2. Aufl., Regensburg, 1986.

Kamp/Langheinrich/Stamm, Die Ordnung der öffentlichen Finanzen, Bonn, 1971.

KamplSchönebeck/Smolinski/Weiler, Öffentliche Finanzwirtschaft, Köln, 1975.

Klein, Öffentliche Finanzwirtschaft, in: Handbuch für die öffentliche Verwaltung (HÖV), Neuwied/Darmstadt, 1984.

v. Köckritz/Ermisch/Dittrich/Lamm, Bundeshaushaltsordnung, Kommentar, München/Münster, Loseblattsammlung.

Koesters, Ökonomen verändern die Welt, 4. Aufl., Hamburg, 1984.

Kolms Finanzwissenschaft, Bd. 1, 4. Aufl., Berlin/New York, 1974.

Korff, Haushaltspolitik – Instrument öffentlicher Macht, Stuttgart/Berlin/Köln/Mainz, 1975.

Krämer/Schmidt, Zuwendungsrecht – Zuwendungspraxis, Loseblattwerk, 5 Ordner, Heidelberg.

Krüger-Spitta/Bronk, Einführung in das Haushaltsrecht und die Haushaltspolitik, Darmstadt, 1973.

Kunst/Herzog/Schneemelcher (Hg.), Evangelisches Staatslexikon, 3. Aufl., Stuttgart/Berlin, 1987.

Leibholz/Rinck, Grundgesetz, Kommentar anhand der Rechtsprechung des Bundesverfassungsgerichts, 6. Aufl., Köln, Loseblattsammlung.

Leibinger, Hans-Bodo/Rohwer, Bernd,Was kann die Fiskalpolitik noch leisten?, in: Konjunkturpolitik, 29. Jg. 1983, Heft 3, S.141-162.

Leibinger, Hans-Bodo, Fiskalpolitik unter veränderten Rahmenbedingungen: Eine Analyse am Beispiel der Bundesrepuplik Deutschland, Berlin, 1985.

Leibinger, Hans-Bodo/Jordan, Bernd, Das Notbewilligungsrecht des Bundesministers der Finanzen nach Art. 112 GG – Erfahrungen aus dem ersten Jahrzent nach dem Urteil des Bundesverfassungsgerichts, in: Die Öffentliche Verwaltung (DÖV), 42. Jg., H. 1/1989, S. 16-21.

Leibinger, Hans-Bodo, Öffentliche Kreditaufnahme – ein haushaltspolitischer Bumerang?, in: Der Verwaltungswirt (DVW) 6/89, S. 15-18 und 1/90, S. 11-17.

Mackscheidt/Steinhausen, Finanzpolitik 1 – Grundfragen fiskalpolitischer Lenkung, 3. Aufl., Tübingen/Düsseldorf, 1978.

Mäding, Haushaltsplanung, Haushaltsvollzug, Haushaltskontrolle, Baden-Baden, 1987.

Maunz/Dürig, Grundgesetz, Kommentar, München, 1985, Loseblattsammlung, zit. MDH.

Meyers Handbuch über die Wirtschaft, 3. Aufl., Mannheim/Wien/Zürich, 1974.

Möller (Hg.), Gesetz zur Förderung der Stabilität und des Wachstums der Wirtschaft, Kommentar, 2. Aufl., Hannover, 1969.

Morell, Der Bundeshaushalt - Recht und Praxis, Kommentar, Wiesbaden, 1983.

Müller, R., Das System des Finanzausgleichs zwischen Bund, Ländern und Gemeinden, KKZ 1984, S. 141-149.

Müller, R., Der Beauftragte für den Haushalt – eine finanzwirtschaftliche Leitungsfunktion, KKZ 1986, S. 61-67.

Müller, R., Die Funktionen des Haushaltsplans als Lerngegenstand der Fachhochschulen für öffentliche Verwaltung, KKZ 1987, S. 2-10.

Müller, R., Finanzkontrolle beim Bund, KKZ 1987, S. 81-89.

Müller, R., Lernziele, Lerninhalte und Lehrkonzeption des Studienfachs Öffentliche Finanzwirtschaft im Grundstudium an der Fachhochschule des Bundes für öffentliche Verwaltung – ein konkreter Fall des Zusammenwirkens der Verwaltungswissenschaften, in: Auf dem Weg zur Verwaltungswissenschaft – 10 Jahre Fachhochschule des Bundes für öffentliche Verwaltung, hg. v. *Rupert Eilsberger* und *Hans-Ludwig Schmahl*, Köln, 1989.

Müller, R., Das Studienfach Öffentliche Finanzwirtschaft im Grundstudium an der Fachhochschule des Bundes für öffentliche Verwaltung, KKZ 1990, S. 41-46.

Müller, R., Die Ordnung der öffentlichen Finanzwirtschaft in der Bundesrepublik Deutschland, KKZ 1990, S. 201-210, 224-227.

Müller, R., Neue finanzwirtschaftliche Steuerungsmodelle im kommunalen Bereich – Stand der Entwicklung und haushaltsrechtlicher Änderungsbedarf, VR 1995, S. 217-228.

Mussgnug, Der Haushaltsplan als Gesetz, Göttingen, 1976.

Neumark (Hg.), Theorie und Praxis der Budgetgestaltung, in: Handbuch der Finanzwissenschaft, Bd. 1, 3. Aufl., Tübingen, 1977.

Neumark, F., Der Reichshaushaltsplan, Jena, 1929.

Nöll von der Nahmer, Lehrbuch der Finanzwissenschaft, Bd. 1, Köln/Opladen, 1964.

Noll, Finanzwissenschaft, München, 1979.

Patzig, Haushaltsrecht des Bundes und der Länder, Kommentar, Baden-Baden, 1984.

Peffekoven, Einführung in die Grundbegriffe der Finanzwissenschaft, 3. Aufl., Darmstadt, 1996.

Penning, Optische Finanzwissenschaft, Herne/Berlin, 1978.

Piduch, Bundeshaushaltsrecht, Kommentar, Stuttgart/Berlin/Köln/Mainz, Loseblattsammlung.

Reding/Postlep, Finanzwissenschaft I, II, III, München, 1978.

Reiberg/Wobser, Handbuch für die Einnahmen und Ausgaben der Behörden der Bundesrepublik, 8. Aufl., Heidelberg, 1987.

Rose/Falthauser (Hg.), Die Haushälter, Köln, 1990.

v. Rosen-v. Hoewel/Weichsel, Öffentliche Finanzwirtschaft, Stuttgart, 1971.

Rothkegel, Finanzplanung und Konjunkturpolitik, Stuttgart, 1973.

Rürup/Körner, Finanzwissenschaft – Grundlagen der öffentlichen Finanzwirtschaft, 2. Aufl., Düsseldorf, 1997.

Scheel/Steup, Gemeindehaushaltsrecht Nordrhein-Westfalen, Kommentar, 5. Aufl., Düsseldorf, 1997.

Schmidt-Bleibtreu/Klein, Grundgesetz, Kommentar, 10. Aufl., Neuwied/Darmstadt, 2004.

Schmölders, Finanzpolitik, 3. Aufl., Heidelberg/New York, 1970.

Schulz, Die externe Finanzkontrolle der unmittelbaren Staatsverwaltung, in: Unterrichtsblätter für die Bundeswehrverwaltung, Nr. 2 und 3, Heidelberg, 1993.

Siekmann, Staatliches Haushaltsrecht, Köln/Stuttgart/Berlin/Hannover/Kiel/Mainz/München, 1982.

Smekal, Finanzen intermediärer Gewalten (Parafisci), in: Handwörterbuch der Wirtschaftswissenschaften, Stuttgart, 1981.

Staender, Lexikon der öffentlichen Finanzwirtschaft, 5. Aufl., Heidelberg, 2000.

Steinfatt/Schuy, Handbuch des Haushalts-, Kassen- und Rechnungswesens, Loseblattwerk, 2 Ordner, Heidelberg.

Stern, Das Staatsrecht der Bundesrepublik Deutschland, München, 1980.

Stern/Münch/Hansmeyer, Gesetz zur Förderung der Stabilität und des Wachstums der Wirtschaft, Kommentar, 2. Aufl., Stuttgart, 1972.

Stickrodt, Finanzrecht – Grundriß und System, Berlin, 1975.

Theiß, Das Nothaushaltsrecht des Bundes, Berlin, 1975.

Ulsenheimer, Untersuchungen zum Begriff „Finanzverfassung", Stuttgart, 1969.

Verwaltungsvorschriften zur Haushaltssystematik des Bundes (VV-HB) in der überarbeiteten Fassung vom 30. Dezember 1999. Die VV-HB beinhalten den Gruppierungsplan, den Funktionenplan und die Haushaltstechnischen Richtlinien des Bundes (HRB). Die HRB wurden zuletzt im Mai 2003 angepasst.

Vogt, Staatliches Haushaltsrecht, in: Handbuch für die öffentliche Verwaltung (HÖV), Neuwied/Darmstadt, 1984.

Weichsel, Öffentliche Finanzwirtschaft, Stuttgart, 1976.

Wiesner (1), Öffentliche Finanzwirtschaft II – Kassenrecht –, 5. Aufl., Heidelberg, 1985.

Wiesner (2), Das staatliche Haushalts-, Kassen- und Rechnungswesen, 8. Aufl., Heidelberg, 2007.

Wiesner (3), Öffentliche Finanzwirtschaft im volkswirtschaftlichen Kreislauf, in: Unterrichtsblätter für die Bundeswehrverwaltung (UBWV), Heft 1 und 2, Heidelberg, 1988.

Wittmann, Einführung in die Finanzwissenschaft, 8. Aufl., Stuttgart/New York, 2000.

Zunker, Finanzplanung und Bundeshaushalt, Frankfurt/Berlin, 1972.

A. Die öffentlichen Finanzen
– Wesenselement jeder Staatsverfassung

Zweck der öffentlichen Verwaltung ist die staatliche Aufgabenerfüllung; die Öffentlichen Finanzen dienen dabei der Aufgaben**finanzierung** und sind Wesenselement jeder Staatsverfassung.

I. Staatsrechtliche Grundlagen der Öffentlichen Finanzwirtschaft

Grundlagen der Öffentlichen Finanzwirtschaft sind
* Staatshoheit und Kompetenzverteilung im föderativen Bundesstaat,
* Finanzhoheit,
* Budgethoheit,
* Finanzverfassung,
* Finanzpolitik.

1. Staatshoheit und Kompetenzverteilung im föderativen Bundesstaat

Art. 20 Abs. 1 GG:
Die Bundesrepublik Deutschland ist ein demokratischer und sozialer **Bundesstaat.**

Hiermit ist für die Bundesrepublik Deutschland der föderative Staatsaufbau nach dem *bundesstaatlichen* Prinzip verfassungsgesetzlich normiert. Unter dem Begriff „Bundesstaat" ist eine durch die Verfassung geformte staatsrechtliche Verbindung von einzelnen weitgehend selbständigen Staaten zu verstehen, die als „Gliedstaaten" (= z. Zt. 16 Bundesländer) jeweils mit allen Merkmalen der Staatsqualität ausgestattet sind und zugleich Teile des „Gesamtstaates" (= Bund) sind, der ebenfalls die Qualität eines Staates besitzt; die Souveränität jedoch liegt beim Bund.

Die Art. 1 und 20 GG unterliegen gem. Art. 79 Abs. 3 GG der sog. **Ewigkeitsgarantie.**

Das Grundgesetz der Bundesrepublik Deutschland (GG) regelt hierzu
- die Aufgabenkompetenz,
- die Ausgabenkompetenz,
- die Einnahmenkompetenz

zwischen dem Bund, den Ländern und den Gemeinden (GV).

- Die **Aufgabenkompetenz** liegt gem. Art. 30 GG grundsätzlich bei den Ländern, soweit das Grundgesetz keine andere Regelung trifft oder zulässt:

> **Art. 30 GG:**
> Die Ausübung der staatlichen Befugnisse und die Erfüllung der staatlichen Aufgaben ist Sache der Länder, soweit dieses Grundgesetz keine andere Regelung trifft oder zulässt.

Diese Aufgabenverteilung stellt eine Generalklausel für die Zuständigkeitsverteilung zwischen dem Bund und den Ländern dar, wobei die Zuständigkeits*vermutung* eindeutig bei den Ländern liegt.

> **Art. 28 Abs. 2 GG:**
> Den Gemeinden muss das Recht gewährleistet sein, alle Angelegenheiten der örtlichen Gemeinschaft im Rahmen der Gesetze in eigener Verantwortung zu regeln. Auch die Gemeindeverbände haben im Rahmen ihres gesetzlichen Aufgabenbereichs nach Maßgabe der Gesetze das Recht der Selbstverwaltung.

Die Gemeinden sind landesunmittelbare juristische Personen des öffentlichen Rechts. Sie sind öffentlich-rechtliche Gebietskörperschaften, die kraft ihrer vom Staat *abgeleiteten* Herrschaftsgewalt die Angelegenheiten der *örtlichen Versorgung und Entsorgung* im Rahmen der Gesetze in eigener Verantwortung im Wege der Selbstverwaltung regeln (verfassungsgesetzliche Selbstverwaltungsgarantie).

- Die **Ausgabenkompetenz** ist nach Art. 104a GG grundsätzlich an die Aufgabenkompetenz geknüpft:

> **Art. 104a Abs. 1 GG:**
> Der Bund und die Länder tragen gesondert die Ausgaben, die sich aus der Wahrnehmung ihrer Aufgaben ergeben, soweit dieses Grundgesetz nichts anderes bestimmt.

- Die **Einnahmenkompetenz** der Steuerquellen ist in Art. 106 GG geregelt. Hier sind die auf den Bund, die Länder, auf Bund und Länder sowie die auf die Gemeinden entfallenden Steuern aufgeführt; *s. Kapitel A. I. Nr. 2 b.*

2. Finanzhoheit

Der Entwicklung parlamentarisch-demokratischer Staatsformen liegt das Bestreben zugrunde, Macht aufzuteilen und damit zu beschränken, Regierungen zu kontrollieren und dem Volke verantwortlich zu machen. Die für freiheitliche Staatsformen modellhafte geschichtliche Entwicklung Englands enthält für die Entwicklung moderner Staatsbudgets drei bestimmende Faktoren:

1. Die Durchsetzung des **Steuerbewilligungsrechts** des Parlaments in den „Petition of Right" aus dem Jahre 1628;

2. die Durchsetzung des **Ausgabenbewilligungsrechts** des Parlaments, nach dem die Regierung öffentliche Mittel nur zu dem Zweck ausgeben darf, zu dem sie vom Parlament bewilligt werden, festgelegt in den „Appropriations" aus dem Jahre 1665; und

3. die Durchsetzung des Rechts des Parlaments, allgemein jede Gelderhebung der Regierung von seiner **Bewilligung** abhängig zu machen, geschehen in der „Bill of Rights" aus dem Jahre 1689.

Die „Finanzhoheit" ist die aus der allgemeinen Staatshoheit sich ergebende Befugnis der Gebietskörperschaften (Parlamente) zur Ordnung und Gestaltung des *eigenen* Finanz*rechts;* die Finanzhoheit ist somit Teil der Staatshoheit. Die föderative Finanzhoheit ist ein Wesenselement der Eigenstaatlichkeit (Staatshoheit) der Länder.

Die Finanzhoheit besteht aus:

a) Steuergesetzgebungskompetenz gem. Art 105 GG

Der **Bund** hat die ausschließliche Gesetzgebungskompetenz über die Zölle und die Finanzmonopole. Als Finanzmonopol gilt das Branntweinmonopol. Das Finanzmonopol ist das Recht des Staates auf alleinige Herstellung und Vertrieb bestimmter Güter unter Ausschluss des Wettbewerbs, um Einnahmen zu erzielen.

Darüber hinaus ist für den Bund die konkurrierende Gesetzgebungskompetenz von Bedeutung:

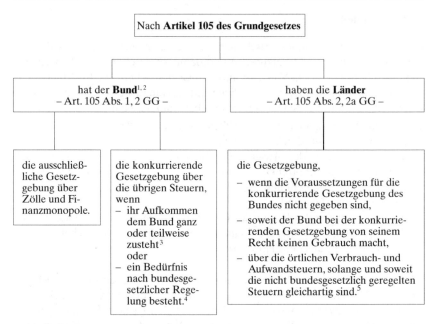

Anmerkungen:

1 Gesetzgebungskompetenz des Bundes für Steuerverteilung, Finanzausgleich und Finanzverwaltung:
   – über die Verteilung der Umsatzsteuer zwischen Bund und Ländern (Art. 106 Abs. 4 GG),
   – über den Gemeindeanteil an der Einkommensteuer und die Einführung eines Hebesatzrechts der Gemeinden für diesen Anteil (Art. 106 Abs. 5 GG),
   – über die Beteiligung von Bund und Ländern an dem Gewerbesteueraufkommen durch eine Umlage (Art. 106 Abs. 6 GG),
   – über die Abgrenzung und Zerlegung des örtlichen Steueraufkommens sowie über den Finanzausgleich (Art. 107 GG),
   – über den Aufbau der Landesfinanzbehörden und die Ausbildung der Steuerbeamten (Art. 108 Abs. 2 GG),
   – über das Zusammenwirken von Bundes- und Landesfinanzverwaltungen und die Übertragung von Verwaltungszuständigkeiten (Art. 108 Abs. 4 GG),
   – über das bei den Landesfinanzbehörden anzuwendende Verfahren (Art. 108 Abs. 5 GG),
   – über die Finanzgerichtsbarkeit (Art. 108 Abs. 6 GG).
2 Bundesgesetze über Steuern, deren Aufkommen den Ländern oder den Gemeinden (Gemeindeverbänden) ganz oder zum Teil zufließt, bedürfen der Zustimmung des Bundesrates (Art. 105 Abs. 3 GG).
3 Siehe dazu die Darstellung „Steuerertragshoheit", und zwar: „Bundessteuern" und „Gemeinschaftssteuern".
4 Voraussetzungen hierfür siehe in Art. 72 Abs. 2 GG.
5 Die Länder haben außerdem die Gesetzgebungskompetenz für die Kirchensteuer (Art. 140 GG i.V.m. Art. 137 der Weimarer Verfassung).

Quelle: BMF

Abbildung 1: Gesetzgebungskompetenz im Steuerbereich

b) Steuerertragskompetenz gem. Art. 106 GG

Die Steuerertragskompetenz ist das Recht der Gebietskörperschaften, bestimmte Steuereinnahmen für sich zu beanspruchen, um ihre staatlichen Aufgaben erfüllen zu können. Eine Definition des Begriffes „**Steuern**" enthält § 3 Abs. 1 AO: Steuern sind Geldleistungen, die nicht eine Gegenleistung für eine besondere Leistung darstellen und von einem öffentlich-rechtlichen Gemeinwesen zur Erzielung von Einnahmen allen auferlegt werden, bei denen der Tatbestand zutrifft, an den das Gesetz die Leistungspflicht knüpft; die Erzielung von Einnahmen kann Nebenzweck sein. Zölle und Abschöpfungen sind Steuern im Sinne dieses Gesetzes.

(Siehe Abb. 2; siehe auch: Kapitel A. I. Nr. 4).

c) Steuerverwaltungskompetenz gem. Art. 108 GG

Durch die Steuerverwaltungskompetenz ist festgelegt, welche Steuern von der Bundesfinanzverwaltung und welche von der Länderfinanzverwaltung einzunehmen und zu verwalten sind. Als Mittelinstanz sind **Oberfinanzdirektionen** eingerichtet, die jeweils in Bundes- und Landesabteilungen eingeteilt sind. Die Bundesabteilungen sind mit Bundesbediensteten, die Landesabteilungen sind mit Landesbediensteten besetzt. Der Präsident der Oberfinanzdirektion ist zugleich Bundes- und Landesbeamter (s. Abb. 3).

d) Aufgaben-, Ausgaben und (Steuer-) Einnahmenkompetenz

Die Zuordnung der Aufgabenkompetenz (Art. 30 GG), der Ausgabenkompetenz (Art. 104a Abs. 1 GG) sowie der (Steuer-)Einnahmenkompetenz (Art. 106 GG) auf die einzelnen Gebietskörperschaften ist im Zusammenhang in den Abbildungen 2 bis 4 als Überblick dargestellt:

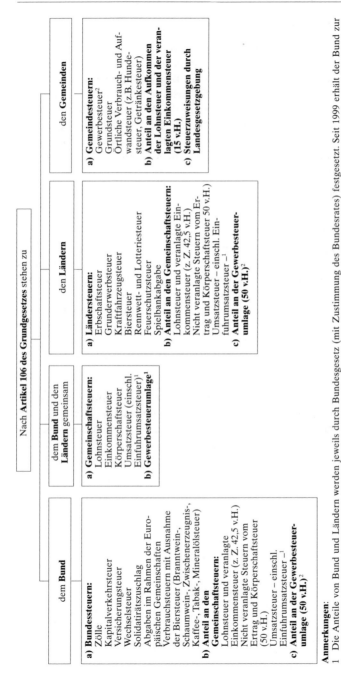

Abbildung 2: Ertragskompetenz im Steuerbereich

Anmerkungen:

1 Die Anteile von Bund und Ländern werden jeweils durch Bundesgesetz (mit Zustimmung des Bundesrates) festgesetzt. Seit 1999 erhält der Bund zur Refinanzierung des zusätzlichen Bundeszuschusses zur gesetzlichen Rentenversicherung vorab 5,63 v.H. des Umsatzsteueraufkommens. Von dem verbleibenden Aufkommen der Umsatzsteuer erhalten die Gemeinden vorab 2,2 v.H. als Kompensation für den Wegfall der Gewerbekapitalsteuer. Von dem danach verbleibenden Umsatzsteueraufkommens stehen dem Bund seit dem Jahre 2002 49,6 v.H. und den Ländern 50,4 v.H. zu.

2 Der Bund und die Länder werden durch eine Umlage am Aufkommen der Gewerbesteuer beteiligt (Art. 106 Abs. 6 S. 4 und 5 GG): Bei ihrer Einführung im Jahr 1970 betrug die Umlage ca. 40 v.H. des Gewerbesteueraufkommens. Nach gültiger Gesetzeslage (Steuersenkungsgesetz 2000) liegt der Anteil bei ca. 28 % des Steueraufkommens der Gewerbesteuer.

Quelle: BMF, Hans-Böckler-Stiftung

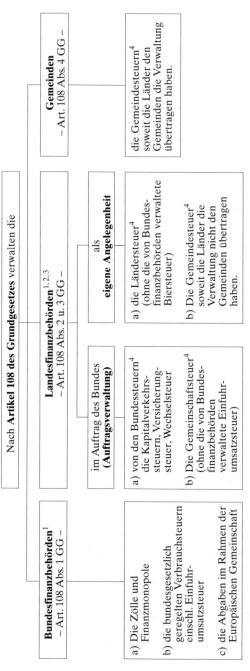

Nach **Artikel 108 des Grundgesetzes** verwalten die

Bundesfinanzbehörden[1]
– Art. 108 Abs. 1 GG –

a) Die Zölle und Finanzmonopole
b) die bundesgesetzlich geregelten Verbrauchsteuern einschl. Einfuhrumsatzsteuer
c) die Abgaben im Rahmen der Europäischen Gemeinschaft

Landesfinanzbehörden[1,2,3]
– Art. 108 Abs. 2 u. 3 GG –

im Auftrag des Bundes (**Auftragsverwaltung**)

a) von den Bundessteuern[4] die Kapitalverkehrsteuern, Versicherungsteuer, Wechselsteuer
b) Die Gemeinschaftsteuer[4] (ohne die von Bundesfinanzbehörden verwaltete Einfuhrumsatzsteuer)

als **eigene Angelegenheit**

a) die Ländersteuer[4] (ohne die von Bundesfinanzbehörden verwaltete Biersteuer)
b) Die Gemeindesteuer[4] soweit die Länder die Verwaltung nicht den Gemeinden übertragen haben.

Gemeinden
– Art. 108 Abs. 4 GG –

die Gemeindesteuern[4] soweit die Länder den Gemeinden die Verwaltung übertragen haben.

Anmerkungen:

1 Unter der Voraussetzung, dass dadurch der Vollzug der Steuergesetze wesentlich verbessert oder erleichtert wird, kann durch Bundesgesetz vorgesehen werden (Art. 108 Abs. 4 Satz 1 GG):
– ein Zusammenwirken von Bundes- und Landesfinanzbehörden (Beispiel: Mitwirkung der Bundeszollverwaltung bei der Umsatzsteuer und Kraftfahrzeugsteuer)
– für die von den Bundesfinanzbehörden verwalteten Steuern die Verwaltung durch Landesfinanzbehörden
– für die von den Landesfinanzbehörden verwalteten Steuern die Verwaltung durch Bundesfinanzbehörden (Beispiel: Erstattung von Kapitalertragsteuer und Umsatzsteuer in bestimmten Fällen durch das Bundesamt für Finanzen).
2 Die Finanzämter verwalten nicht nur Steuern, sie sind u.a. auch zuständig für die Gewährung der Prämien nach dem Sparprämien- und dem Wohnungsbauprämiengesetz und der Zulagen nach dem Investitionszulagengesetz.
3 Nach Maßgabe der Landesgesetzgebung verwalten die Finanzämter auch die Kirchensteuer.
4 Siehe dazu die Darstellung „Steuerertragshoheit".

Quelle: BMF

Abbildung 3: Verwaltungskompetenz im Steuerbereich

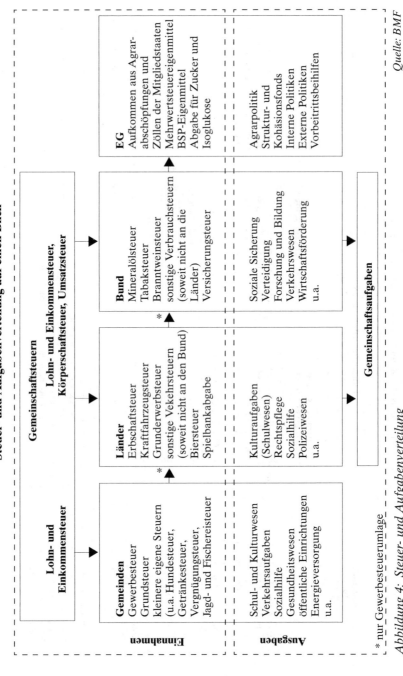

Steuer- und Aufgabenverteilung auf einen Blick

Gemeinschaftsteuern

Lohn- und Einkommensteuer, Körperschaftsteuer, Umsatzsteuer

Lohn- und Einkommensteuer

Einnahmen

Gemeinden
Gewerbesteuer
Grundsteuer
kleinere eigene Steuern
(u.a. Hundesteuer,
Getränkesteuer,
Vergnügungsteuer,
Jagd- und Fischereisteuer)

Länder
Erbschaftsteuer
Kraftfahrzeugsteuer
Grunderwerbsteuer
sonstige Vekehrsteuern
(soweit nicht an den Bund)
Biersteuer
Spielbankabgabe

Bund
Mineralölsteuer
Tabaksteuer
Branntweinsteuer
sonstige Verbrauchsteuern
(soweit nicht an die
Länder)
Versicherungsteuer

EG
Aufkommen aus Agrar-
abschöpfungen und
Zöllen der Mitgliedstaaten
Mehrwertsteuereigenmittel
BSP-Eigenmittel
Abgabe für Zucker und
Isoglukose

Ausgaben

Schul- und Kulturwesen
Verkehrsaufgaben
Sozialhilfe
Gesundheitswesen
öffentliche Einrichtungen
Energieversorgung
u.a.

Kulturaufgaben
(Schulwesen)
Rechtspflege
Sozialhilfe
Polizeiwesen
u.a.

Soziale Sicherung
Verteidigung
Forschung und Bildung
Verkehrswesen
Wirtschaftsförderung
u.a.

Agrarpolitik
Struktur- und
Kohäsionsfonds
Interne Politiken
Externe Politiken
Vorbeitrittsbeihilfen

Gemeinschaftsaufgaben

* nur Gewerbesteuerumlage

Abbildung 4: Steuer- und Aufgabenverteilung

Quelle: BMF

3. Budgethoheit

Die „Parlamentarische Budgethoheit" ist die aus der Finanzhoheit sich ergebende Befugnis für den Bund und die Länder zur Gestaltung des *eigenen Haushaltsrechts*.

Art. 109 Abs. 1 GG:
Bund und Länder sind in ihrer Haushaltswirtschaft selbständig und voneinander unabhängig.

Diese Verfassungsnorm bedeutet eine **Konkretisierung des bundesstaatlichen Prinzips** für die staatliche Haushaltswirtschaft. *Dies ist die Haushaltsautonomie* je Gebietskörperschaft *als das* Parlamentsrecht (Budgethoheit des Parlaments), ihre Haushaltswirtschaft nach eigenen Rechtsregeln *selbst* zu normieren und zu gestalten. Diese Rechtsregeln sind in „Haushaltsordnungen" gesetzlich normiert. Die Haushaltsordnungen für Bund und Länder sind – neben dem föderativ gestalteten Finanzverfassungsrecht – unmittelbar geltendes Bundes-/Landesrecht. Die Gebietskörperschaften haben hiernach

- *eigene* Rechtsvorschriften über die jeweilige Haushalts- und Wirtschaftsführung, d.h. sie haben eigene Haushaltsordnungen
  - 1 BHO,
  - 16 LHO, $\left.\right\}$ als Ständiggesetze
  - 13 GemHVO

- *eigene* Einnahmen aufgrund ihrer Finanzhoheit
  - Bundessteuern (z.B. Mineralölsteuer)
  - Landessteuern (z.B. Biersteuer),
  - Gemeindesteuern (z.B. Gewerbesteuer),
  - Gemeinschaftssteuern (z.B. Einkommensteuer),

- *eigene* Ausgaben zum Zwecke staatlicher und kommunaler Aufgabenerfüllung

- *eigene* Haushalte (HG und Hpl)
  - 1 Bundeshaushalt,
  - 16 Landeshaushalte, $\left.\right\}$ als Zeitgesetze (= jährlich).
  - z.Zt. 13 855 Gemeindehaushalte[1]

Die Gebietskörperschaften besitzen somit *eigenes Budget-Recht*.

---

1 Statistisches Jahrbuch für die Bundesrepublik Deutschland 2002, Nr. 3.3.

Das verfassungsgesetzlich garantierte *parlamentarische Budgetrecht* (= Budget-Bewilligungsrecht, Budget-Kontrollrecht, Budget-Entlastungsrecht) ist in seiner politischen Lenkungs- und Kontrollfunktion das Kernstück jeder demokratischen Verfassung!

Es ist – seit jeher – das Königsrecht jeden Parlaments.

4. Finanzverfassung

Die „Finanzverfassung" ist die auf der Grundlage der Finanzhoheit gegebene Ordnung der öffentlichen Finanzwirtschaft durch Rechtssätze (Finanzverfassungsrecht). Die Finanzverfassung umfasst die finanzrelevanten Verfassungsnormen, die sich *unmittelbar* aus dem Grundgesetz/LV ergeben. Die Finanzverfassung ist Wesenselement jeder staatlichen Verfassungsordnung! Im Abschnitt X GG (– Das Finanzwesen –) sind in den Artikeln 104a bis 115 die verfassungsmäßigen Grundnormen enthalten, die durch besondere Gesetze (BHO, HGrG, StWG usw.) ausgestaltet sind:

Art. 104a GG = Ausgabenverteilung,
Art. 104b GG = Finanzhilfen des Bundes,
Art. 105   = Steuergesetzgebungskompetenz,
Art. 106   = Steuerertragskompetenz,
Art. 107   = Finanzausgleich,
Art. 108   = Steuerverwaltungskompetenz,
Art. 109   = Budgethoheit, Haushaltswirtschaft in Bund und Ländern,
Art. 110   = Haushaltsplan des Bundes,
Art. 111   = Nothaushaltsrecht,
Art. 112   = Überplanmäßige und außerplanmäßige Ausgaben,
Art. 113   = Ausgabenerhöhungen und Einnahmenminderungen,
Art. 114   = Rechnungslegung,
Art. 115   = Kreditbeschaffung.

Die einzelnen Artikel des Grundgesetzes haben – wie auch die Paragraphen der übrigen Gesetze – in ihrer Originalfassung keine Überschriften. Die Überschriften sind später von den Lektoraten der verschiedenen Buchverlage redaktionell nach freiem Ermessen – also unterschiedlich – nachgetragen und durch eckige Klammern als nichtamtlicher Gesetzestext gekennzeichnet worden.

Die **Finanzverfassung** – das Finanzrecht – umfasst
– das Steuerrecht,
– das Recht der Finanzverwaltung,
– das Haushaltsrecht.

Das **Haushaltsrecht** ist die auf der Grundlage der Budgethoheit gegebene Ordnung der Haushaltswirtschaft durch Rechtssätze. Es umfasst die Gesamtheit aller Rechtsregeln, die sich auf die staatliche Einnahmenwirtschaft und Ausgabenwirtschaft, die Rechnungslegung und Rechnungsprüfung sowie die Finanzkontrolle erstreckt. Die grundlegenden haushaltsrechtlichen Bestimmungen sind:

- das Haushaltsverfassungsrecht (Art. 109 bis 115 GG),
- das Stabilitäts- und Wachstumsgesetz vom 8.6.67 (StWG),
- das Haushaltsgrundsätzegesetz vom 19.8.69 (HGrG),
- die Bundeshaushaltsordnung vom 19.8.69 (BHO),
- die Verwaltungsvorschriften zur Bundeshaushaltsordnung (VV-BHO),
- die ressortinternen Durchführungsbestimmungen zu den VV-BHO (DB),
- das jährliche Haushaltsgesetz (HG),
- der jährliche Haushaltsplan (Hpl),
- der jährlich ressortinterne Haushaltsführungserlass.

5. Finanzpolitik

Die „Finanzpolitik" ist der Teil der allgemeinen Wirtschafts- und Gesellschaftspolitik, der über die öffentlichen Haushalte vollzogen wird. Sie verfolgt konjunkturpolitische, wachstumspolitische, strukturpolitische und verteilungspolitische Ziele und bildet mit der Geldpolitik die Grundlagen der Stabilitätspolitik. Die Aufgabe der Finanzpolitik ist die **Beschaffung, Verwaltung** und **Verwendung** der Deckungsmittel, die für Ausgaben zum Zwecke staatlicher Aufgabenerfüllung erforderlich sind; dabei übt die Finanzpolitik eine Allokationsfunktion, Distributionsfunktion und Stabilisierungsfunktion aus. Die Finanzpolitik ist somit die Summe aller politischen Entscheidungen zur Gestaltung und Lenkung der staatlichen Einnahmenwirtschaft und Ausgabenwirtschaft zum Zwecke staatlicher Aufgabenerfüllung.

II. Wirtschafts- und finanzpolitische Bedeutung der Öffentlichen Finanzwirtschaft

1. Öffentliche Finanzwirtschaft als Teil der Volkswirtschaft[2]

Die Finanzwissenschaft befasst sich mit der wirtschaftlichen Tätigkeit des Staates und der übrigen öffentlichen Verbände. Aufgabe der „Öffentlichen Finanzwirtschaft" (Wirtschaft des Staates) ist es, den für die Erfüllung der öffentlichen

---

2 Siehe *Staender*, a.a.O., S. 182.

Aufgaben (= staatliche Aufgabenerfüllung) notwendigen Bedarf an *öffentlichen Gütern und Dienstleistungen* zu befriedigen und die hierfür erforderlichen Finanzmittel zu beschaffen, zu verwalten und zu verwenden.[3]

Die Finanzwissenschaft analysiert theoretisch systematisierend die kausalen Zusammenhänge der Phänomene der „Öffentlichen Finanzwirtschaft", wobei die Untersuchung von finanzwirtschaftlichen Ursachen und Wirkungen, die die Voraussetzung für eine rationale Finanzpolitik ist, im Vordergrund steht.[4]

Im Zentrum moderner finanzwissenschaftlicher Überlegungen steht daher der zielorientierte finanzpolitische Einsatz der Einnahmen und Ausgaben der „Öffentlichen Finanzwirtschaft".

„Wirtschaften" heißt, bestimmte vorgegebene Ziele unter dem Diktat knapper Mittel zu erreichen versuchen und dabei eine optimale Ziel-Mittel-Relation anzustreben.

Hierbei ist ökonomisch gefordert, dass bei gegebenem Ziel ein Minimum an Mittelaufwand *(Minimalprinzip)* oder bei gegebenen Mitteln ein Maximum an Ziel (Zweck-)Erreichung *(Maximalprinzip, Ergiebigkeitsprinzip)* angestrebt wird. Wenn Ziele und Mittel (= Nutzen und Kosten) in gewissen Grenzen als manipulierbar angenommen werden können und eindeutig bewertbar sind, so mag es eine Kombination von Zwecken (= Nutzen) und Mitteln (= Kosten) geben, bei der die Differenz zwischen Nutzen und Kosten ein Maximum wird. Diese Kombination wird als *„ökonomisches Optimum"* ("ökonomisches Prinzip") bezeichnet.[5]

Grundtatbestand allen Wirtschaftens ist: *Die Mittel sind knapp und die Bedürfnisse sind unbegrenzt.*

Da Wirtschaften, d.h. privates und öffentliches wirtschaftliches Handeln, stets planvolles Handeln ist, muss es sich an bestimmten vorgegebenen Zielen orientieren. Entscheidungen privater Wirtschaftssubjekte sind an *betriebswirtschaftlichen* Zielen der Gewinnmaximierung ausgerichtet; die „Öffentliche Finanzwirtschaft" orientiert sich dagegen an Zielen, die im Prozess der *politischen Willensbildung* fixiert werden.

Die politische, wirtschaftliche und soziale Entwicklung der letzten Jahrzehnte vom reinen Verwaltungsstaat, mit seiner innerverwaltungsmäßigen Betrachtungsweise der allgemein-staatlichen Aufgabenerfüllung im Sinne eines vorgegebenen öffentlich-finanziellen Eigenbedarfs (= klassische Bedarfsdeckungsfunktion) – **zum Wirtschafts- und Sozialstaat** des 20. Jahrhunderts, haben die

---

3 Siehe *Weichsel*, a.a.O., S. 9.
4 Vgl. *Andreae/Mauser*, a.a.O., S. 11.
5 Vgl. Kolms, Finanzwissenschaft, Bd. I, Berlin/New York, 1974, S. 9.

Budgets sowohl strukturell als auch volumenmäßig in innovativer Weise gewandelt und erweitert.

Damit wuchs die Anzahl der vom Staat wahrzunehmenden Aufgaben und somit auch das Volumen der Staatsausgaben.

Die **Wirtschaft des Staates**, d.h. die „Öffentliche Finanzwirtschaft" (Staatswirtschaft), hat heute mit ihren z. Zt. 13 872 Haushalten in der Bundesrepublik Deutschland jährlich (schwankend +/- 2 %) mit derzeit 48,6 % (2002) Anteil der staatlichen Gesamtausgaben am Bruttoinlandsprodukt (= Staatsquote) ein solches Ausmaß angenommen, dass diese Aufgabenstellungen und Finanzmassen nicht mehr nur unter dem Aspekt der monetären Planansätze zur Erfüllung allgemeinstaatlicher Aufgabenerfüllung gesehen werden dürfen. Vielmehr war zu erkennen, dass die Haushalte, die auf der verfassungsgesetzlich normierten Finanzhoheit[6] und der daraus gegebenen *Finanz- und* Haushaltsautonomie beruhen, durch ihre Einnahmen und Ausgaben in immer mehr zunehmendem Maße am allgemeinen Wirtschaftsleben teilnehmen.[7, 8]

Die Haushalte der „Öffentlichen Finanzwirtschaft" übernahmen *zusätzlich* zur allgemeinen staatlichen Aufgabenerfüllung (zur klassischen finanzwirtschaftlichen Bedarfsdeckungsfunktion) eine *spezielle, gesamtwirtschaftliche Lenkungsfunktion* (die moderne gesamtwirtschaftliche Budgetfunktion), um somit die Finanzpolitik mit den Zielen der Wirtschafts- und Sozialpolitik in Einklang zu bringen.

Die öffentlichen Haushalte bilden in diesem Sinne einen einheitlichen budgetären Komplex und sind deshalb Mitträger und Mitgestalter und somit ein *„Steuerungsfaktor der Volkswirtschaft"* geworden.[9]

Die Wirtschaft der öffentlichen Gemeinwesen ist „Öffentliche Finanzwirtschaft", die – *als staatlicher Sektor der Volkswirtschaft*, d.h. als Wirtschaftssubjekt „Staat" und somit als *autonome Wirtschaftseinheit* – im volkswirtschaftlichen Kreislauf ihren eigenständigen Platz hat. Innerhalb des Wirtschaftssektors „Staat" vollzieht sich die gesamte „Öffentliche Finanzwirtschaft". Die Öffentliche Finanzwirtschaft ist somit *Teil und gestaltender Faktor der Volkswirtschaft.*

---

6 Siehe *Nöll von der Nahmer,* a.a.O., S. 6.
7 Wagnersches Gesetz der wachsenden Staatstätigkeit: siehe *Rürup/Körner,* a.a.O., S. 121.
8 Beachte hierbei auch: Popitzsches Gesetz von der stetigen Zunahme des Aufgaben- und Finanzvolumens des Gesamtstaates innerhalb eines föderativ gegliederten (Bundes-)Staates gegenüber den übrigen Gliedstaaten; siehe *Rürup/Körner,* a.a.O., S. 126.
9 Vgl. *Hirsch,* a.a.O., S. 97.

2. Begriff und Aufgaben der Öffentlichen Finanzwirtschaft

Die Beschaffung, Verwaltung und Verwendung der erforderlichen Finanzmittel für Maßnahmen zur gesamtstaatlichen Aufgabenerfüllung ist Regelungsgegenstand der Öffentlichen Finanzwirtschaft. Die finanzwirtschaftliche Seite der staatlichen Aufgabenerfüllung ist neben der Zweckerfüllung eine umfassende Querschnittsaufgabe, da jegliche staatliche Maßnahme finanzielle Vorgaben (Gebäude, Personal usw.) und finanzielle Auswirkungen (Kosten der einzelnen Aufgabenerfüllung) zwangsläufig mit sich bringt.

„Öffentliche Finanzwirtschaft" ist die finanzielle Grundlage des staatlichen Verwaltungshandelns in der gesamten öffentlichen Verwaltung; sie ist somit das finanzpolitische Grundlagenfach öffentlicher Aufgabenerfüllung mit gesamtstaatlicher Querschnittsfunktion.

„Öffentliche Finanzwirtschaft" ist in den Ländern mit freiheitlich-demokratischer Grundordnung der selbständige verfassungsrechtliche Funktionsbereich des Staates und der ihm eingegliederten Träger öffentlicher Verwaltung, der unter Beachtung gesamtwirtschaftlicher Zwecke auf die Erzielung von Einnahmen zur Deckung des durch die Erfüllung öffentlicher Aufgaben entstehenden Finanzbedarfs gerichtet ist und diese Ausgabenwirtschaft einschließlich der Prüfung aller relevanten Finanzvorgänge hinsichtlich ihrer Rechtmäßigkeit und Zweckmäßigkeit umfasst.[10]

Begriff und Wesenselemente der Öffentlichen Finanzwirtschaft werden durch ihre Aufgaben (Funktionen) dargestellt:

„**Öffentliche Finanzwirtschaft**" ist die Wirtschaft des Gesamtstaates (Staatswirtschaft):
Sie umfasst die Gesamtheit aller staatlich-ökonomischen Aktivitäten der öffentlich-rechtlichen Gemeinwesen im Rahmen der **Beschaffung, Verwaltung** und **Verwendung** öffentlicher Mittel

- zum Zwecke staatlicher Aufgabenerfüllung in Form der Bereitstellung öffentlicher Güter und Dienstleistungen (= klassische finanzwirtschaftliche Bedarfsdeckungsfunktion),
- zur Erreichung wirtschaftspolitischer und sozialpolitischer Ziele (= moderne gesamtwirtschaftliche Lenkungsfunktion),
- zur Gestaltung internationaler und supranationaler entwicklungspolitischer, wehrpolitischer sowie wirtschafts- und währungspolitischer Finanzbeziehungen (= übernationale finanzpolitische Funktion).

---

10 Siehe *Görg*, Finanzwirtschaft, öffentliche, in: Evangelisches Staatslexikon, 2. Aufl., Stuttgart/ Berlin, 1975.

Die „Öffentliche Finanzwirtschaft" ist als Wissenschaftsgegenstand der Finanzwissenschaft darüber hinaus *zusätzlich* durch verschiedene wissenschaftliche
Disziplinen geprägt:

Die Volkswirtschaftslehre ordnet die Öffentliche Finanzwirtschaft als *gestalten-
den Faktor der Gesamtwirtschaft* ein. Die Öffentliche Finanzwirtschaft beeinflusst das gesamtwirtschaftliche Geschehen in erheblichem Maße (= Staatsquote: 2002: 48,6 %). Die Öffentliche Finanzwirtschaft ist somit *Teil der Volkswirtschaft.*

Die Finanzwissenschaft stellt empirische finanzwirtschaftliche Untersuchungen
an. Die aus der Betrachtung abgelaufener Wirtschaftszeiträume der Öffentlichen Finanzwirtschaft gewonnenen Erkenntnisse sind Grundlagen für theoreti-
sche Modelle (= Finanztheorie) zur Gestaltungsmöglichkeit der Finanzpolitik,
d.h. zur möglichen Gestaltung der Öffentlichen Finanzwirtschaft. Darüber hinaus untersucht sie die Wirkungen der Öffentlichen Finanzwirtschaft auf die
anderen Wirtschaftssubjekte im Wirtschaftskreislauf.

Die **Finanztheorie** beschäftigt sich mit der Klärung des Wesens der Öffentlichen
Finanzwirtschaft als einer besonderen Wirtschaftsform im Gegensatz zu den
privaten Wirtschaften der Haushalte und Unternehmen und mit den Auswirkungen finanzwirtschaftlicher Maßnahmen auf die Volkswirtschaft.[11]

Das Staats- und Verfassungsrecht behandelt die Organisation des Staates und
regelt die umfangreiche Einbindung der Öffentlichen Finanzwirtschaft in die
gesamtstaatliche Ordnung (= Staats- und Finanzhoheit, Finanzverfassungsrecht
etc.).

Das Verwaltungsrecht regelt die Einbindung der Öffentlichen Finanzwirtschaft
mit ihrer Vielfalt von Rechtsnormen in die Verwaltungsrechtsordnung.

Die Politikwissenschaft stellt die politischen Entscheidungsabläufe auf dem
Gebiet der Öffentlichen Finanzwirtschaft dar und betrachtet das Gefüge der
Staatsgewalten und somit die Stellung der öffentlichen Verwaltung im *politischen Willensbildungsprozess.* Die Finanzpolitik verfolgt die Ziele der *Konjunkturpolitik,* der *Wachstumspolitik,* der *Strukturpolitik* sowie der *Verteilungs-
politik.*

Die Organisationslehre stellt die Verwaltungsabläufe im Rahmen der Maßnahmen der Öffentlichen Finanzwirtschaft dar (= Finanzplanung, Haushaltsaufstellung, Mittelbewirtschaftung etc.) und zeigt auf, wie die Öffentliche Finanzwirtschaft *als staatliche Querschnittsaufgabe* im gesamten öffentlichen Dienst
Organisationsstrukturen im Behördenaufbau beeinflusst.

---

11 Vgl. *Nöll von der Nahmer*, a.a.O., S. 17.

Die „Öffentliche Finanzwirtschaft" besitzt als zentrales Wissenschaftsobjekt aufgrund ihrer klassischen finanzwirtschaftlichen Bedarfsdeckungsfunktion und ihrer modernen gesamtwirtschaftlichen Lenkungsfunktion sowie ihrer Einbindung in verschiedene wissenschaftliche Disziplinen einen unbestrittenen Selbständigkeitsanspruch und als Wissenschaftsgegenstand somit einen eigenständigen Platz in der Wissenschaft.[12]

3. Die besonderen Merkmale der Öffentlichen Finanzwirtschaft

Die Öffentliche Finanzwirtschaft ist – wie alle Einzelwirtschaften – *Teil der Volkswirtschaft.* Ihre „besonderen Merkmale" sind durch die Finanzwissenschaft geprägt:

* Die Öffentliche Finanzwirtschaft liefert im wesentlichen **immaterielle Güter** zum Nutzen der Bürger (z.B. innere und äußere Sicherheit, Bildung).
* Die **Leistungen** der Öffentlichen Finanzwirtschaft sind im allgemeinen **nicht messbar.** Der Nutzen der Errichtung und Unterhaltung von Universitäten, Schulen, Krankenhäusern, der Kosten für die innere und äußere Sicherheit ist im Sinne kaufmännischer Bilanz (Gewinnberechnung) nicht zahlenmäßig erfassbar. Gewinnberechnungen – wie sie für Einzelwirtschaften nach den Kriterien der kaufmännischen Buchführung (Gewinn- und Verlustrechnung) unerlässlich sind – sind in der nach kameralistischer Buchführung *(Verlaufs-buch*führung ohne Gewinn- und Verlustnachweis) vollzogenen Öffentlichen Finanzwirtschaft im allgemeinen nicht üblich. Nach § 7 Abs. 2 BHO jedoch sind für geeignete Maßnahmen von erheblicher finanzieller Bedeutung „Nutzen-Kosten-Untersuchungen" anzustellen.
* Die Öffentliche Finanzwirtschaft – nicht dagegen die Einzelwirtschaften – kann ihren **Finanzbedarf** kraft ihrer verfassungsgesetzlich normierten *Finanzhoheit im Wege der Abgabenwirtschaft* (Erhebung von Steuern usw.) **selbst decken.**
* Die Öffentliche Finanzwirtschaft erstrebt **keinen Gewinn.** Sie erhebt Einnahmen (einschl. der gesamtwirtschaftlich vertretbaren Nettokreditaufnahmen) ausschließlich zum Zwecke der Deckung der durch den Umfang der öffentlichen *Aufgaben* bestimmten Ausgabenhöhe.

---

12 Vgl. *Kamp/Schönbeck/Smolinski/Weiler*, a.a.O., S. 30.

4. Einnahmen und Ausgaben der Öffentlichen Finanzwirtschaft

a) Die öffentlichen Einnahmen

Alle für ein Haushaltsjahr zu erwartenden Haushaltseinnahmen sind im **Haushaltsplan** zu veranschlagen und bei Fälligkeit rechtzeitig und vollständig zu erheben. Der Haushaltsplan erzeugt hinsichtlich der in ihm veranschlagten Einnahmen keine konstitutive, sondern lediglich eine deklaratorische Wirkung, da die Erhebungsnorm öffentlicher Einnahmen nicht der Haushaltsplan ist, sondern außerbudgetäre Rechtsnormen (z.B. Steuergesetze, Verträge oder sonstige Rechtstitel) sind.

Die im Haushaltsplan veranschlagten Einnahmen erzeugen im Gegensatz zu den dort veranschlagten Ausgaben keine Rechtswirkungen; d.h., dass Einnahmen aufgrund bestehender Erhebungsnormen von der Verwaltung auch dann rechtzeitig und vollständig zu erheben sind, wenn sie im Haushaltsplan gar nicht oder nicht hinreichend veranschlagt sind.

Der Begriff „Öffentliche *Haushaltswirtschaft*" ist geprägt durch die Erfüllung öffentlicher Aufgaben (Ausgabenwirtschaft) und die Beschaffung der hiermit im Zusammenhang stehenden Einnahmenmittel (Einnahmenwirtschaft).

> „Einnahmenwirtschaft" ist jene finanzwirtschaftliche Tätigkeit bei Bund, Ländern und Gemeinden, die das Beschaffen der erforderlichen Mittel zur Deckung des Finanzbedarfs im Rahmen der Aufgaben – und somit der Ausgaben – der Gebietskörperschaft zum Inhalt hat.

Gegenstand der Einnahmenwirtschaft – ihre Einnahmequellen – sind insbesondere Einnahmen aus:

- Steuern,
- Gebühren,
- Beiträgen,
- Erwerbseinkünften,
- Finanzausgleichen,
- Kreditaufnahmen,
- Münzeinnahmen,
- Rücklagen,
- kassenmäßigen Überschüssen.

Einnahmen aus Steuern: „Steuern" sind nach § 3 Abs. 1 AO „Geldleistungen, die *nicht* eine Gegenleistung für eine besondere Leistung darstellen und von einem öffentlich-rechtlichen Gemeinwesen zur Erzielung von Einnahmen allen auferlegt werden, bei denen der Tatbestand zutrifft, an den das Gesetz die Leistungspflicht knüpft ...."

Wesensmerkmal der Steuern ist, dass sie „Zwangsabgaben ohne Gegenleistung zur Deckung des gesamtstaatlichen Finanzbedarfs" sind.

„Steuern" sind somit hoheitlich erhobene Zwangsabgaben *ohne* Anspruch auf Gegenleistung. Steuern haben finanzwirtschaftlichen Charakter (Bedarfsdeckungsfunktion), dienen der Erfüllung sozialpolitischer Ziele (Wohlfahrtsfunktion) und sind darüber hinaus ein Instrument der Wirtschaftssteuerung (gesamtwirtschaftliche Lenkungsfunktion). – *Mehr: S. Kapitel A. I. Nr. 2. b.*
Die **Aufteilung des Steueraufkommens auf die Gebietskörperschaften** ist in Artikel 106 GG geregelt. Von größter Bedeutung für die Haushaltsfinanzierung sind die *Gemeinschaftssteuern,* das sind die Lohn-, Einkommen- und Körperschaftssteuer sowie die Steuern vom Umsatz; diese Steuern erbringen allein drei Viertel des gesamten Steueraufkommens. Die Einnahmen aus Lohn-, Einkommen- und Körperschaftssteuer stehen je *zur Hälfte Bund und Ländern* zu, wobei vom Aufkommen an Lohnsteuer und veranlagter Einkommensteuer vorab 15 % den Gemeinden zufließen. Die Bundesausgaben werden außerdem aus dem Aufkommen der reinen Bundessteuern finanziert. Hierzu gehören im Wesentlichen die Verbrauchssteuern auf Mineralöl, Tabak, Kaffee sowie die Branntweinabgaben.

Die Einnahmen aus **Zöllen** erhält seit 1975 fast vollständig die Europäische Gemeinschaft als eigene Einnahme.

Die Aufteilung der Umsatzsteuern zwischen Bund und Ländern ist nach dem Grundgesetz (Art. 106) durch Bundesgesetz zu regeln. Bei der Festsetzung der Umsatzsteueranteile ist von dem Grundsatz auszugehen, dass Bund und Länder gleichmäßig Anspruch auf Deckung ihrer notwendigen Ausgaben haben. Bisher wurde das Aufteilungsverhältnis in der Regel jeweils für zwei Jahre festgelegt. Seit 1998 sind auch die Gemeinden mit gut 2 % am Aufkommen der Umsatzsteuer beteiligt.

Die **Ergänzungszuweisungen,** die der Bund aus seinem Umsatzsteueranteil den *finanzschwachen* Ländern gewährt, betragen seit 1974 1,5 % des Umsatzsteueraufkommens. Der Anteil des Bundes wird außerdem durch die Umsatzsteuereinnahmen geschmälert, die der EG zufließen.

Den Ländern steht neben dem Anteil an den Gemeinschaftssteuern und der Gewerbesteuerumlage das Aufkommen aus **eigenen Landessteuern** zu. Dazu zählen die Vermögensteuer, Erbschaftsteuer, Kraftfahrzeugsteuer, Biersteuer, die Abgabe von Spielbanken sowie die Verkehrssteuern, soweit letztere nicht dem Bund oder Bund und Ländern gemeinsam zustehen.

Die **Gemeinden und Gemeindeverbände** erhalten neben den Anteilen an der Einkommensteuer und der Gewerbesteuer die Einnahmen aus der Grundsteuer sowie die örtlichen Verbrauch- und Aufwandsteuern (z.B. Getränkesteuer, Vergnügungssteuer, Hundesteuer). Weitere Einnahmequellen der Gemeinden sind Gebühren und die Finanzzuweisungen der Länder.

Einnahmen aus Gebühren: „Gebühren" sind Abgaben, die als Entgelt für bestimmte, tatsächlich in Anspruch genommene öffentliche Dienstleistungen erhoben werden. Die Leistungen werden nur von einzelnen in Anspruch genommen; die Zahlungspflicht (= Gebühr) entsteht mit der Inanspruchnahme der öffentlichen Dienstleistung.

Man unterscheidet

- *Benutzungsgebühren*: Sie stellen das Entgelt für die Inanspruchnahme einer öffentlichen Einrichtung dar (z.b. städtisches Freibad),
- *Verwaltungsgebühren*: Sie sind das Entgelt für öffentliches, personenbezogenes Verwaltungshandeln (z.b. Grundbucheintragung),
- *Verleihungsgebühren*: Sie sind das Entgelt für die individuelle Zuerkennung von bestimmten Rechten (z.b. Konzessionsgebühr).

Einnahmen aus Beiträgen: „Beiträge" sind Abgaben, die zur Deckung der Kosten öffentlicher Einrichtungen von den wirtschaftlich Begünstigten *ohne Rücksicht* auf die tatsächliche Inanspruchnahme erhoben werden (z.b. Anliegerbeiträge).

Einnahmen aus Erwerbseinkünften: „Erwerbseinkünfte" sind Einnahmen aus Beteiligungen des Staates an privaten Unternehmen oder in hoheitlicher Form. Es sind Einnahmen, die der Staat nicht aufgrund seiner Finanzhoheit durch Zwangsabgaben erzielt, sondern durch Beteiligungen an Privatfirmen (z.b. der Bund ist an über 380 Unternehmen mit mindestens 25 % Eigenkapital beteiligt) oder in hoheitlicher Form (z.b. Wasserstraßen).

Einnahmen aus Finanzausgleichen: *„Finanzausgleiche"* sind grundsätzlich die Gesamtheit der finanziellen Beziehungen zwischen finanzstarken und finanzschwachen Trägern öffentlicher Finanzwirtschaft. Der *bundesstaatliche* Finanzausgleich umfasst dabei den

- **passiven** Finanzausgleich, d.h. die Verteilung der öffentlichen Aufgaben (Art. 30 GG) und Ausgaben (Art. 104a GG), ferner den

- **aktiven** Finanzausgleich, d.h. die Verteilung des öffentlichen Gesamtaufkommens aller Steuereinnahmen (Art. 106 GG). Diese Form des Finanzausgleichs hat das Ziel, die einzelnen Gebietskörperschaften aus dem gesamten zur Verfügung stehenden Steueraufkommen möglichst so auszustatten, dass sie die ihnen nach dem Grundgesetz zugewiesenen staatlichen und kommunalen Aufgaben grundlegend erfüllen können. Darüber hinaus gibt es im föderativen Bundesstaat auch spezielle Steuerzuweisungen als

- **vertikalen** Finanzausgleich, d.h. der Finanzausgleich wird zwischen Gebietskörperschaften unterschiedlicher Ebenen durchgeführt;
  - Bund – Länder,
  - Bund – Gemeinden,
  - Länder – Gemeinden.

Sofern durch die originäre Steuerverteilung eine ausgewogene Finanzmittelversorgung der jeweiligen Gebietskörperschaft zur Erfüllung der ihr durch das Grundgesetz zugeordneten Aufgaben *nicht gegeben ist,* muss eine entsprechende Korrektur durch vertikalen Finanzausgleich vorgenommen werden.

Beim *vertikalen Finanzausgleich* hilft die übergeordnete Körperschaft mit Finanzmitteln, um eine möglichst einheitliche Lebensqualität im Bundesgebiet herzustellen, so etwa im Gesundheitswesen, in der inneren Sicherheit, im Bildungswesen. Darüber hinaus gibt es den

- **horizontalen** Finanzausgleich, d.h. der Finanzausgleich findet zwischen Gebietskörperschaften gleicher Ebene statt. Im Verhältnis der Länder zueinander handelt es sich um den „Länderfinanzausgleich", der zwischen finanzstarken und finanzschwachen Ländern durchgeführt wird. Beim *horizontalen* Finanzausgleich ist zwischen ausgleichspflichtigen und ausgleichsberechtigten Bundesländern zu unterscheiden, um regionale und strukturelle Benachteiligungen eines Bundeslandes auf diese Weise auszugleichen.

Der vertikale und horizontale Finanzausgleich wird in Form von „Zuweisungen" bereitgestellt und stellt über die originäre Steuerverteilung hinaus einen „finanziellen Feinschliff" der Finanzmittelversorgung zum Zwecke der gesamtstaatlichen Aufgabenerfüllung für die jeweiligen Gebietskörperschaften dar.

Die Kriterien zur Berechnung des Finanzausgleichs enthält das „Gesetz über den Finanzausgleich zwischen Bund und Ländern (FinAusglG)". Das Finanzausgleichsgesetz regelt

1. die Festsetzung des Beteiligungsverhältnisses von Bund und Ländern an der Umsatzsteuer als vertikale Steuerertragskompetenz zwischen dem Bund und der Ländergesamtheit (einschl. Gemeinden),
2. die horizontale Umsatzsteuerverteilung als horizontale Steuerertragsaufteilung zwischen den einzelnen Ländern,
3. den horizontalen Finanzausgleich unter den Ländern (– Länderfinanzausgleich, LFA –),
4. die den horizontalen Länderfinanzausgleich ergänzenden Bundesergänzungszuweisungen (BEZ) als vierstufiges aufeinander aufbauendes Finanzausgleichssystem im föderativen Bundesstaat.

Aufgabe des Länderfinanzausgleichs (Art. 107 Abs. 2 Grundgesetz) ist es, die Ergebnisse der vorhergehenden Steuerverteilung unter den Ländern durch angemessene Ausgleichsleistungen der finanzstarken an die finanzschwachen Länder im Interesse einer Annäherung der Lebensverhältnisse im Bundesgebiet zu korrigieren, soweit nicht bereits die Umsatzsteuerverteilung die Finanzkraftunterschiede zwischen den Ländern abgebaut hat.

Ausgangspunkt und zentrale Messgröße für die Umverteilung der Mittel unter den Ländern ist die **Finanzkraft der Länder**, wobei Finanzkraft und Finanzbedarf der Gemeinden berücksichtigt werden. Der Finanzkraftbegriff knüpft im Wesentlichen an die Einnahmensituation eines Landes an. Er basiert also nicht auf einer Gegenüberstellung von Einnahmen und Ausgabenlasten. Grundlage des Finanzkraftvergleichs ist allerdings nicht die absolute Höhe der Steuereinnahmen der Länder. Denn dann würden die größeren Länder allein wegen ihres Einnahmevolumens und ungeachtet ihrer Leistungskraft ausgleichspflichtig. Deshalb wird die absolute Höhe der Steuereinnahmen auf die jeweilige Einwohnerzahl der Länder bezogen und somit die Höhe der Steuereinnahmen pro Kopf der Einwohner ermittelt.

Ausgleichspflicht oder Ausgleichsanspruch eines Landes bemessen sich danach, inwieweit die Finanzkraft des einzelnen Landes (Finanzkraftmesszahl) von der länderdurchschnittlichen Finanzkraft (Ausgleichsmesszahl) abweicht. Bundesergänzungszuweisungen dienen der ergänzenden Deckung des allgemeinen Finanzbedarfs der leistungsschwachen Länder nach Durchführung des Länderfinanzausgleichs. Bundesergänzungszuweisungen sind ebenfalls Ausdruck des bündischen Einstehens füreinander, hier allerdings im Verhältnis zwischen Bund und Ländern.

Einnahmen aus Kreditaufnahmen: Die öffentliche Kreditaufnahme dient – über die originäre und spezielle Steuerverteilung hinaus – der Beschaffung von Deckungsmitteln zur Schließung einer Finanzlücke in den öffentlichen Haushalten. Er erfüllt

- eine fiskalische Funktion und
- eine wirtschaftspolitische Funktion.

Fiskalische Funktion: Die nach Art. 115 Abs. 1 GG bis zur Höhe der im Bundeshaushaltsplan veranschlagten Ausgaben für Investitionen begrenzte Neuverschuldung entspricht der fiskalischen Kreditaufnahme im Rahmen der klassischen Bedarfsdeckungsfunktion.

Wirtschaftspolitische Funktion: Die über die klassische Bedarfsdeckungsfunktion zur Abwehr einer Störung des gesamtwirtschaftlichen Gleichgewichts hinausgehende – konjunkturbedingte – Kreditaufnahme wird im Rahmen des „deficit spending" *(Keynes)* vorgenommen. *(Mehr: Siehe Kapitel C. II. und III.).*

Einnahmen aus Münzprägung: „Münzeinnahmen" sind Bundeseinnahmen aus der Ausprägung von Scheidemünzen.

Übersicht 1: Länderfinanzausgleich

Länderfinanzausgleich: Zahler und Empfänger
Horizontaler Finanzausgleich im engeren Sinne

I. Ausgleichspflichtige Länder („Zahler") (–)   *– in Mio € –*

	1995	1996	1997	1998	1999	2000	2001
Nordrhein-Westfalen	1.763	1.598	1.564	1.583	1.318	1.141	269
Bayern	1.295	1.463	1.586	1.486	1.730	1.884	2.298
Baden-Württemberg	1.433	1.289	1.232	1.778	1.752	1.957	2.132
Hessen	1.101	1.657	1.610	1.758	2.426	2.734	2.622
Hamburg	60	246	140	314	340	556	266
Schleswig-Holstein	72	–	3	0,05	–	–	–

II. Ausgleichsberechtigte Länder („Empfänger") (+)   *– in Mio € –*

Niedersachsen	231	283	344	403	530	568	954
Rheinland-Pfalz	117	118	151	219	194	392	231
Schleswig-Holstein	–	8	–	–	89	185	59
Saarland	92	120	104	117	150	167	146
Bremen	287	325	179	466	340	442	402
Berlin	2.159	2.217	2.266	2.501	2.718	2.812	2.654
Sachsen	907	1.005	981	1.020	1.099	1.182	1.036
Sachsen-Anhalt	574	635	601	617	665	711	595
Thüringen	521	576	574	595	623	670	575
Brandenburg	442	529	504	534	586	644	500
Mecklenburg-Vorpommern	394	438	431	448	471	500	436

III. Gesamt	+/- 5.724	+/- 6.253	+/- 6.135	+/- 6.920	+/- 7.465	+/- 8.273	+/- 7.589

Fünf Bundesländer haben gegenwärtig überdurchschnittlich hohe Steuereinnahmen je Einwohner und müssen im Länderfinanzausgleich »abgeben«, die anderen elf Bundesländer
gehören zu den Empfängern, denn ihre Finanzkraft ist unterdurchschnittlich. Die größten
Geberländer sind z.Zt. Hessen, Bayern und Baden-Württemberg, die zusammen über 7 Milli-
arden Euro in den Länderausgleich einbringen. Nach der Verteilung der Umsatzsteuer und
dem Länderfinanzausgleich im engeren Sinne ist die Finanzkraft der Länder weitgehend
angeglichen – Die finanzstarken Länder liegen knapp über dem Durchschnitt, die finanz-
schwächsten Länder erreichen 95 Prozent vom Bundesdurchschnitt.
Durch zusätzliche Fehlbetrags-Ergänzungszuweisungen des Bundes an finanzschwache Länder wird deren Finanzkraft auf mindestens 99,5 % des Länderdurchschnitts hinaufgeschleust.
Gegen das bestehende Finanzausgleichssystem haben die Länder Baden-Württemberg, Bayern und Hessen Verfassungsklage eingelegt. Nach dem Urteil des Bundesverfassungsgerichts
vom 11.11. 1999 wird ab 2005 ein neuer Finanzausgleich zum Tragen kommen, der einen
flacheren Ausgleichstarif ermöglicht.
Quelle: BMF, Finanzbericht 2003.

Einnahmen aus Rücklagen: „*Rücklagen*" dienen zum einen der Aufrechterhaltung einer ordnungsgemäßen Kassenwirtschaft (= Kassenverstärkungsrücklage) zum anderen als Maßnahme mit kontraktiver oder expansiver Wirkung zur Beeinflussung von konjunkturellen Schwankungen (= Konjunkturausgleichsrücklage).

Einnahmen aus kassenmäßigen Überschüssen: „*Kassenmäßige Überschüsse*" sind Einnahmen, die bei der haushaltsmäßigen Abwicklung positiver kassenmäßiger Jahresergebnisse vorheriger Jahre im Haushaltsplan veranschlagt sind.

Die budgetären *Einnahmearten* sind:

• Steuern und steuerähnliche Abgaben,
• Verwaltungseinnahmen,
• übrige Einnahmen.

b) Die öffentlichen Ausgaben

(1) Trennsystem

Als Verteilungsprinzip bei den Ausgaben gilt nach Art. 104a Abs. 1 GG der **Lastenverteilungsgrundsatz**, nach dem Bund und Länder *gesondert* die Ausgaben tragen, die sich aus der Wahrnehmung ihrer Aufgaben ergeben. Man spricht auch von einem **Trennsystem** bei der Finanzierung von Aufgaben.

Die in diesem Grundsatz ausgedrückte **Konnexität von Ausgaben und Aufgaben** ist in einem Bundesstaat mit autonomer Haushaltswirtschaft des Zentralstaates und der Gliedstaaten die einzige adäquate Lastenverteilung. Nur so wird ein sparsamer Vollzug gewährleistet und eine Kontrolle durch das jeweils zuständige parlamentarische Gremium ermöglicht. Immer dann, wenn eine Aufgabe ganz oder teilweise mit fremden Finanzmitteln durchgeführt wird, geht die für die Durchführung der Aufgabe zuständige Gebietskörperschaft tendenziell nicht so wirtschaftlich mit den Mitteln um wie bei der Durchführung der Aufgabe mit ausschließlich eigenen Mitteln. Auch im Verhältnis zwischen den Ländern und der kommunalen Ebene findet das Konnexitätsprinzip Anwendung.

Entscheidend für die konkrete Ausgaben- oder Lastenverteilung unter den Gebietskörperschaften ist demnach die vorgelagerte Frage, wie nämlich die Aufgaben im Staat verteilt sind.

Zwar beinhaltet Art. 30 GG – dem föderalistischen Gedanken entsprechend – für alle staatlichen Befugnisse und Aufgaben eine Zuständigkeitsvermutung zu Gunsten der Länder, doch werden durch das Grundgesetz (insbesondere Art. 87–90 GG) dem Bund eine Reihe von Ausgaben ausdrücklich zugewiesen, was Art. 30 auch so vorsieht. Darüber hinaus sind im Zeitablauf immer mehr Kompetenzen dem Bund übertragen worden.

Den **Ländern** ist im Schwergewicht noch folgende Aufgaben verblieben (s. auch Abb. 4):

- die Organisation ihres staatlichen Bereichs, einschließlich der Bestimmung des Anwendungsbereichs der Landesgesetze und der Staatshaftung,
- das Kommunalwesen, einschließlich der territorialen und funktionalen Neuordnung,
- die Rechtspflege,
- das Polizei- und Ordnungswesen,
- der kulturelle Bereich, insbesondere Schul- und Hochschulwesen und
- der Bereich der Planung der eigenen Aufgaben.

Die **Aufgaben des Bundes** ergeben sich aus geschriebenem und ungeschriebenem Verfassungsrecht.

Verfassungsrechtlich **geschriebene Aufgaben des Bundes** sind insbesondere aus Art. 87 GG zu entnehmen; hiernach ist die Gesetzgebungszuständigkeit des Bundes auch für die Aufgabenabgrenzung bedeutsam.[13] Weitere verfassungsrechtlich vorgesehene Aufgabenbereiche des Bundes ergeben sich aus den Art. 87–96 GG[14] sowie im Falle des Art. 35 Abs. 2 GG.

Beispiele für Bundesaufgaben sind danach:

- Auswärtiger Dienst,
- Verteidigung,
- Bundesgrenzschutz,
- Verwaltung des Luftverkehrs, der Wasserstraßen und der Bundesstraßen,
- Zentralstellen für das polizeiliche Auskunfts- und Nachrichtenwesen sowie für die Kriminalpolizei und den Verfassungsschutz,
- Kriegsfolgelasten u.a.m.

Ungeschriebene Bundeszuständigkeiten können sich

- aus der Natur der Sache oder
- kraft Sachzusammenhanges

ergeben. Sie ziehen fast zwangsläufig Interpretationsbedarf nach sich.

Das Bundesverfassungsgericht[15] sieht eine Kompetenz des Bundes **aus der Natur der Sache** dann begründet, wenn es sich um Aufgaben mit eindeutig überregionalem Charakter handelt, die ihrer Art nach nicht durch ein Land allein wirksam wahrgenommen werden können. Das Bundesverfassungsgericht nennt beispielhaft:

---

13 Art. 87 Abs. 3 GG.
14 Art. 87a, 87b, 87d, 88, 89, 90 Abs. 3, 91, 95, 96 GG.
15 Vgl. BVerfGE 22, 217.

- zentrale Einrichtungen, deren Wirkungsbereich sich auf das Bundesgebiet als Ganzes erstreckt,
- gesamtdeutsche und internationalen Aufgaben.

Eine Bundeszuständigkeit **kraft Sachzusammenhanges** kann angenommen werden, wenn eine Tätigkeit unerlässliche Voraussetzung für die Erfüllung einer dem Bund verfassungsrechtlich zugewiesenen Aufgabe ist.[16] Hiernach ist es beispielsweise zulässig, dass der Bund unter dem Gesichtspunkt der Informationsgewinnung und Entscheidungsvorbereitung (etwa für Gesetze) Forschungsvorhaben oder wissenschaftliche Einrichtungen fördert.

Um Zweifelsfragen aus den ungeschriebenen Zuständigkeiten hinsichtlich der Finanzierung öffentlicher Aufgaben zu klären, war in der Finanzreform von 1969 der Abschluss eines Verwaltungsabkommens zwischen Bund und Ländern vorgesehen. Den Entwurf dieses sog. Flurbereinigungsabkommens („Verwaltungsvereinbarungen über die Finanzierung öffentlicher Aufgaben von Bund und Ländern") hat das Bundeskabinett am 7.6.1971 verabschiedet. Die Bundesländer haben dem Entwurf formell nie zugestimmt; er ist aber für die Praxis weitgehend Vorbild, d.h., Bund und Länder richten sich danach.

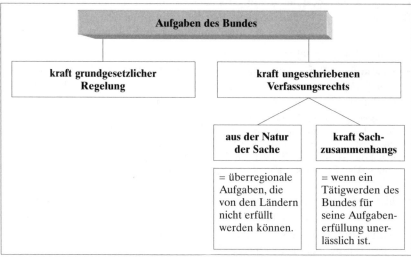

Abbildung 5: Geschriebene und ungeschriebene Zuständigkeiten des Bundes

---

16 Vgl. BVerfGE 26, 300.

- Das Grundgesetz schreibt als Lastverteilungsgrundsatz das Trennsystem vor. Danach tragen Bund und Länder gesondert die Ausgaben, die sich aus der Wahrnehmung ihrer Aufgaben ergeben (*Konnexität* von Ausgaben und Aufgaben).
- Wie die Aufgaben im Bundesstaat verteilt sind, ist eine vorgelagerte Frage. Dem föderativen Gedanken entsprechend hat das Grundgesetz (Art. 30) eine Kompetenzregelung zu Gunsten der Länder vorgenommen. Faktisch sind jedoch dem Bund immer mehr Aufgaben zugewachsen, so dass die Höhe der Bundesausgaben, die der einzelnen Länder bei weiten überragt.

(2) Mischfinanzierungen

Der Lastenverteilungsgrundsatz des Art. 104a Abs. 1 GG (Trennsystem) gilt nur, soweit das Grundgesetz selbst nichts anderes bestimmt. In den Absätzen 2–4 des Art. 104a sowie in den Artikeln 91a und 91b hat das Grundgesetz einige Ausnahmen zu diesem Grundsatz zugelassen.

Die Ausnahmen bestehen darin, dass bei bestimmten Aufgaben der Länder der Bund sich an der Finanzierung beteiligt, diese Aufgaben also gemischt finanziert werden. Es handelt sich um die sogenannten **Mischfinanzierungstatbestände**.

Mischfinanzierungstatbestände sind:

- die **Bundesauftragsverwaltung**, bei der nach Art. 104a Abs. 2 i.V.m. Art. 104a Abs. 5 GG der Bund die Zweckausgaben trägt, die Länder jedoch die sich ergebenden Verwaltungsausgaben selbst tragen müssen.

  Ein **Beispiel** für die Bundesauftragsverwaltung ist der Bau von Fernstraßen, der von Behörden der Länder im Auftrage des Bundes durchgeführt wird (Art. 90 Abs. 2 GG). Die Kosten für den Bau der Straßen (Zweckausgaben) trägt der Bund, die Länder haben die Kosten ihrer Straßenbauverwaltungen – insbesondere die Kosten des dafür eingesetzten Personals – als Verwaltungsausgaben gem. Art. 104a Abs. 2 u. 5 GG selbst zu tragen;

- die **Geldleistungsgesetze** des Bundes, die von den Ländern ausgeführt werden und eine Mitfinanzierung durch den Bund vorsehen (Art. 104a Abs. 3 GG).

  Geldleistungsgesetze in diesem Sinne sind z.B.:
  - das Bundeswohngeldgesetz,
  - das Bundesentschädigungsgesetz,
  - das Wohnungsbauprämiengesetz,
  - das Sparprämiengesetz,
  - das Bundesausbildungsförderungsgesetz;

- die **Finanzhilfen** des Bundes für besonders bedeutsame Investitionen der Länder und Gemeinden (Art. 104a Abs. 4 GG). Sie dürfen zu drei Zwecken gewährt werden:

1. zur Abwehr einer Störung des gesamtwirtschaftlichen Gleichgewichts,
2. zum Ausgleich unterschiedlicher Wirtschaftskraft,
3. zur Förderung des wirtschaftlichen Wachstums.

Während der erste Förderzweck Maßnahmen zur Förderung der Konjunktur, also zeitlich befristete Hilfen betrifft, ermöglichen der zweite und dritte Zweck längerfristige Finanzhilfen. Dem Bund eröffnet sich damit ein weites Feld der Einflussnahme auf die autonomen Finanzwirtschaften der Länder. Die Finanzhilfen müssen deshalb die Ausnahme bleiben.

Das die Förderung begründende zustimmungsbedürftige Bundesgesetz darf nur die förderungsfähigen Investitionsbereiche bestimmen und damit den generellen Verwendungszweck der Finanzhilfen bezeichnen.[17] Hinsichtlich der Lage, des Umfangs, der sachlichen Ausgestaltung oder der späteren Ausnutzung der mitfinanzierten Objekte bleibt es bei autonomen Entscheidungen der Länder.

Art. 104a Abs. 4 GG lässt ausdrücklich Finanzhilfen für Investitionen der Gemeinden zu. Der Bund tritt hier aber nicht in unmittelbare Rechtsbeziehungen zu den Gemeinden; Empfänger der Finanzhilfen für Investitionen der Gemeinden sind zunächst die Länder, die die Mittel quotal an ihre Gemeinden weiterleiten müssen.

Der vom Bund gewährten Finanzhilfen nach Art. 104a Abs. 4 GG werden zur Zeit stark zurückgeführt. Sie sollten bis zum Jahr 2006 von 8,4 Mrd. € (2002) um 30,6 % auf 5,8 Mrd € sinken.[18]

Dabei sollten die Hilfen zugunsten der gewerblichen Wirtschaft (ohne Verkehr) in den Jahren 2002 bis 2006 von 4,9 Mrd. € um 31,3 % auf 3,4 Mrd. € sinken. Den größten Anteil daran hat die Rückführung der Absatz- und Stilllegungshilfen für die Steinkohleindustrie.

Zurückgeführt werden auch die Hilfen für das Wohnungswesen. Im Jahre 2002 sind hierfür noch 1,6 Mrd. € vorgesehen gegenüber 0,9 Mrd. € im Jahre 2006; dies entspricht einem Rückgang um 46,8 % und ist vor allem auf ein Absinken der Mittel für den sozialen Wohnungsbau um 0,4 Mrd. € im Zeitraum 2002 bis 2006 zurückzuführen.

Die Finanzhilfen für Verbraucherschutz, Ernährung und Landwirtschaft gehen um 17,8 % von 1,3 Mrd. € in 2002 auf 1,1 Mrd. € in 2006 zurück;

- die **Gemeinschaftsaufgaben** nach Art. 91a und 91b GG. Es handelt sich dabei begrifflich um Ausgaben der Länder, bei deren Erfüllung der Bund mitwirkt,

---

17 Vgl. BVerfGE 39, 96.
18 Zahlenangaben nach Finanzplan des Bundes 2002 bis 2006, abgedruckt in BMF: Finanzbericht 2003, hier insbesondere S. 63 f. und 154 ff.

wenn diese Ausgaben für die Gesamtheit bedeutsam sind und die Mitwirkung des Bundes zur Verbesserung der Lebensverhältnisse erforderlich ist. Art. 91a GG nennt folgende Bereiche:

– Ausbau und Neubau von Hochschulen einschl. Hochschulkliniken,
– Verbesserung der regionalen Wirtschaftsstruktur,
– Verbesserung der Agrarstruktur und des Küstenschutzes.

Aufgrund des Art. 91b GG wirken Bund und Länder auf der Grundlage des Verwaltungsabkommens zwischen Bund und Ländern über die Errichtung der gemeinsamen Kommission für Bildungsplanung vom 25.5.1970 im Bereich der **Bildungsplanung und Forschungsförderung** zusammen. Im September 1986 hat die Bund- Länder Kommission auf der Grundlage vorangegangener Entscheidungen der Regierungschefs von Bund und Ländern ein Arbeitsprogramm beschlossen, das sich verstärkt Problemen zuwendet, die sich als Folge zurückgegangener Geburtenzahlen, veränderter Bildungsnachfrage sowie der ökonomischen und technologischen Entwicklung für das Bildungswesen ergeben.

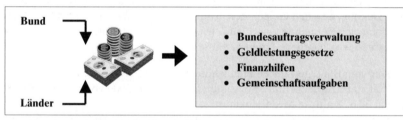

Abbildung 6: Mischfinanzierungstatbestände

Das **hohe Niveau der Mischfinanzierungen** ist **nicht unproblematisch**. In den zu den Gemeinschaftsaufgaben erlassenen Ausführungsgesetzen ist festgelegt, dass die Bundesregierung und die Landesregierungen die für die Durchführung der Aufgaben bei den einzelnen Gebietskörperschaften erforderlichen Ausgaben in die Haushaltsplanentwürfe einzustellen haben. Die Parlamente sind bei der gesetzlichen Feststellung der Haushaltspläne zwar in der Lage, die für die Durchführung der Gemeinschaftsaufgaben eingestellten Mittel zu reduzieren, in der Praxis wird man jedoch von einer faktischen Bindung der Parlamente durch die Entscheidung der administrativen Führung bzw. der Bund-Länder-Kommissionen sprechen müssen. Damit wird die Budgethoheit der Parlamente durch die von Planungskommissionen vorausbestimmten finanziellen Beteiligungen an Gemeinschaftsaufgaben nicht unwesentlich eingeschränkt, wenn es auch formell bei der Entscheidungsfreiheit der Parlamente bleibt.

Durch die Beteiligung der Länder an den Kosten der Gemeinschaftsaufgaben und an den durch Finanzhilfen des Bundes geförderten Investitionen werden nicht unwesentliche Teile der Länderhaushalte – bei den Finanzhilfen auch der kommunalen Haushalte – im voraus gebunden und stehen nicht mehr zur Disposition für Aufgaben der Länder bzw. der Gemeinden. Damit wird durch die Mischfinanzierung auch die Haushaltsautonomie der Länder nach Art. 109 Abs. 1 GG tendenziell eingeschränkt.

Im Rahmen der Gemeinschaftsaufgaben und Finanzhilfen beteiligt sich der Bund an den Kosten für die Planung und Durchführung von Investitionen anteilmäßig. Die Folgekosten hingegen, das sind die durch die geförderte Einrichtung bei ihrem Betrieb entstehenden laufenden Personal- und Sachkosten, sind ausschließlich von den Ländern und Gemeinden zu tragen. Diese Kosten sind jedoch bei Bildungs-, Kultur- und Freizeiteinrichtungen durch hohe Personalkosten beträchtlich.

Die bei einer gemischten Finanzierung einer Aufgabe zersplitterten Entscheidungskompetenzen führen auch zu einer unklaren Verantwortungsabgrenzung. Jede beteiligte Gebietskörperschaft sieht nur ihren eigenen Finanzierungsanteil. Eine von den Interessen einzelner Beteiligter losgelöste Wirtschaftlichkeitsuntersuchung des gesamten Projekts unterbleibt. Damit führt die Mischfinanzierung tendenziell zu einem unwirtschaftlicheren Umgang mit öffentlichen Mitteln.

III. Träger der Öffentlichen Finanzwirtschaft

Als Träger der Öffentlichen Finanzwirtschaft kommen zahlreiche Körperschaften, Anstalten und Stiftungen des öffentlichen Rechts in Betracht. Sie alle erfüllen gesamtstaatliche, öffentliche Aufgaben. Die Vielzahl dieser Institutionen hängt von der jeweiligen Wirtschaftsordnung ab. In einer Zentralverwaltungswirtschaft ist der Staat Träger der gesamten Volkswirtschaft. In Wirtschaftsordnungen, deren Wirtschaftsverfassungen sich am System der freien Marktwirtschaft orientieren, ist die Zahl der öffentlichen Finanzwirtschaften abhängig von dem Grad des staatlichen Einflusses auf die marktwirtschaftlichen Vorgänge.

Träger der „Öffentlichen Finanzwirtschaft" sind alle Institutionen, die eine *eigene* oder eine *abgeleitete Finanzhoheit* (= Finanzgewalt*)* besitzen. Bund und Länder besitzen demzufolge eine eigene Finanzhoheit; die übrigen Körperschaften und sonstigen öffentlichen Rechtsgebilde besitzen dagegen eine *abgeleitete Finanzhoheit.*

Als Träger der Öffentlichen Finanzwirtschaft gelten in der Bundesrepublik Deutschland neben internationalen und supranationalen Organisationen sowie den Gebietskörperschaften auch hilfsfiskalische Gebilde als parafiskalische, intermediäre Finanzgewalten (Parafisci).

1. Internationale und supranationale Organisationen

Internationale Organisationen werden von autonomen Staaten geschaffen. Diese zwischenstaatlichen Organisationen handeln im festgelegten Rahmen für die in ihnen vertretenen Staaten (z.B. NATO, Weltbank).

Die Finanzierung dieser internationalen zwischenstaatlichen Organisationen wird durch Beiträge ihrer Mitglieder gesichert.

Supranationale Organisationen sind Zusammenschlüsse souveräner Staaten. Teile der nationalen staatlichen Hoheitsgewalt sind überdeckt durch Entscheidungen dieser supranationalen, überstaatlichen Organisationen. Souveräne **übernationale** Organe üben die ihnen übertragene supranationale Organisationsgewalt als *übernationales Recht* unmittelbar aus (z.B. Europäische Union – EU).

Supranationales Recht bricht nationales Recht.

Die Finanzierung dieser supranationalen Organisationen wird durch direkte Erhebung einer supranationalen Steuer gesichert.[19] Die Europäischen Union (EU) erlässt

* Verordnungen, die als unmittelbares übergeordnetes Recht im gesamten EU-Gebiet gelten
* Richtlinien, die ein bestimmtes Ergebnis vorschreiben, das durch nationales Recht zu erreichen ist.

2. Der Bund

Der **Bundeshaushaltsplan** ist eine Zusammenstellung aller veranschlagten Haushaltseinnahmen, Haushaltsausgaben, Planstellen, Stellen sowie Verpflichtungsermächtigungen von allen Bundesbehörden für ein Jahr.

Die durch die parlamentarische Verabschiedung des Haushaltsgesetzes bewirkte Feststellung des Haushaltsplans bedeutet für die Bundesverwaltung die Ermächtigung, Ausgaben – sofern erforderlich – zu leisten und Verpflichtungen einzugehen. Die Einnahmenseite des Haushaltsplans entfaltet keine Rechtswirkung. Der Lastenausgleichsfonds hat als Sondervermögen des Bundes den Auftrag, durch Vertreibung und Kriegszerstörung entstandene Schäden und Verluste teilweise auszugleichen.

Das **ERP-Sondervermögen des Bundes** (ERP = European Recovery Program = Europäisches Wiederaufbauprogramm) sind Finanzmittel, die revolvierend zur Förderung der Wirtschaft in der Bundesrepublik Deutschland und für Entwick-

---

19 Vgl. *Penning*, Optische Finanzwissenschaft, Herne/Berlin, 1978, Nr. 5.

lungsländer eingesetzt werden. Die Mittel stammen aus Nachkriegs-US-Hilfe aufgrund des vom damaligen Außenminister der USA George C. MARSHALL im Juni 1947 entwickelten ERP-Sondervermögens (= MARSHALL-Plan).

Öffentliche Unternehmen sind Verwaltungsbetriebe (Regiebetriebe, wie: Domänen [= Staatsgüter], Forsten, Bundesdruckerei usw.) und öffentliche Betriebe als juristische Personen des öffentlichen oder privaten Rechts. Der Bund ist z.Z. an über 380 Unternehmen mit mindestens 25 % Eigenkapital beteiligt.

3. Die Länder

Die Ausübung der staatlichen Befugnisse und die Erfüllung der staatlichen Aufgaben ist Sache der Länder, soweit das Grundgesetz keine andere Regelung trifft oder zulässt.

Bund und Länder sind in ihrer Haushaltswirtschaft selbständig und voneinander unabhängig.

Die finanzwirtschaftliche Darstellung der Landeshaushalte und der öffentlichen Unternehmen der Länder ist wie beim Bund in sinngemäß vergleichbarer Weise zu verstehen.

4. Die Gemeinden und Gemeindeverbände

Die Gemeinden und Gemeindeverbände stellen nach dem Grundgesetz keine dritte Ebene im Staatsaufbau dar, sondern **sind der inneren Gliederung der Länder zuzurechnen**. Das Grundgesetz geht somit vom zweistufigen Staatsaufbau aus: Bund und Länder bilden hiernach den „Gesamtstaat". Die in Art. 20 Abs. 2 GG festgelegte Verfassungsnorm „... Alle Staatsgewalt geht vom Volke aus ..." besagt somit, dass die Gewaltenteilung (Legislative, Exekutive, Judikative) sich im „Staat", d.h. beim Bund und bei den Ländern vollzieht.

Die Gemeinden sind landesunmittelbare juristische Personen des öffentlichen Rechts, die den Ländern unmittelbar eingeordnet sind.

Die verfassungsrechtlich in Art. 28 GG normierte Selbstverwaltungsgarantie bedeutet u.a., dass die Gemeinden in Verfolg der gemeindlichen Hoheitsverwaltung jährlich jeweils einen Gemeindehaushalt aufzustellen haben, der vom Gemeinderat (Stadtrat) beraten und durch die Verabschiedung der Haushaltssatzung festgesetzt wird.

Die **örtliche Versorgung und Entsorgung** wird von den kommunalen Wirtschaftsverwaltungen (z.B. Verkehrsunternehmen, Sparkassen, Kreditanstalten) und von kommunalen Zweckverbänden (z.B. Wasserversorgung, Abfallbeseitigung) vorgenommen.

5. Hilfsfiskalische Gebilde (Parafisci)

„Parafisci" sind intermediäre Finanzgewalten, die selbst nicht Gebietskörperschaften sind, wohl aber öffentliche Aufgaben erfüllen, sich selbst verwalten, einer Staatsaufsicht unterliegen sowie teilweise mit Hoheitsrechten ausgestattet sind.[20]

Solche Parafisci sind z.b.:

* *Berufsfisci,* wie Innungen, Handwerkskammern, Handelskammern,
* *Sozialfisci,* wie gesetzliche Renten-, Kranken-, Unfall-, Pflege-, Arbeitslosenversicherung,
* *Kirchenfisci,* wie öffentlich-rechtliche Religionsgemeinschaften,
* *Sonstige Fisci,* wie öffentlich-rechtliche Rundfunk- und Fernsehanstalten[21].

IV. Die öffentlichen Finanzen – Wesenselement jeder Staatsverfassung (Kurzfassung)

Staatsrechtliche Grundlagen der Öffentlichen Finanzwirtschaft sind

* die Staatshoheit und Kompetenzverteilung im föderativen Bundesstaat,
* die Finanzhoheit,
* die Budgethoheit,
* die Finanzverfassung,
* die Finanzpolitik.

Die **Bedeutung** der Öffentlichen Finanzwirtschaft wird durch ihre Aufgaben (Funktionen) dargestellt: „Öffentliche Finanzwirtschaft" ist die Tätigkeit des Staates, durch welche dieser die Mittel zur Erfüllung seiner Aufgaben beschafft, verwaltet und verwendet.

Hierbei hat die Öffentliche Finanzwirtschaft

* öffentliche Güter und Dienstleistungen bereitzustellen (= klassische Bedarfsdeckungsfunktion)
* wirtschaftspolitische und sozialpolitische Ziele anzustreben (= moderne gesamtwirtschaftliche Lenkungsfunktion)
* übernationale finanzpolitische Funktionen zu erfüllen.

Die „Öffentliche Finanzwirtschaft"

* ist Teil der Volkswirtschaft,
* liefert im Wesentlichen immaterielle Güter,

---

20 Vgl. *Smekal,* Finanzen intermediärer Gewalten (Parafisci), in: Handwörterbuch der Wirtschaftswissenschaften, Bd. 3, Stuttgart, 1981, S. 1-16.
21 Vgl. *Andreae/Mauser,* a.a.O., S. 24.

- erzeugt im Allgemeinen nicht messbare Leistungen,
- deckt ihren Finanzbedarf durch Steuern usw. selbst,
- erstrebt keinen Gewinn.

„**Einnahmenwirtschaft**" ist die finanzwirtschaftliche Tätigkeit der Gebietskörperschaften im Rahmen der *Beschaffung* der Deckungsmittel zur Aufgabenerfüllung.

„**Ausgabenwirtschaft**" bedeutet die *Verwendung* der Einnahmen zur Durchführung der Aufgaben beim Vollzug des Haushaltsplans.

Träger der Öffentlichen Finanzwirtschaft sind die Träger öffentlicher Aufgaben (Art. 30 GG/LV). Diese sind:

- internationale (z.B. NATO) und supranationale (z.B. EU) Organisationen,
- der Bund,
- die Länder,
- die Gemeinden und Gemeindeverbände,
- hilfsfiskalische/intermediäre Finanzgewalten (= Parafisci, z.B. öffentlich-rechtliche Rundfunk- und Fernsehanstalten).

Staatliche Einnahmequellen

Laufende Einnahmen

Hierzu zählen alle Einnahmen, die sich aus der Existenz und der Tätigkeit eines öffentlichen Verbandes im Rahmen der staatlichen Aufgabenerfüllung ergeben und ihrem Wesen nach regelmäßige Einnahmen darstellen.

Erwerbseinkünfte	Abgaben	Finanzausgleiche
Beteiligungen an Unternehmen oder in hoheitlicher Form (Post, Land- u. Wasserstraßen usw.); der Bund ist an über 380 Unternehmen mit mindestens 25 % Eigenanteil beteiligt.	Die Wahrnehmung staatlicher Aufgabenerfüllung bedeutet, Ausgaben zu leisten, zu deren Deckung die notwendigen Einnahmen insbesondere durch Abgaben hoheitlich erhoben werden.	Hierunter sind alle Einnahmen zu verstehen, die eine öffentliche Körperschaft im Wege der Zuweisungen erhält. Passiver FA = Aufgabenverteilung. Aktiver FA = • vertikal • horizontal

Steuern und Zölle	Gebühren	Beiträge

Steuern sind hoheitlich erhobene Zwangsabgaben ohne Anspruch auf Gegenleistung. Steuern haben fiskalischen Charakter (Bedarfsdeckungsfunktion) und sind darüber hinaus ein Instrument der Wirtschaftssteuerung (gesamtwirtschaftliche Funktion).	Gebühren sind Abgaben, die als Entgelt für bestimmte – tatsächlich in Anspruch genommene – öffentliche Dienstleistungen erhoben werden:
	a) Benutzungsgebühr
	   (z.B. Müllabfuhrgebühr)
	b) Verwaltungsgebühr
	   (z.B. beim Standesamt)
	c) Verleihungsgebühr
	   (z.B. Konzessionsgebühr)
		Beiträge sind Abgaben, die zur Deckung der Kosten öffentlicher Einrichtungen von den wirtschaftlich Begünstigten ohne Rücksicht auf die tatsächliche Inanspruchnahme erhoben werden (z.B. Anliegerbeiträge).

Abbildung 7: Die öffentlichen Einnahmen im Überblick

Einmalige Einnahmen

Hierzu zählen alle sonstigen Einnahmen, die sich nicht aus laufenden Einnahmen zur Deckung der Ausgaben im Rahmen der Aufgabenerfüllung ergeben und ihrem Wesen nach einmalig sind, – unabhängig von ihrer Häufigkeit.

öffentliche Kreditaufnahme

Hierunter sind alle im Hpl veranschlagten Einnahmen aus Krediten (§ 18 BHO) zu verstehen, soweit sie dem Kapitalmarkt (= Geschäftsbanken, Kapitalsammelstellen, Privat, Ausland) oder Gebietskörperschaften bzw. dem Sondervermögen des Bundes entstammen.

Rücklagen

Da Rücklagen (z.B. Konjunkturausgleichsrücklagen) bei der DBBk unterhalten werden, handelt es sich bei diesen Einnahmen um Notenbankgeld, das dem Geldkreislauf entzogen ist.

kassenmäßige Überschüsse

Hierunter fallen alle Einnahmen, die bei der haushaltsmäßigen Abwicklung positiver kassenmäßiger Jahresergebnisse vorheriger Jahre im Hpl veranschlagt sind.

Münzeinnahmen

Der Bund besitzt die uneingeschränkte Münzhoheit. Die aus der Differenz zwischen Nominalwert und Realwert entstehende Summe muss die DBBk, die über fünf Münzprägeanstalten verfügt, dem Bund erstatten.

sonstige

Sonderabgaben sind Geldleistungen, die nicht der Einnahmeerzielung, sondern nichtfiskalischen Zwecken dienen (z.B. Ausgleichsabgaben).

B. Die Staatshaushalte im System der Öffentlichen Finanzwirtschaft²²

I. Allgemeines

Die „**Budgethoheit**" ist die auf der Grundlage der *Staats- und Finanzhoheit* nach dem Finanzverfassungsrecht gegebene *Selbständigkeit* und *Unabhängigkeit* der bundesstaatlichen Haushaltswirtschaft (= Haushaltsautonomie):

Art. 109 Abs. 1 GG:
„Bund und Länder sind in ihrer Haushaltswirtschaft selbständig und voneinander unabhängig."

„Haushaltsrecht" ist die auf der Budgethoheit beruhende Ordnung der Haushaltwirtschaft durch Rechtssätze.

„Haushaltswirtschaft" ist der Teil der Volkswirtschaft, der – im Rahmen der Öffentlichen Finanzwirtschaft – über die öffentlichen Haushalte vollzogen wird. Haushaltswirtschaft ist die auf dem Haushaltsrecht beruhende finanzwirtschaftliche Tätigkeit aller Träger Öffentlicher Finanzwirtschaft zum Zwecke staatlicher und kommunaler Aufgabenerfüllung.

Hierunter sind alle finanzpolitischen Vorgänge zu verstehen, die auf die Planung, Beschaffung, Verwaltung, Verwendung und Kontrolle der öffentlichen Mittel gerichtet sind (Aufstellung und Ausführung des Haushaltsplans).

Zum Begriff der Haushaltswirtschaft gehört ebenso das budgetrechtliche Eingriffsinstrumentarium zur Beeinflussung des gesamtwirtschaftlichen Gleichgewichts sowie der Nachtragshaushalt, der Eventualhaushalt, steuerliche Maßnahmen nach Maßgabe des Stabilitäts- und Wachstumsgesetzes und die Aufnahme von Krediten sowie die Übernahme von Bürgschaften, Garantien oder sonstigen Gewährleistungen, die zu Ausgaben in künftigen Haushaltsjahren führen können.

Die staatliche und kommunale Haushaltswirtschaft besteht aus der

* „**Einnahmenwirtschaft**", besonders aus Steuern, Gebühren, Beiträgen, Erwerbseinkünften, Kreditaufnahmen usw. und der
* „**Ausgabenwirtschaft**" für Maßnahmen im Rahmen der *staatlichen Aufgabenerfüllung*.

---

22 Siehe Anhang.

Grundlage der Haushalts- und Wirtschaftsführung der einzelnen Träger der Öffentlichen Finanzwirtschaft ist der jeweilige Haushalt.

Der ERSTE BUNDESHAUSHALTSPLAN der Bundesrepublik Deutschland wurde unter Bundeskanzler *Konrad Adenauer* vom Bundesminister der Finanzen *Fritz Schäffer* aufgestellt.

Dieser

BUNDESHAUSHALTSPLAN
für das Rechnungsjahr 1949
(21. September 1949 bis 31. März 1950)

hatte zunächst ein Gesamtvolumen – in Einnahmen und Ausgaben – jeweils in Höhe von 27 601 100,– DM.[23]

Hierbei war – zum Ausgleich des Haushaltsplans – auf der Einnahmenseite ein „Zuschuss" in Höhe von 27 304 900,- DM erforderlich.

Rechts- und Ermächtigungsnorm zu diesem in jeder Hinsicht außergewöhnlichen (Rumpf-)Haushalt war das

> Gesetz über die Aufstellung und Ausführung des Bundeshaushaltsplans für das Rechnungsjahr 1949 sowie über die Haushaltsführung und über die vorläufige Rechnungsprüfung im Bereich der Bundesverwaltung (Haushaltsgesetz 1949 und Vorläufige Haushaltsordnung vom 7. Juni 1950)[24].

Fritz Schäffer (BMF 1949–1957) zum Haushaltsentwurf 1956:

„… Es ist der erste Haushaltsentwurf, den die Bundesregierung nach dem Tag der Wiedererlangung der Souveränität unseres Staatswesens und nach dem Inkrafttreten der Pariser Verträge der Volksvertretung zur Beratung und Verabschiedung vorlegt … ."

Franz Josef Strauß(BMF 1966–1969) zum Haushaltsentwurf 1968:

„… Der Entwurf des Haushalts 1968 stellt einen Einschnitt in der Finanzgeschichte unseres Staates dar. Es ist der erste Haushaltsentwurf, der aus einer mehrjährigen Finanzplanung heraus erarbeitet worden ist … ."

Karl Schiller (BMF 1971–1972) zum Haushaltsentwurf 1972:

„… Haushalt und Finanzplanung zeigen die mittelfristigen finanzwirtschaftlichen Planungsvorhaben auf, wobei im jeweiligen Haushalt zu beachten ist, Bedarf und Deckung in Einklang zu bringen … ."

---

23 Hatte später eine „Ergänzung".
24 Siehe BGBl I 1950, S. 199.

Helmut Schmidt (BMF 1972–1974) zum Haushaltsentwurf 1973:

„… Dazu war es notwendig, zunächst das Regierungsprogramm zu beschließen und im Anschluss daran das zu seiner Verwirklichung notwendige finanzpolitische Konzept und seine Aufgliederung im einzelnen der parlamentarischen Entscheidung zuzuführen … ."

Hans Matthöfer (BMF 1978–1982) zum Haushaltsentwurf 1979:

„… Die Qualität eines Staatshaushalts kann man ohnehin nur in Kenntnis der mit ihm angestrebten Ziele und vor dem Hintergrund der jeweiligen gesamtwirtschaftlichen Lage richtig beurteilen … ."

Theo Waigel (BMF 1989–1998) zum Haushaltsentwurf 1997:

„… Die Finanzpolitik 2000 beginnt 1996. Mit dem Finanzplan bis zum Jahr 2000 dokumentieren wir unsere Entschlossenheit, den Standort Deutschland zu sichern.

Damit gehen wir gut gerüstet in die Zeitenwende … ."

Der „**Haushalt**" setzt sich zusammen aus dem Haushalts*gesetz* und dem Haushalts*plan*.

Das „**Haushaltsgesetz**" ist ein auf der Grundlage des Verfassungsrechts im förmlichen Gesetzgebungsverfahren zustande gekommenes Zeitgesetz, das – zusätzlich zu ständig-gesetzlichen Rechtsvorschriften (BHO etc.) – obligatorische und fakultative Rechtsnormen für die Haushalts- und Wirtschaftsführung der Haushaltsträger speziell für ein Haushaltsjahr enthält.

Der „**Haushaltsplan**" ist die *besondere* Rechtsgrundlage für die Haushalts- und Wirtschaftsführung des Bundes (Land, Gemeinde) für ein Haushaltsjahr.

Es gibt z. Zt. jährlich einen Bundeshaushaltsplan, 16 Landeshaushaltspläne und 13 855 Gemeindehaushaltspläne.

Die „**Haushaltsführung**" umfasst alle Maßnahmen im Rahmen der *Ausführung* des Haushaltsgesetzes und des Haushaltsplans.

Der Begriff „**Wirtschaftsführung**" bezieht sich darüber hinaus auf jene finanzwirtschaftliche Betätigung der Gebietskörperschaften, die über das Haushaltsgesetz und den Haushaltsplan hinausgehen – wie z.B. bei den Sondervermögen.

„**Haushalten**" umfasst das Planen, Veranschlagen, Bewirtschaften und Nachweisen von Haushaltsmitteln, die erforderlich sind, um die einer Dienststelle obliegenden Aufgaben innerhalb eines bestimmten Zeitraumes erfüllen zu können.

„**Haushaltsmittel**" sind Beträge, die im Haushaltsplan (Etat, Budget) mit Titelnummer und Zweckbestimmung *als Ansatz* ausgebracht sind. Haushaltsmittel werden den mittelbewirtschaftenden Dienststellen zugewiesen und stehen diesen damit *zur Bewirtschaftung* zur Verfügung[25].

II. Rechtscharakter und Begriff des Haushalts

Das *Haushaltsgesetz* und der *Haushaltsplan* bilden eine Einheit,[26] den **Haushalt**. Der Haushalt ist ein politisches Dokument.

Nach h.M. ist anerkannt, dass das **Haushaltsgesetz** in seiner Rechtsnatur zwar kein materielles Gesetz im Sinne des Rechtssatzcharakters mit Außenwirkung ist, da es keine Rechtsbeziehung zwischen den Bürgern untereinander oder im Verhältnis zum Staat begründet oder verändert und keinen Eingriff in Freiheit oder Eigentum im Sinne des historisch-konventionellen Rechtssatzbegriffes darstellt, wohl aber ist der durch Regierungsvorlage im Parlament geschäftsordnungsmäßig beratene und auf der Grundlage des Verfassungsrechts im förmlichen Gesetzgebungsverfahren zustande gekommene Beschluss der Legislative *Gesetz im formellen Sinne.*

Das Bundesverfassungsgericht (BVerfG) hat im Rechtsstreit um die Parteienfinanzierung[27] festgestellt, dass das Haushaltsgesetz nicht lediglich ein im Haushaltsplan enthaltenes Zahlenwerk feststellt, sondern zugleich die *Bewilligung* der im Haushaltsplan veranschlagten Ausgabemittel enthält, somit die *Ermächtigung an die Regierung* darstellt, diese Mittel für die in den einzelnen Ausgabetiteln des Haushaltsplans festgelegten Zwecke auszugeben.

Das Bundesverfassungsgericht hat über dies festgestellt, dass das Haushaltsgesetz und auch der Haushaltsplan letztlich Recht im Sinne des Art. 93 Abs. 1 Nr. 2 GG ist und deshalb im *Normenkontrollverfahren* auf seine Vereinbarkeit mit dem Grundgesetz geprüft werden kann (BVerfGE 20, 90).

Das jährliche Haushaltsgesetz ist – in seiner Rechtsnatur – ein Gesetz im nur formellen Sinn, d.h. es hat keine Außenwirkung gegenüber dem Bürger, wohl aber hat es Innenwirkung im organschaftlichen Verhältnis zwischen Legislative und Exekutive dergestalt, dass die Regierung und die Verwaltung an dieses Gesetz und seine Anlage – den Haushaltsplan – *gebunden* sind.[28]

---

25 Vgl. VV Nr. 1.9. zu § 34 BHO/LHO.
26 BVerfGE 20, 93.
27 BVerfGE 20, 92 vom 19.7.1966 (NJW 1966, S. 1499 ff.)
28 Dies schließt jedoch nicht zwingend die Möglichkeit aus, dass das Haushalts*gesetz* in seiner Rechts*praxis* ggf. doch materielle Rechtsnormen enthalten kann, sofern diese den Zweck haben, der Verwaltung den Vollzug des Haushaltsplans zu ermöglichen (siehe *Giese/ Schunck/Winkler,* a.a.O., Nr. 4 zu Art. 110 GG).

GESETZ	**im formellen Sinn ist**

im formellen Sinn ist

- jede Rechtsnorm,
- die von einem befugten Staatsorgan
  (= BReg/LReg; BT/LT; BR)
- im Parlament eingebracht,
- von der Volksvertretung nach dem verfassungsrechtlichen Gesetzgebungsverfahren im
  Parlament beraten
- und in der Form eines Gesetzes vom Parlament
  verabschiedet worden ist (= *Parlamentsgesetz*).

Das Haushaltgesetz ist ein Gesetz im nur formellen
Sinn (= *Parlamentsgesetz*).

GESETZ   *im materiellen Sinn ist*

- jede abstrakt-generelle Rechtsnorm
  (abstrakt = für eine unbestimmte Vielzahl von
  Sachverhalten)
  (generell = für eine unbestimmte Vielzahl von Personen)
- mit Rechtssatzcharakter
  (d.h. mit Außenwirkung gegenüber dem Bürger),
- die vom Parlament
  (= *Parlamentsgesetz*)

  oder

- mit *Ermächtigung* der Volksvertretung
- von der Bundesregierung,
  einem Bundesminister oder einer
  Landesregierung
  (= *Rechtsverordnung*)

  oder

- von sonstigen zur Rechtsetzung ermächtigten
  Verbänden
  (= *Satzung*)

erlassen worden ist.

„Rechtsverordnungen" und „Satzungen" sind
Gesetze im *nur* materiellen Sinn.

Das Haushaltsgesetz ist ein **Zeitgesetz** und gilt grds. nur für ein Jahr (= Haushaltsjahr).

Das jährlich vom Parlament zu verabschiedende Haushaltsgesetz ist aufgrund seiner verfassungsrechtlichen Besonderheiten und aufgrund der Sonderbestimmungen in der BHO/LHO daher als „lex sui generis" (lex specialis) zu betrachten.

Der **Haushaltsplan** (das Budget, der Etat) ist die durch das Haushaltsgesetz festgestellte, für die Haushaltsführung der jeweiligen Gebietskörperschaft maßgebende Zusammenstellung der für ein Haushaltsjahr veranschlagten Haushaltseinnahmen und -ausgaben, Planstellen, Stellen und Verpflichtungsermächtigungen ihrer Verwaltungsbehörden.

Der jährliche Haushaltsplan ist ein staatsleitender Hoheitsakt in Gesetzesform (BVerfGE 79, 328)!

Der Haushaltsplan ist die gesetzlich festgestellte *besondere* Rechtsgrundlage für die Haushalts- und Wirtschaftsführung (§ 2 BHO).

Der Haushaltsplan ist die unverzichtbare Anlage des Haushaltsgesetzes.

Haushaltsgesetz und Haushaltsplan bilden eine Einheit, den Haushalt (BVerfGE 20, 93)!

Somit nimmt der Haushaltsplan an den Rechtswirkungen des Haushaltsgesetzes teil und besitzt daher Gesetzesqualität, ohne jedoch selbständiges Gesetz zu sein.

Der Haushaltsplan wird – in Einnahmen und Ausgaben ausgeglichen – vom BMF/LMF aufgestellt, von der Bundes-/Landesregierung beschlossen, vom Parlament beraten und durch die parlamentarische Verabschiedung des Haushaltsgesetzes „festgestellt". Der *Haushaltsplan wirkt nur im* Organbereich von Parlament und Regierung. Er entfaltet **keine Rechtswirkung** *außerhalb* dieses Organbereichs.[29]

---

29 Siehe BVerfGE 38, 125.

III. Inhalt des Haushalts

Das **Haushaltsgesetz** enthält *allgemein*

- die Feststellung des Haushaltsplans,
- sachlich und zeitlich begrenzte *besondere* Vollmachten gegenüber der Regierung und
- zeitgesetzliche *zusätzliche, besondere* Rechtsvorschriften über die jährliche Haushalts- und Wirtschaftsführung einer Gebietskörperschaft

(= Besonderes Haushaltsrecht).

Das Haushaltsgesetz beinhaltet *obligatorisch*

- die Feststellung des auf eine zu nennende Summe in Einnahmen und Ausgaben ausgeglichenen Haushaltsplans[30],
- die Ermächtigung für den BMF/LMF zur Aufnahme von Deckungskrediten und Kassenkrediten[31],
- die Ermächtigung für den BMF/LMF zur Übernahme von Bürgschaften, Garantien oder sonstigen Gewährleistungen[32],
- den Tag des Inkrafttretens des Haushaltsgesetzes (Art. 82 Abs. 2 GG).

Darüber hinaus *kann* das Haushaltsgesetz – fakultativ – beinhalten

- zeitgesetzliche besondere Ermächtigungen zum Vollzug des Haushaltsplans,
- kurzfristige, nur für die Gültigkeitsdauer dieses Haushaltsgesetzes bestimmte Sonderregelungen von haushaltswirksamen Vorschriften *bestehender anderer* nicht zustimmungsbedürftiger *Gesetze* (z.B. BHO), soweit dadurch nicht sogleich zustimmungsbedürftige Rechtsvorschriften berührt werden[33],
- allgemeingültige Haushaltsvermerke,
- Bestimmungen, die über die allgemeine Gültigkeitsdauer des Haushaltsgesetzes (31.12.) *hinaus* bis zum Tage der Verkündung des Haushaltsgesetzes des folgenden Haushaltsjahres *weiter gelten.*

Im Übrigen dürfen in das Haushaltsgesetz nur Vorschriften aufgenommen werden, die sich auf die Einnahmen und Ausgaben des Bundes/Landes **(sachliches Bepackungsverbot)** und auf den Zeitraum beziehen, für den das Haushaltsgesetz beschlossen wird **(zeitliches Bepackungsverbot)**.[34]

---

30 Vgl. Art. 110 Abs. 2 GG/LV.
31 Siehe Art. 115 GG/LV i.V.m. § 18 Abs. 2 BHO/LHO.
32 Die Kredit- und Gewährleistungsermächtigungen dürfen nicht durch den Haushaltsplan, sondern nur durch das Haushaltsgesetz erteilt werden, weil sie nach Art. 115 GG/LV einer gesetzlichen Ermächtigung bedürfen und der Haushaltsplan selbst nicht Gesetz, sondern nur die notwendige Anlage des Haushaltsgesetzes ist; darüber hinaus entfaltet der Haushaltsplan in seiner Einnahmenseite keine Rechtswirkung; vgl. auch § 18 Abs. 2 BHO/LHO.
33 Vgl. *Staender*, a.a.O., S. 81.
34 Vgl. Art. 110 Abs. 4 GG/LV.

> Der **Haushaltsplan** enthält die *veranschlagten,* zu erwartenden Haushalts-
> einnahmen, voraussichtlich zu leistenden Haushaltsausgaben und voraus-
> sichtlich benötigten Verpflichtungsermächtigungen, Planstellen und andere
> Stellen von allen obersten Bundes-/Landesbehörden und bestimmte Grup-
> pen von Einnahmen, Ausgaben, Planstellen, Stellen und Verpflichtungser-
> mächtigungen für ein Haushaltsjahr.

Der Staatshaushalt (Haushaltsgesetz und Haushaltsplan) ist das unbestritten
bedeutendste Instrument zur Durchsetzung politischer Ziele.

Mit der Verabschiedung des Haushaltsgesetzes und der *damit gleichzeitigen*
„Feststellung des Haushaltsplans" wird dieser nicht nur zur *speziellen* rechtlichen *Grundlage staatlicher Haushalts- und Wirtschaftsführung,* sondern hiermit
wird vor allem *politisch entschieden,*

- mit Hilfe welcher Programme in welchem Umfang und zu welchen Kosten
  die verschiedenen politischen Ziele, wie z.B. Schutz nach innen und außen,
  Einkommensumverteilung usw., erreicht werden sollen und
- welche hemmenden, neutralen oder fördernden Wirkungen von diesen Pro-
  grammen auf Konjunktur und Wirtschaftswachstum ausgehen und
- wie viele öffentliche Güter und Dienste der Staat zur Verfügung stellen wird,
  d.h. wie die volkswirtschaftlichen Ressourcen auf die Marktwirtschaft und
  auf die Staatswirtschaft (= Öffentliche Finanzwirtschaft) verteilt werden (Al-
  lokation der Ressourcen).

Die jährlichen Haushalte von Bund, Ländern und Gemeinden bilden insgesamt
einen *einheitlichen budgetären Komplex. Sie nehmen eine zentrale Stellung als
politisches Gestaltungs- und Kontrollinstrument ein und sind somit ein Steuerungsfaktor der Volkswirtschaft.*

IV. Bedeutung (Funktionen) des Haushalts

> Das Haushalts*gesetz* bedeutet für den jeweiligen Träger der Öffentlichen
> Finanzwirtschaft die konstitutive, parlamentarisch beschlossene Rechts-
> norm, die – nur für ein Haushaltsjahr – als Ergänzung zu den ständig-gesetz-
> lichen Rechtsvorschriften (= Allgemeines Haushaltsrecht), *besondere* ge-
> setzliche Grundlage für die Haushalts- und Wirtschaftsführung ist (= Beson-
> deres Haushaltsrecht).
>
> Das Haushaltsgesetz stellt den Haushaltsplan fest, erteilt der Regierung
> besondere Vollmachten und regelt Besonderheiten der Haushaltsführung
> für ein Jahr.

Der Haushaltsplan dient der Feststellung und Deckung des Finanzbedarfs, der zur Erfüllung der Aufgaben des Bundes/Landes im Bewilligungszeitraum voraussichtlich notwendig ist.

Hiermit ist die klassische Budgetfunktion – die *Bedarfsdeckungsfunktion* – angesprochen.

Der Haushalt ist die auf ein Haushaltsjahr bezogene spezielle Ermächtigungs*grundlage für die Haushalts- und Wirtschaftsführung.* Bei seiner Aufstellung und Ausführung ist den Erfordernissen des gesamtwirtschaftlichen Gleichgewichts Rechnung zu tragen.[35]

Der HAUSHALTSPLAN ist
* das Hauptbuch des Staates,[36]
* die finanzwirtschaftliche Grundlage des staatlichen Verwaltungshandelns,
* ein Planungs-, Bewirtschaftungs- und Kontrollinstrument staatlicher Aufgabenerfüllung.

Hiermit ist der Haushalt (insbesondere der Haushaltsplan) in seiner verschiedenartigen Bedeutung (= Funktion) angesprochen:

1. Rechtliche Bedeutung des Haushalts

Das *Grundgesetz,* die Verfassungen der Länder und die Kreis- und Gemeindeordnungen haben den Haushaltsplan als spezielle Grundlage für die haushaltsmäßige Betätigung finanzwirtschaftlicher Vorgänge des jeweiligen politischen Verbandes zum Inhalt (Finanzverfassung).

Die Haushaltspläne des Bundes und die der Länder werden durch **„Haushaltsgesetz"** *festgestellt;* die der Gemeinden und der Gemeindeverbände werden durch **„Haushaltssatzung"** *festgesetzt.* Der Haushaltsplan ist *Anlage* des Haushaltsgesetzes (Gemeinden: Teil der Haushaltssatzung).

Der Haushaltsplan bedeutet für die betreffende Regierung und die Verwaltungsorgane parlamentarische *Vollmacht und Verpflichtung,* die veranschlagten Einnahmen bei ihrem Eingang anzunehmen, nach seinen Ansätzen und den sogenannten „Haushaltsvermerken" *zu wirtschaften* und *Ausgaben* – sofern er-

---

35 Vgl. § 2 BHO/LHO.
36 Das bundesstaatliche Prinzip (= föderativer Staatsaufbau, Föderalismus) ist für die Bundesrepublik Deutschland in Art. 20 Abs. 1 GG festgelegt. Unter dem Begriff „Bundesstaat" ist eine durch die Verfassung geformte staatsrechtliche Verbindung von einzelnen weitgehend selbständigen Staaten zu verstehen, die als „Gliedstaaten" (= z.Zt. 16 Bundesländer) mit allen Merkmalen der Staatsqualität (= Staatsgebiet, Staatsvolk, Staatsgewalt) ausgestattet sind und zugleich Teile des „Gesamtstaates" (= Bund) sind, der ebenfalls die Qualität eines Staates besitzt.

forderlich – im Rahmen der bewilligten Ansätze *leisten zu dürfen* sowie die bewilligten Verpflichtungsermächtigungen einzugehen. Das Bundesverfassungsgericht hat befunden, dass das Haushaltsgesetz nicht lediglich ein im Haushaltsplan enthaltenes Zahlenwerk feststellt, sondern zugleich auch die **Bewilligung** der im Haushaltsplan veranschlagten Ausgabemittel enthalte, d.h., die **Ermächtigung an die Regierung** darstellt, diese Mittel gemäß der im Haushaltsplan und den übrigen Rechtsgrundsätzen vorgeschriebenen Ordnung auszugeben.[37]

Die Verabschiedung des Haushaltsgesetzes (= dritte Lesung im Parlament bedeutet:
1. das Haushaltsgesetz ist vom Parlament „angenommen",
2. der Haushaltsplan ist – zugleich – damit „festgestellt",
3. die Ausgabemittel und Verpflichtungsermächtigungen sind – zugleich – damit „parlamentarisch bewilligt"!

Das verfassungsrechtliche Postulat, nach dem der Haushaltsplan durch das Haushaltsgesetz „festgestellt" wird, stellt das überragende **politische Kontrollrecht des Parlaments** gegenüber der Regierung als ein fundamentales Wesensmerkmal jeder parlamentarischen Demokratie dar!

Das parlamentarische Budgetrecht besteht aus dem Budget-Bewilligungsrecht, dem Budget-Kontrollrecht und dem Budget-Entlastungsrecht durch die Legislativorgane.

Durch die Verabschiedung des Bundeshaushaltsgesetzes und die damit bewirkte gleichzeitige gesetzliche Feststellung des Bundeshaushaltsplans und die Verkündung des Haushaltsgesetzes und des Gesamtplans werden Rechtswirkungen im organschaftlichen Verhältnis zwischen Legislative und Exekutive erzeugt, die die Bindung der Exekutive an den gesetzlich festgestellten Haushaltsplan zum Inhalt hat. Somit wird der Haushaltsplan zur **speziellen rechtlichen Grundlage für die Haushalts- und Wirtschaftsführung** des Bundes. Dies gilt in sinngemäß gleicher Weise für die Länder.

Rosen[38] bezeichnet den Haushaltsplan als ein formelles Gesetz. Diese Auffassung ist umstritten, da nur das Haushaltsgesetz – als verfassungsrechtliches Instrument – unter anderem aus den erforderlichen Kreditermächtigungen besteht, die nicht durch den Haushaltsplan, sondern allein durch das Haushaltsgesetz erteilt werden dürfen,[39] da die im Haushaltsplan veranschlagten Einnahmen der Netto-Kreditaufnahme keinerlei Rechtswirkungen erzeugen; somit ist der Haushaltsplan *kein* Gesetz (s. Kapitel B. II.)!

---

37 BVerfGE 20, 92 vom 19.07.1966 (NJW 1966, S. 1499 ff.).
38 *Rosen,* a.a.O., S. 112, 137.
39 Vgl. Art. 115 GG/LV i.V.m. § 18 Abs. 2 BHO/LHO.

Da der Haushalt für die Exekutive rechtsverbindlich ist, kann man in diesem Zusammenhang auch von einer *juristischen Funktion* des Budgets sprechen, zumal das Budgetrecht Sanktionsmechanismen für gesetzwidriges Verhalten vorsieht (z.B. Schadensersatzansprüche).[40]

2. Politische Bedeutung des Haushalts

Im Haushaltsplan sind die für die Erfüllung der einzelnen staatlichen Aufgaben erforderlichen Ausgabemittel festgelegt und parlamentarisch bewilligt. Ferner sind die zur Deckung dieses Finanzbedarfs erforderlichen Einnahmebeträge (Steuern usw.) geschätzt und veranschlagt. Aus dem Haushaltsplan ist zu erkennen, für welche Zwecke (z.B. Umweltschutz, Verteidigung, Wissenschaft und Forschung usw.) und in welchem Ausmaße die Regierung Haushaltsmittel für erforderlich hält. Der Haushaltsplan zeigt somit durch die Strukturierung und Gewichtung der veranschlagten Einnahmen und Ausgaben die **politische Zielsetzung der Regierung** auf und wird dadurch zum *Ausdruck des politischen Programms einer Regierung. Die Qualität eines Staatshaushalts kann man ohnehin nur in Kenntnis der mit ihm angestrebten staatspolitischen Ziele und dies auch nur vor dem Hintergrund der jeweiligen konjunkturellen, gesamtwirtschaftlichen Lage richtig beurteilen.* Neumark bezeichnet den Haushaltsplan deshalb als den „ziffernmäßig exakten Ausdruck des politischen Handlungsprogramms der Regierung."[41]

Dieses Regierungsprogramm wird zunächst von der Regierung aufgestellt und beschlossen (Kabinettsbeschluss über den Haushaltsentwurf), danach im Parlament beraten (auch geändert) und letztlich – durch die Verabschiedung des Haushaltsgesetzes – parlamentarisch bewilligt (Parlamentsbeschluss).

Das PARLAMENT ist das Forum der Demokratie!

Es ist
• Sitz der Volksvertretung,
• Zentrum der politischen Macht,
• Quelle der Gesetzgebung,
• Stätte der Kontrolle von Regierung und Verwaltung!

Das parlamentarische Budget-Bewilligungsrecht stellt somit eine rechtlich bindende, *vorausschauende parlamentarische Kontrolle des künftigen Regierungshandelns dar!*

---

40 Siehe *Reding/Postlep*, a.a.O., S. 13.
41 *Neumark* a.a.O., S. 558.

Das parlamentarische Budgetrecht ist das älteste und bedeutendste Kontroll-recht des Parlaments gegenüber der Regierung. Es ist das „Königsrecht" des Parlaments!

3. Finanzwirtschaftliche Bedeutung des Haushalts

Der Haushaltsplan dient der Feststellung und der Deckung des Finanzbe-darfs, der zur Erfüllung der Aufgaben der öffentlichen Körperschaften im Bewilligungszeitraum voraussichtlich notwendig ist .[42]

Dieser erforderliche Finanzbedarf ist immer dann zu unterstellen, wenn die Leistung von Ausgaben aus politischen, wirtschaftlichen oder sozialen Gründen zwingend notwendig erscheint.

Der Haushaltsplan bildet die Grundlage für die Ermittlung des Steuerbedarfs, der überwiegend zum Ausgleich zwischen Einnahmen und Ausgaben erforder-lich ist und somit der Sicherung der Aufgabenfinanzierung dient.

Die finanzwirtschaftliche Funktion des Haushaltsplans liegt im Wesentlichen in der verfahrensmäßigen Erfassung der voraussichtlichen Einnahmen und Aus-gaben der öffentlichen Körperschaft. Er übt – zum Zwecke des Ausgleichs zwi-schen Einnahmen und Ausgaben – eine **Bedarfsdeckungsfunktion** aus.

4. Gesamtwirtschaftliche Bedeutung des Haushalts

Das verfassungsrechtliche Postulat, nach dem der Bund, die Länder und die Gemeinden/Gemeindeverbände bei ihrer Haushaltswirtschaft *den Erfordernis-sen des gesamtwirtschaftlichen Gleichgewichts Rechnung zu tragen haben,*[43] be-zieht sich in erster Linie auf die Grundlage der Haushalts- und Wirtschaftsfüh-rung der jeweiligen öffentlichen Körperschaft, den Haushaltsplan.

Die wirtschafts- und finanzpolitischen Maßnahmen sind hiernach so zu treffen, dass sie im Rahmen der marktwirtschaftlichen Ordnung gleichzeitig zur *Stabili-tät des Preisniveaus,* zu einem *hohen Beschäftigungsstand* und *außenwirtschaft-lichem Gleichgewicht* bei *stetigem und angemessenem Wirtschaftswachstum* bei-tragen.[44, 45]

---

42 Vgl. § 2 BHO/LHO.
43 Siehe Art. 109 Abs. 2 GG/LV.
44 Siehe § 1 StWG.
45 Siehe *Staender*, a.a.O., S. 204.

> *Der Haushaltsplan wird* – insbesondere auch aufgrund seiner Einbindung in die mehrjährige Finanzplanung – *als Eingriffsinstrument in den konjunkturellen und finanzwirtschaftlichen Ablauf und somit im Rahmen von Steuerungs- und Korrekturmaßnahmen der Öffentlichen Finanzwirtschaft eingesetzt.*

Bund, Länder und Gemeinden legen ihrer Haushaltswirtschaft je für sich eine fünfjährige Finanzplanung zugrunde (= mittelfristige Finanzplanung).

Die **Finanzpläne** sind jährlich der gesamtwirtschaftlichen Entwicklung anzupassen und fortzuführen.

Die Aufgabe der – fünfjährigen – Finanzplanung besteht vor allem darin,

- die öffentlichen Ausgaben und Einnahmen mit den *volkswirtschaftlichen Gegebenheiten und Erfordernissen abzustimmen* und
- den *Ausgleich* zwischen·Einnahmen und Ausgaben *mittelfristig* – somit auf fünf Jahre bezogen – zu sichern.

Die überragende Bedeutung der *„Öffentlichen Finanzwirtschaft"* und ihrer Staatshaushalte mit ihrer *gesamtwirtschaftlich* orientierten Aufgabenstellung erfordert eine Koordinierung der Haushaltsgestaltung aller Verwaltungsebenen. Es ist Aufgabe des *Finanzplanungsrates* – vertreten sind Bund, Länder und Gemeinden sowie die Deutsche Bundesbank als Gast –, *Empfehlungen für eine Koordinierung der finanzpolitischen Entscheidungen* zu geben. *(Mehr siehe Kapitel C.).*

5. Sozialpolitische Bedeutung des Haushalts

In der modernen Industriegesellschaft haben sich die Aufgaben der Öffentlichen Finanzwirtschaft grundlegend gewandelt.

Der Staat kann sich heute nicht mehr darauf beschränken, nur seine *klassischen* Aufgaben zu erfüllen (Bedarfsdeckungsfunktion). Vielmehr hat er in der heutigen modernen Industriewirtschaft über die öffentlichen Haushalte zu einer *Einkommensumverteilung,* und zwar sowohl in *personaler* als auch in *regionaler* Hinsicht, beizutragen.

> Aus dem **Sozialstaatsprinzip**[46] ergibt sich für den Staat die Verpflichtung zur *sozialgestaltenden Ausrichtung* der „Öffentlichen Finanzwirtschaft". Insbesondere soll die staatliche Umverteilungspolitik so gestaltet werden, dass

---

46 Vgl. Art. 20 u. 28 GG/LV.

soziale Gegensätze durch die Schaffung einer gerechten Verteilung wirtschaftlicher und sozialer Lebensinhalte ausgeglichen werden. Damit übernimmt die *moderne* Finanzpolitik über die Öffentliche Finanzwirtschaft und
deren Haushalte auch *bedeutende gesellschaftspolitische Funktionen*, wobei
sie sowohl die Steuerpolitik als auch die Einnahmen- und Ausgabenseite des
Haushalts einsetzt.

Die sozialstaatliche **Umverteilungspolitik** wird insbesondere in Form von
Transferzahlungen (Unterstützungszahlungen an private Haushalte, z.B. Kin-
dergeld, Sparprämien usw.) und Subventionen (Unterstützungszahlungen an
Unternehmen) vorgenommen.

Der Staatshaushalt stellt heute mit seiner immensen Umverteilungswirkung
(= Sozialstaat) das Zentrum der Sozialpolitik dar.[47]

Die Einkommensumverteilung (= Distributionsfunktion) des Haushalts ist somit eine **gesellschaftspolitische** Funktion des Haushalts zur sozialgestaltenden
Ausrichtung der „Öffentlichen Finanzwirtschaft".

Damit übernimmt die Finanzpolitik jährlich über die staatlichen Haushalte bedeutende gesellschaftspolitische Funktionen. Sie bedient sich dazu sowohl der
Steuer- als auch der Haushaltspolitik, setzt also die Einnahmen- und Ausgabenseite des Haushalts ein.

Auf der Einnahmenseite verfolgt die Steuerpolitik das Ziel, die Bürger mit
höheren Einkünften entsprechend ihrer Leistungsfähigkeit stärker zu belasten
als die unteren Einkommensschichten. Die progressive Lohn- und Einkommensteuer sind hier die wichtigsten Instrumente.

Auf der anderen Seite ist es notwendig, mit staatlichen Mitteln den Bürgern zu
helfen, die in Not geraten sind, besondere Lasten zu tragen haben und auf die
Hilfe der Gemeinschaft angewiesen sind.

Auch ökonomisch schwächere Branchen und Regionen werden vom Staat im
Rahmen der sektoralen und regionalen Strukturpolitik unterstützt.

---

47 Vgl. Anhang 1. Seit 1965 sind die Ausgaben für soziale Sicherung der größte Ausgaben-
posten im Bundeshaushalt. Die sozialpolitische Umverteilung der Einnahmen aus Steuern
usw. in Form der an den Bürger *wieder ausgezahlten* Beträge *für soziale Zwecke (z.B.* Kindergeld, Sozialversicherung, Vermögensbildung usw.) beträgt z.Zt. 33,7 % der Gesamtausgaben
*allein des Bundes*haushaltsplan; *insgesamt* betragen die Transferleistungen bei *allen* öffentlichen Ausgaben ca. 46 % des Ausgabevolumens aller Träger öffentlicher Finanzwirtschaft.

6. Ordnungsmäßige Bedeutung des Haushalts

Der Haushaltsplan ist die **spezielle Ermächtigungsgrundlage** für die Haushalts-
und Wirtschaftsführung.[48] Seine systematische Gliederung wird zum Konten-
rahmen der staatlichen Verwaltung und ist ein Mittel der formellen Ordnung
aller finanzwirtschaftlichen Vorgänge bei Bund und Ländern.[49]

Die Gruppierung der Einnahmen und Ausgaben richtet sich nach einem für
Bund und Länder gemeinsam geltenden „Gruppierungsplan", der für die Einteilung der Titel jeweils eine *einheitliche Gruppierungsnummer* enthält.

Durch die *ökonomische* Darstellungsform der Einnahmen und Ausgaben sind
die Staatshaushalte miteinander vergleichbar.

7. Kontrollmäßige Bedeutung des Haushalts

Die parlamentarische Kontrolle über die vollziehende Gewalt und ihre politischen und administrativen Amtsträger ist das Kernstück der **Kontrolle der
Staatsgewalt** überhaupt!

Der Haushaltsplan wird *durch seine gesetzliche Feststellung* für die Bundes-/
Landesregierung und somit für alle mittelbewirtschaftenden Verwaltungs-
dienststellen *verbindlich*.

Die **Finanzkontrolle** über die ordnungsgemäße Ausführung des Haushaltsplans ist nur auf der Grundlage der gesetzlichen Bindungen an den Inhalt des
Haushaltsplans möglich.

Der Bundesminister der Finanzen hat dem Bundestag und dem Bundesrat über
alle Einnahmen und Ausgaben sowie über das Vermögen und die Schulden im
Laufe des nächsten Haushaltsjahres zur Entlastung der Bundesregierung Rechnung zu legen.

Die Finanzkontrolle besteht aus der „verwaltungsmäßigen Kontrolle" und aus
der „parlamentarischen Kontrolle".

- **Verwaltungsmäßige Kontrolle:**

  Der **Bundesrechnungshof** (BRH), dessen Mitglieder richterliche Unabhängigkeit besitzen, prüft mit den ihm unterstellten Prüfungsämtern die Rechnung sowie die Wirtschaftlichkeit und Ordnungsmäßigkeit der Haushalts-
  und Wirtschaftsführung[50] (= rechtliche Kontrolle).

---

48 Vgl. § 2 BHO/LHO.
49 Siehe *Fuchs*, Haushaltsrecht und Haushaltswirtschaft in der staatlichen Verwaltung, Her-
    ford, 1979, S. 28.
50 Vgl. Art. 114 GG/LV und § 114 BHO/LHO.

Der Bundesrechnungshof ist als Oberste Bundesbehörde ein nicht der Gewaltenteilung einzuordnendes, darüber hinaus von der Bundesregierung unabhängiges, nur dem Gesetz unterworfenes Organ der Finanzkontrolle (§ 1 BRHG). Der Bundesrechnungshof wird als unabhängiges Organ der Finanzkontrolle zwischen den Staatsgewalten tätig, das somit weder der Legislative noch der Exekutive zuzuordnen ist (s. Begr. E.-BRHG, BT-Drs. 10/3323).

Während im Haushaltsplan die geplanten, also voraussichtlichen Einnahmen und Ausgaben des Bundes veranschlagt sind und hier ein berechneter verfahrensmäßiger Ausgleich zwischen den veranschlagten Einnahmen und Ausgaben zwangsläufig herbeigeführt wurde, werden die tatsächlich eingenommenen Einnahmen und geleisteten Ausgaben als „Ist-Ergebnis" der Haushalts- und Wirtschaftsführung in einer „Haushaltsrechnung" zusammengefasst. In der Haushaltsrechnung wird darüber hinaus aufgezeigt, ob dieser Haushaltsausgleich erreicht oder vielmehr ein Überschuss bzw. ein Fehlbetrag erzielt wurde (ein natürlicher „Ausgleich" in der Haushaltsrechnung ist in der Praxis m.E. völlig ausgeschlossen).

- **Parlamentarische Kontrolle:**

Das Parlament übt – zunächst durch den Rechnungsprüfungsausschuss, einen Unterausschuss des Haushaltsausschusses – die politische Kontrolle über die Durchführung des von ihm festgestellten Haushaltsplans aus (= politische Kontrolle).

Das parlamentarische Budget-Kontrollrecht (das Volk kontrolliert die Regierung) ist das bedeutendste politische Kontrollrecht des Parlaments gegenüber der Regierung; es ist ein durch die Verfassung geschütztes fundamentales Wesensmerkmal jeder parlamentarischen Demokratie!

Nach vorangegangener Prüfung der Rechnung durch den Bundes-/Landesrechnungshof entscheidet letztlich das Parlament über die Entlastung der Bundes-/Landesregierung hinsichtlich der Haushalts- und Wirtschaftsführung des geprüften Haushaltsjahres durch einfachen Beschluss.

V. Wirkung des Haushalts

Mit der Verkündung des Haushaltsgesetzes und des Gesamtplans im Bundesgesetzblatt erhält der Haushalt (= Haushaltsgesetz und Haushaltsplan) Rechtswirkungen von dem im Haushaltsgesetz genannten Tage an.

Das Haushaltsgesetz entfaltet keine Außenwirkung gegenüber dem Bürger, wohl aber entfaltet es Innenwirkung im organschaftlichen Verhältnis zwischen Legislative und Exekutive dergestalt, dass die Regierung und ihre Verwaltung an dieses Gesetz gebunden sind.

Der Haushalts*plan* ermächtigt die Verwaltung, *Ausgaben* zu leisten und *Verpflichtungen* einzugehen.

§ 3 Abs. 1 BHO befasst sich mit dem organschaftlichen Innenverhältnis zwischen Parlament und Regierung.

§ 3 Abs. 2 BHO regelt das Außenverhältnis zwischen dem Bund und Dritten.

Das Bundesverfassungsgericht hat festgestellt, dass sich die *Ermächtigung* des § 3 Abs. 1 BHO nur auf das organschaftliche Innenverhältnis zwischen Parlament und Regierung beschränkt und der Haushaltsplan darüber hinaus keine Rechtswirkungen (keine Außenwirkung) entfaltet (BVerfGE 20, 90).

Jegliches Verwaltungshandeln bedarf einer entsprechenden Rechtsnorm!

Nach dem in Art. 20 Abs. 3 GG normierten Verfassungspostulat der „Gesetzmäßigkeit der Verwaltung" bedarf die Erhebung von Einnahmen (Verbindlichkeiten Dritter) und die Leistung von Ausgaben (Ansprüche Dritter) jeweils einer *verpflichtenden oder ermächtigenden Rechtsnorm*.

Diese **Rechtsnormen** sind Erhebungsnormen z.B. Steuergesetze, Gebührenordnungen, Verträge, sonstige Rechtstitel) und Leistungsnormen (z.B. Sozialgesetze, Verträge, sonstige Rechtstitel).

Die **Verpflichtung** des Staates

• zur Erhebung von Einnahmen und
• zur Leistung von Ausgaben

richtet sich ausschließlich nach außerbudgetären Verpflichtungsnormen (Erhebungs- und Leistungsnormen); die hierauf beruhenden Zahlungen sind somit von der Veranschlagung im Haushaltsplan unabhängig!

Beispiel: Der in den Jahren 1989/90 erfolgte Zustrom tausender Aus- und Übersiedlerfamilien in die westlichen Bundesländer war unvorhersehbar. Die damit im Zusammenhang stehenden sozialen Rechtsansprüche waren natürlich nicht im Haushaltsplan 1989 bzw. 1990 veranschlagt; gezahlt werden musste jedoch in jedem berechtigten Einzelfall aufgrund bestehender außerbudgetärer Leistungsgesetze.

Die **Ermächtigung** des Staates
- zur Erhebung von Einnahmen und
- zur Leistung von Ausgaben

bedarf einer Ermächtigungsnorm im organschaftlichen Innenverhältnis zwischen Parlament und Regierung!

Diese **budgetären Ermächtigungsnormen** sind

- das **Haushaltsgesetz**: Ermächtigung (nicht: Verpflichtung) zur Aufnahme von Krediten und Übernahme von Gewährleistungen

- der **Haushaltsplan**: Ermächtigung (nicht: Verpflichtung) zur Leistung von Ausgaben, z.B. Geschäftsbedarf;

  Voraussetzung:
  – Haushaltsmittel sind vorhanden und
  – die Ausgabe ist sachlich und zeitlich erforderlich (§ 3 Abs. 1 i.V.m. § 34 Abs. 2 BHO).

Die Ermächtigung des § 3 BHO bezieht sich somit auf Ausgaben, die nicht der Leistungspflicht unterliegen.

Somit entfaltet der Haushaltsplan auf seiner *Einnahmeseite* keinerlei Rechtswirkungen; auf der *Ausgabenseite* dagegen erzeugt der Haushaltsplan Rechtswirkungen lediglich in Form einer *Ermächtigung* zur Leistung von Ausgaben, sofern diese *nicht* der Leistungspflicht unterliegen. Das gleiche gilt für Verpflichtungsermächtigungen (§ 3 Abs. 1 BHO).

Die *Rechtswirkungen* des Haushaltsplans sind daher auf der Einnahmeseite lediglich deklaratorisch, auf der Ausgabenseite dagegen konstitutiv!

VI. Die Staatshaushalte im System der Öffentlichen Finanzwirtschaft (Kurzfassung)

Bund und Länder (sowie die Gemeinden) sind in ihrer Haushaltswirtschaft selbständig und voneinander unabhängig.

„**Haushalten**" umfasst das Planen, Veranschlagen, Bewirtschaften und Nachweisen von Ausgabemitteln, die erforderlich sind, um die einer Dienststelle obliegenden Aufgaben innerhalb eines bestimmten Zeitraumes erfüllen zu können.

Das „**Haushaltsjahr**" ist identisch mit dem Kalenderjahr.

„**Haushaltsmittel**" sind Beträge, die im Haushaltsplan (Etat, Budget) mit Titelnummer und Zweckbestimmung *als Ansatz* ausgebracht sind.

Der „**Haushalt**" setzt sich zusammen aus dem Haushaltsgesetz und dem Haushaltsplan.

Das **Haushaltsgesetz** ist ein Gesetz im *nur formellen* Sinn, d.h. es hat keine Außenwirkung gegenüber dem Bürger. Wohl aber hat es Rechtswirkungen gegenüber der Exekutive, dergestalt, dass die Regierung und die Verwaltung an dieses Haushaltsgesetz und seine Anlage – den Haushaltsplan – *gebunden* sind.

Das Haushaltsgesetz stellt den Haushaltsplan fest, erteilt der Regierung besondere Vollmachten und regelt Besonderheiten der Haushaltsführung für ein Jahr.

Das Haushaltsgesetz ist ein Zeitgesetz; es gilt stets (!) für ein Haushaltsjahr (1.1.–31.12.).

Haushaltsgesetz, und Haushaltsplan bilden eine Einheit. Der Haushaltsplan nimmt somit an den Rechtswirkungen des Haushaltsgesetzes teil und besitzt daher Gesetzesqualität, ohne jedoch selbständiges Gesetz zu sein.

Der **Haushaltsplan** (das Budget, der Etat) ist die durch das Haushaltsgesetz festgestellte, für die Haushalts- und Wirtschaftsführung des Bundes/Landes maßgebende Zusammenstellung aller für ein Haushaltsjahr *veranschlagten* Haushaltseinnahmen, Haushaltsausgaben, Verpflichtungsermächtigungen, Planstellen und anderen Stellen von allen Bundes-/Landesverwaltungen.

Der Haushaltsplan ist ein staatsleitender Hoheitsakt in Gesetzesform. Er ist die gesetzlich festgestellte Grundlage für die Haushalts- und Wirtschaftsführung.

Es gibt z. Zt. jährlich

    1 BHpl,
   16 LHpl und

z.Z. 13 855 GemHpl

mit jeweils einem Haushaltsgesetz (Gemeinden = „Haushaltssatzung") dazu.

Das **Haushaltsgesetz** beinhaltet *obligatorisch*

- die *Feststellung* des Haushaltsplans
- die *Kreditermächtigungen* für den BMF/LMF
- die *Gewährleistungsermächtigungen* für den BMF/LMF
- den Tag des Inkrafttretens des Haushaltsgesetzes (stets 1.1.!).

Darüber hinaus *kann* das Haushaltsgesetz – *fakultativ* – beinhalten

- *Außerkraftsetzen* anderer haushaltswirksamer Vorschriften für ein Jahr
- allgemeingültige *Haushaltsvermerke*
- Bestimmungen, die bis zur Verkündung des Haushaltsgesetzes des folgenden Haushaltsjahres *weiter gelten*.

Der Haushaltsplan enthält *alle veranschlagten* (geplanten) Haushaltseinnahmen und Haushaltsausgaben sowie Verpflichtungsermächtigungen, Planstellen und Stellen aller Bundes-/Landesverwaltungen sowie spezielle Haushaltsvermerke.

Der Haushaltsplan dient der Feststellung und Deckung des Finanzbedarfs, der zur Erfüllung der Aufgaben des Bundes/Landes im Bewilligungszeitraum voraussichtlich notwendig ist; dies ist die klassische Budgetfunktion – die *Bedarfsdeckungsfunktion* –.

Der **Haushaltsplan** ist die *besondere* rechtliche Grundlage für die Haushalts- und Wirtschaftsführung. Er übt verschiedenartige Bedeutung aus:

- **Rechtliche** Bedeutung: Mit der Verabschiedung des Haushaltsgesetzes und der damit verbundenen gleichzeitigen Feststellung des Hpl (§ 1 HG) wird der Haushaltsplan zur *besonderen* rechtlichen Grundlage für die Haushalts- und Wirtschaftsführung des Bundes/Landes (= Besonderes Haushaltsrecht);

- **Politische** Bedeutung: Der Haushaltsplan hat alle zu erwartenden Haushaltseinnahmen und die daraus zu leistenden Haushaltsausgaben eines Jahres zum Inhalt und zeigt somit die politische Zielsetzung der Regierung auf; der Haushaltsplan wird somit zum Ausdruck des politischen Programms einer Regierung;

- **Finanzwirtschaftliche** Bedeutung: Der Haushaltsplan zeigt den Einnahmebedarf auf, der zum Ausgleich der veranschlagten Haushaltsausgaben für die Aufgabenfinanzierung des Bundes erforderlich ist (Bedarfsdeckungsfunktion);

- **Gesamtwirtschaftliche** Bedeutung: *Bund* und Länder haben bei ihrer Haushalts- und Wirtschaftsführung den Erfordernissen des gesamtwirtschaftlichen Gleichgewichts Rechnung zu tragen (antizyklische Verhaltensweise der Träger Öffentlicher Finanzwirtschaft).

  Hier dominiert die „Öffentliche Finanzwirtschaft" – als Einzelwirtschaft – unbestritten in ihrer überragenden Bedeutung als Eingriffs- und Regulierungsfaktor der *Konjunktursteuerung.*

- **Sozialpolitische** Bedeutung: Das Sozialstaatsprinzip verlangt eine *über die Finanzpolitik vorgenommene Einkommensumverteilung* über die Staatshaushalte in Form von Transferzahlungen (Unterstützungszahlungen an private Haushalte, z.B. Kindergeld usw.) und Subventionen (Unterstützungszahlungen an Unternehmen).

  Zweck der Umverteilung ist es, Bürger mit höheren Einkünften steuerlich stärker zu belasten, um Bürgern mit niedrigeren Einkünften soziale Unterstützung zukommen zu lassen.

- **Ordnungsmäßige** Bedeutung: Durch die systematische Gliederung des Hpl werden die finanzpolitischen Vorgänge übersichtlich nachgewiesen. Der

Gruppierungsplan enthält die für Bund und Länder einheitlich geltenden *Gruppierungsnummern.*

- **Kontrollmäßige** Bedeutung: Die Finanzkontrolle durch das Parlament und durch den Bundesrechnungshof über die Ausführung des Haushaltsplans ist nur durch die gesetzliche Bindung der Exekutive an den Haushaltsplan möglich.

Da die Regierung mit der vom Parlament ausgesprochenen Verabschiedung des Haushaltsgesetzes auch an den Inhalt seiner Anlage – den Haushaltsplan – gebunden ist, kann auch nur die Legislative – über den BRH – die Kontrolle über diesen Haushaltsplan ausüben und der Regierung und Verwaltung die Entlastung für diese Haushaltsperiode erteilen.

Der Haushalt *wirkt* stets von dem im Haushaltsgesetz genannten Tage an (= Inkrafttreten); dies ist stets der 1.1. jeden Jahres.

Der Haushaltsplan *ermächtigt* die Verwaltung, *Ausgaben* zu leisten und *Verpflichtungen* einzugehen.

Mit der Zuweisung der Ausgabemittel, Verpflichtungsermächtigungen, Planstellen und Stellen stehen diese einer Dienststelle zur Bewirtschaftung zur Verfügung.

Die den mittelbewirtschaftenden Dienststellen zugewiesenen Ausgabemittel *ermächtigen* die jeweilige Behörde, diese Mittel – sofern erforderlich – bestimmungsgemäß zu verwalten.

Die *Rechtswirkungen* des Haushaltsplans sind auf der Einnahmeseite lediglich deklaratorisch, auf der Ausgabenseite dagegen konstitutiv!

C. Gesamtwirtschaftliche Bedeutung der öffentlichen Haushalte

I. Gesamtwirtschaftliche Ziele im Konjunkturverlauf

Das Bund und Ländern durch Art. 109 Abs. 1 GG garantierte Recht, über die Gestaltung ihrer Haushalte frei zu entscheiden (Haushaltsautonomie), erfährt durch Art. 109 Abs. 2 GG eine gewisse Einschränkung. Dort nämlich heißt es:

„Bund und Länder haben bei ihrer Haushaltswirtschaft den *Erfordernissen des gesamtwirtschaftlichen Gleichgewichts Rechnung zu tragen.*"

Hinter dieser Verfassungsvorschrift steht die Auffassung, dass die öffentlichen Haushalte auch als Instrument der Wirtschaftspolitik dienen sollen.

Was unter dem *„gesamtwirtschaftlichen Gleichgewicht"* zu verstehen ist, sagt das Grundgesetz nicht. Die Staatspraxis interpretiert diesen Begriff aber in Anlehnung an die in *§ 1 StWG* (Stabilitäts- und Wachstumsgesetz) genannten **gesamtwirtschaftlichen Ziele**. Danach liegt der Zustand eines gesamtwirtschaftlichen Gleichgewichts vor, wenn die vier Ziele

- **hoher Beschäftigungsstand,**
- **Preisniveaustabilität,**
- **außenwirtschaftliches Gleichgewicht** sowie
- **stetiges und angemessenes Wirtschaftswachstum**

gleichzeitig erreicht sind. Da es aber an Zauberei grenzt, alle vier Ziele gleichzeitig zu realisieren, spricht man im Zusammenhang mit diesem gesamtwirtschaftlichen Zielbündel auch von einem *„magischen Viereck"*.

Verletzt werden die gesamtwirtschaftlichen Ziele, wenn **konjunkturelle Störungen** eintreten.

Wie in allen marktwirtschaftlich organisierten Volkswirtschaften tritt auch in der Bundesrepublik Deutschland das Phänomen der **Konjunkturzyklen** auf. Während das gesamtwirtschaftliche Produktionspotenzial, also die Produktionskapazität (das potenzielle Angebot) einer Volkswirtschaft im langfristigen Trend recht stetig gestiegen ist, unterliegt die gesamtwirtschaftliche Nachfrage im Zeitablauf ausgeprägten Schwankungen. Phasen stark ansteigender Nachfrage nach Gütern und Diensten (*Aufschwung*) schlagen sich in einer zunehmenden Auslastung der Produktionskapazitäten nieder; in einer solchen Phase sinken die Stückkosten und die Gewinnsituation der Unternehmen verbessert sich sowohl von der Absatz- als auch von der Kostenseite her sehr deutlich.

Zumindest im fortgeschrittenen Aufschwung wird die starke Nachfrage es immer mehr Unternehmen ermöglichen, Preisanhebungen durchzusetzen (*nachfrageinduzierte Inflationstendenzen*).

Expandiert die Nachfrage anhaltend und schnell, gerät die Volkswirtschaft in eine Phase (*Hochkonjunktur, Boom*), in der die Unternehmen ihre Produktionskapazitäten zur Befriedigung der „überschäumenden" Nachfrage stärker auslasten als dies wirtschaftlich sinnvoll wäre, d.h. sie produzieren nahe an den technischen Grenzen ihrer Produktionsanlagen, wo Energieverbrauch und Verschleiß überproportional zunehmen. Zudem werden zunehmend Überstunden in den Betrieben geleistet und nach und nach auch Neueinstellungen vorgenommen. Als Folge dieser Entwicklung beginnen die Produktionskosten wieder zu steigen, vor allem dann, wenn die Gewerkschaften die verbesserte Beschäftigungssituation und die „explodierenden" Gewinne der Unternehmen zum Anlass nehmen, hohe Lohnforderungen durchzusetzen (*kosteninduzierte Inflationstendenzen*).

Die Unternehmen setzen den Lohnforderungen der *Gewerkschaften* häufig nur sehr geringen Widerstand entgegen, da sie bei hoher Nachfrageintensität davon ausgehen (können), die gestiegenen Lohnkosten über Preisaufschläge auf die Käufer überwälzen zu können. Auch zusätzliche Gewinnaufschläge sind durchsetzbar, wenn die Produktion mit der Nachfrage nicht Schritt halten kann und die Lieferfristen immer länger werden.

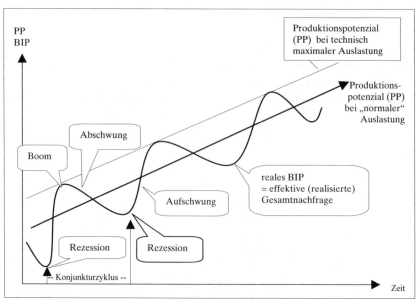

Abbildung 8: Konjunkturschwankungen

Spiegelbildlich verhält es sich, wenn die Wirtschaft, aus welchen Gründen auch immer, aus der Boom-Phase heraus in eine **Abschwungsphase** einmündet. Die nachlassende Nachfrage bewirkt, dass die Produktionskapazitäten (Maschinen wie Mensch) zunehmend unterausgelastet sind. Der nachfragebedingte Druck auf die Preise lässt nach, doch wird zunehmend das *Ziel eines hohen Beschäftigungsstandes verletzt.*

Ein beginnender Abschwungsprozess birgt die Gefahr, sich rasch kumulativ zu verstärken, da „Erwartungsfehler" als Akzelerator (Beschleuniger) wirksam werden: die Unternehmen fürchten die Absatzkrise und schränken aus diesem Pessimismus heraus ihre Investitionsnachfrage stärker ein als es die objektive Absatzsituation rechtfertigen würde; die Beschäftigten fürchten die Beschäftigungskrise und erhöhen ihre Spartätigkeit (Vorsichts- oder Angstsparen) zu Lasten ihrer Konsumnachfrage. Ohne staatliche Eingriffe droht die **Rezession,** also eine Phase sehr schwacher Kapazitätsauslastung, häufig verbunden mit einem absoluten Rückgang der gesamtwirtschaftlichen Aktivität, also des realen Bruttoinlandsprodukts.[51]

In einer solchen Rezessions-Phase ist nicht nur das *Beschäftigungsziel*, sondern auch das *Ziel eines angemessenen Wirtschaftswachstums verletzt.*

II. Ansatzpunkte staatlicher Stabilisierungspolitik

Vom Staat wird durch Grundgesetz (Art. 109 Abs. 2) und Stabilitätsgesetz (§ 1 StWG) verlangt, dass er seine **Haushaltspläne als Instrument der Wirtschaftspolitik** einsetzt, mit dem Ziel, das gesamtwirtschaftliche Gleichgewicht zu erhalten bzw. wiederherzustellen. Konkrete Handlungsanweisungen lassen sich aus diesen Normen jedoch nicht ableiten.

War man in Deutschland in der Dekade Mitte der 60er bis Mitte der 70er Jahre dazu übergegangen, das gesamtwirtschaftliche Gleichgewicht über antizyklische Konjunktursteuerung (auch Globalsteuerung genannt) zu erreichen, wurde in den beiden folgende Jahrzehnten eine eher angebotsseitige „Steuerung" der Wirtschaft präferiert. Während die Angebotpolitik auf eine mittelfristige Verbesserung der wirtschaftlichen Rahmenbedingungen setzt, zielt die (antizyklische) Konjunkturpolitik auf eine kurzfristig orientierte Steuerung der Gesamtnachfrage ab.

---

51 Anders als in den USA gibt es in Europa keine einheitliche Definition für Rezession. In den USA spricht man von Rezession, wenn das reale Bruttoinlandsprodukt in zwei aufeinander folgenden Quartalen schrumpft.

Antizyklische, d.h. dem Konjunkturzyklus entgegensteuernde staatliche Stabilisierungspolitik versucht, privaten Nachfrageschwankungen durch staatliche Nachfrage*impulsen* entgegenzusteuern. Man spricht daher auch von
staatlicher Nachfragepolitik. Eine solche Konjunkturpolitik kann sowohl
über die Ausgabe- als auch über die Einnahmeseite des staatlichen Budgets
betrieben werden. Das Stabilitäts- und Wachstumsgesetz (StWG) liefert
hierfür einen umfangreichen Instrumentenkasten.

Wie eine solche **nachfrageseitige Stabilisierungspolitik** aussehen kann, wird
deutlich, wenn man sich die einzelnen Komponenten der Gesamtnachfrage
(bzw. des realen Bruttoinlandsprodukts) einmal genauer anschaut:

Grundsätzlich können die in einer Volkswirtschaft produzierten Güter für drei
Zwecke verwendet bzw. nachgefragt werden. Sie können

1. von Inländern *konsumiert* werden,
2. von Inländern *investiert*, d.h. produktiv verwendet werden und sie können
3. ins Ausland *exportiert* werden.

Werden Güter exportiert, stehen sie für die binnenwirtschaftliche Verwendung
nicht mehr zur Verfügung. Auf der anderen Seite stehen den Inländern nicht nur
die in der eigenen Volkswirtschaft produzierten Güter zur Verfügung, sondern
auch die Güter, die aus dem Ausland *importiert* werden.

Formal lässt sich dieser Sachverhalt wie folgt darstellen:

$$
\begin{array}{ccccccccc}
Y & + & Imp & = & C & + & I & + & Ex \\
\Downarrow & & \Downarrow & & & & & & \\
\end{array}
$$

inländische Produktion	Teil der ausländischen Produktion
Herkunft der zur Verfügung stehenden Güter	*Verwendung* dieser Güter (= volkswirtschaftliche Endnachfrage)

Die hier verwendeten üblichen Symbole sind häufig dem englischen Sprachge-
brauch entnommen:

Y   = Inlandsprodukt (Y steht für „yield" = Ertrag, Ergebnis)
Imp = Import
C   = Konsum („consumption")
I   = Investition
Ex = Export

Da nun i.d.R. das *im Inland erzielte Produktionsergebnis* (Y) Gegenstand der
Analyse ist, müssen wir die Gleichung umformulieren, die Importe also auf die
rechte Seite der Gleichung bringen:

$$Y = C + I + \underbrace{Ex - Imp}_{\text{Außenbeitrag}}$$

Der Saldo aus Exporten und Importen heißt auch *Außenbeitrag.*

Berücksichtigen wir nun, dass nicht nur die privaten Haushalte konsumieren, sondern auch der Staat, so können wir den Konsum (C) aufteilen in den privaten Verbrauch (C_{priv}) und den staatlichen Verbrauch (C_{St}).

Das Bruttoinlandsprodukt lässt sich dann über die Verwendungsseite wie folgt ermitteln:

Privater Verbrauch (C_{priv})
+ Staatsverbrauch (C_{St})
+ Bruttoinvestitionen, privat + staatlich (I)
⇨ Anlage-Investitionen = Ausrüstungen + Bauten)
⇨ Vorrats-Investitionen (Lagerinvestitionen)
+ Export – Import (Ex – Imp)
= Bruttoinlandsprodukt (Y)

Aus analytischen Zwecken, insbesondere wenn es um konjunkturpolitische Analysen geht, kann es sinnvoll sein, den privaten und den staatlichen Bereich scharf abzugrenzen. Man muss dann nicht nur beim Konsum, sondern auch bei den Investitionen zwischen privater und staatlicher Verwendung trennen:

$$Y = C_{priv} + \underbrace{C_{St} + I_{St}}_{{}^{C+I}A_{St} \ = \ \textit{Staatsnachfrage}} + I_{priv} + Ex - Imp$$

Fasst man den Staatsverbrauch (C_{St}) und die staatlichen Investitionen (I_{St}) zu der Größe „*Ausgaben des Staates für Konsum und Investitionen*" (${}^{C+I}A_{St}$), also zur gesamten Staatsnachfrage, zusammen, erhält man die folgende Gleichung:

$$Y = C_{priv} + I_{priv} + {}^{C+I}A_{St} + (Ex - Imp)$$
$$⇩$$
$$BIP = \text{Gesamtnachfrage mit seinen 4 Komponenten}$$

Setzen wir für Y das Bruttoinlandsprodukt, erhalten wir mit dieser Gleichung die volkswirtschaftliche *Gesamtnachfrage* mit seinen vier Komponenten. Die Gleichung wird auch als 1. Keynessche Gleichung bezeichnet.

Die Verwendungsrechnung des Bruttoinlandsprodukts zeigt wichtige Ansatzpunkte für die Finanzpolitik auf. Die Verwendungs- oder Nachfragegleichung macht deutlich:

- **der Staat ist selbst Nachfrager** ($^{C+I}A_{St}$), d.h. er kann die Gesamtnachfrage (das BIP) *unmittelbar* durch Erhöhung oder Senkung seiner Konsum- und/oder Investitionskäufe beeinflussen. Dadurch verändert sich auch die tatsächliche Auslastungs- und Beschäftigungssituation in den Unternehmen;

- **der Staat kann die Gesamtnachfrage auch** *mittelbar* **(indirekt) beeinflussen,** indem er

  – durch *Variationen von Transferausgaben* (Sozialleistungen, Subventionen wie z.B. Investitionszulagen) *oder*

  – durch *Variation der Steuersätze*

  die Kaufkraft der privaten Haushalte bzw. die Liquidität der privaten Unternehmen beeinflusst, so dass diese in die Lage versetzt werden, ihre Konsum-(C_{priv}) bzw. Investitionsnachfrage (I_{priv}) in gewünschter Richtung zu ändern. Die nachfolgende Abbildung 9 verdeutlicht diesen Zusammenhang.

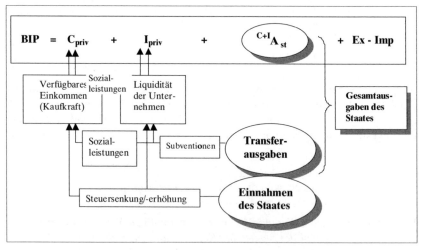

Abbildung 9: Ansatzpunkte der staatlichen Konjunkturpolitik

III. Wirkungsweise des konjunkturpolitischen Instrumentariums

Die Wirkungen der indirekten Maßnahmen (Transfers, Steuern) sind unsicherer als die von Variationen der Staatsnachfrage, da die Nachfrageeffekte von der Einkommensverwendung der privaten Wirtschaftssubjekte abhängen.

Nehmen wir den Fall einer **Steuersenkung** zur Stimulierung der Konjunktur:

Werden die *privaten Haushalte* ihr höheres Einkommen nicht zum Teil sparen, zum Teil auch für den Kauf von Importgütern verwenden? In beiden Fällen erfahren die heimischen Unternehmen keine Absatzsteigerung, Nachfrage „versickert". Eine gewisse Kompensation des Nachfrageausfalls (nach Konsumgütern) könnte nur dann eintreten, wenn das durch die gestiegene Spartätigkeit erhöhte Angebot an Kapital zu Zinssenkungen am Kapitalmarkt führt und damit die Nachfrage nach Investitionsgütern (I_{priv}) anregt. Aber: kommt es in der Rezession, in der die Lage am Kapitalmarkt aufgrund allgemein nachlassender Kreditwünsche ohnehin entspannt ist, wirklich zu nennenswerten Zinssenkungen und ist die Investitionsnachfrage in einer solchen Situation wirklich so zinsreagibel?

Wie reagieren die Unternehmen auf eine Steuersenkung? Werden sie die erhöhte Liquidität wirklich für mehr Investitions-Nachfrage (I_{priv}) nutzen oder werden sie angesichts einer schwachen Auslastung bestehender Kapazitäten eher Anlagen ins Geldvermögen tätigen? Nehmen sie Rationalisierungs-Investitionen vor, tritt zunächst die gewünschte Nachfrage- und Beschäftigungswirkung im Investitionsgüter produzierenden Gewerbe ein, die über den Einkommenszuwachs und seiner Verausgabung noch multiplikativ verstärkt werden könnte; nach Installation der Rationalisierungs-Investitionen im Betrieb wird es dann zu Freisetzungen und Einkommensausfällen kommen. Welcher Nettoeffekt stellt sich aus kurzfristig-konjunktureller Sicht ein?

Variationen der Staatsausgaben für die Käufe von Konsum- und/oder Investitionsgüter (Realausgaben) sind in ihren kurzfristigen Nachfragewirkungen sicher, sie kommen in voller Höhe bei den Unternehmen an. Durch die verbesserte Absatz-, Auslastungs- und Beschäftigungssituation im Falle einer expansiven Fiskalpolitik können sich auch die Absatz- und Beschäftigungserwartungen der privaten Wirtschaftssubjekte stabilisieren. Zumindest ist es wahrscheinlich, dass überzogene, objektiv durch die wirtschaftliche Entwicklung nicht gerechtfertigte Ängste („Erwartungsfehler") durch die tatsächliche Verbesserung der Lage korrigiert werden.

> Staatliche Nachfrage*impulse*, gepaart mit einer Stabilisierung der Absatz-, Einkommens- und Beschäftigungserwartungen, sind die Crux der Fiskalpolitik. Es war noch niemals Ziel staatlicher Nachfragepolitik den gesamten privaten Nachfrageausfall zu kompensieren.

Von Bedeutung ist, dass zusätzliche Staatsausgaben (Nachfrage-Impulse) nicht nur in ihrer tatsächlichen Höhe für zusätzliche Nachfrage sorgen. Die durch staatliche Aufträge veranlassten Einkommenssteigerungen bei privaten Haushalten führen bei diesen zu höheren Konsumausgaben, was zusätzliche Aufträge und Einkommen an anderer Stelle verursacht. Produktion und Volkseinkommen wachsen weiter. Dieser sich fortsetzende **Multiplikatoreffekt** kann im fortgeschrittenen Aufschwung noch verstärkt werden, wenn die Unternehmungen durch die erhöhte Konsumgüter-Nachfrage veranlasst werden, Erweiterungsinvestitionen vorzunehmen. Dieser **Akzeleratoreffekt** (Beschleunigungseffekt über die induzierte Investitionsnachfrage) bringt eine weitere Zunahme von Produktion und Volkseinkommen mit sich.

Die Höhe der Multiplikator- und ggf. Akzelerator-Wirkungen ist freilich ungewiss; sie hängt entscheidend davon ab, inwieweit es gelingt, die Absatz-, Einkommens- und Beschäftigungserwartungen von Produzenten und Konsumenten zu stabilisieren und zu verbessern.

Wurde in der Bundesrepublik Mitte der 60er bis Mitte der 70er Jahre noch stark auf die Wirksamkeit der Konjunkturpolitik über die öffentlichen Haushalte (Fiskalpolitik) vertraut, so ist in den Jahren danach die kurzfristig ausgerichtete Fiskalpolitik zunehmend in Misskredit geraten, vor allem weil sie zu einem starken Anstieg der **Staatsverschuldung** geführt hat.

> Es ist unbestritten, dass Ausgabensenkung und Steuererhöhung per se kontraktiv (bremsend), Ausgabenerhöhung und Steuersenkung per se expansiv wirken. Freilich muss bei allen Maßnahmen auch deren **Finanzierung** mit in die Wirkungsanalyse einbezogen werden.

Als **Finanzierungsquellen expansiver Maßnahmen** kommen grundsätzlich in Betracht:

- Steuererhöhungen oder
- Kredite.

Steuererhöhungen sind in Rezessionsphasen *wenig sinnvoll*, da sie den privaten Haushalten und den Unternehmen Kaufkraft bzw. Liquidität entziehen und damit die expansiven Maßnahmen wieder (weitgehend) kompensieren.

Eine (zusätzliche) öffentliche **Kreditaufnahme** (deficit spending) ist daher in Rezessionsphasen die einzig sinnvolle Finanzierungsart, da mit ihr *kein direkter Entzugseffekt* (kein Kaufkraftentzug) bei den Privaten verbunden ist.

Allerdings ist auch eine Kreditfinanzierung konjunkturpolitischer Maßnahmen nicht in jedem Falle ohne negative Rückwirkung auf die private Nachfrage möglich. *Indirekte Entzugs- bzw. Verdrängungseffekte* (Crowding-out-Effekte) sind denkbar, wenn

- die erhöhte staatliche Nettokreditaufnahme auf ein begrenztes Geldangebot stößt, so dass es zu Zinssteigerungen und damit zur Verdrängung privater Investitionen kommt (*zinsbedingtes Crowding-out*);
- die privaten Marktteilnehmer mit der erhöhten öffentlichen Nettokreditaufnahme Erwartungen verbinden, die hemmend auf die Konsum- und In-

vestitionsneigung wirken. Denkbar wäre, dass die privaten Haushalte und Unternehmen wegen der steigenden Staatsverschuldung baldige Steuererhöhungen oder Kürzungen von Sozialtransfers oder Subventionen befürchten und deshalb als Reaktion auf die erhöhte staatliche Kreditaufnahme bereits heute Vorsorge zu Lasten ihrer aktuellen Konsum- und Investitionsnachfrage treffen (*erwartungsbedingtes oder psychologisches Crowding-out*).

In Deutschland ist angesichts der **extensiven öffentlichen Verschuldung** in den 90er Jahren gegenwärtig wohl ein Punkt erreicht, an dem man schon aus psychologischen Gründen vor einem beschleunigten Verschuldungsanstieg zur Stimulierung der Konjunktur abraten muss. Die Zeiten können sich allerdings wieder ändern, vor allem dann, wenn der eingeschlagene Kurs der Haushaltssanierung noch einige Jahre erfolgreich fortgesetzt werden kann und – ganz wichtig – der mittelfristige Konsolidierungswille glaubhaft bleibt.

Vertrauensbildend kann hier der von den Staats- und Regierungschefs der EU beschlossene **Stabilitäts- und Wachstumspakt** wirken, der alle Staaten, die den Euro als Zahlungsmittel eingeführt haben, dazu verpflichtet, mittelfristig einen ausgeglichenen oder überschüssigen Staatshaushalt zu erreichen. Die Obergrenze für das jährliche Haushaltsdefizit wurde auf 3 Prozent des Bruttoinlandsprodukts festgelegt. Höhere Defizite werden nur zeitlich begrenzt und in begründeten Ausnahmefällen, z.B. im Falle schwerer Rezessionen oder Naturkatastrophen, zugelassen.

Stets entscheidend für die Wirksamkeit fiskalpolitischer Maßnahmen ist die *Geldversorgung*. Auf Geldversorgung und Zinsniveau hat die Geldpolitik der Europäischen Zentralbank (EZB) großen Einfluss. Unterstützt die Zentralbank die Finanzpolitik, können zumindest zinsbedingte Crowding-out-Effekte vermieden werden. Allerdings ist die EZB in erster Linie der Geldwertstabilität in Europa verpflichtet und hat nur unter Wahrung dieses Ziels die allgemeine Wirtschaftspolitik der Regierungen zu unterstützen.

In Deutschland ist die bei den Staatsausgaben ansetzende Fiskalpolitik nach ihrem Höhepunkt in den siebziger Jahren zu Gunsten einer eher *angebotsorientierten* Wirtschaftspolitik in den Hintergrund getreten. An die Stelle einer kurzfristig orientierten antizyklischen Nachfragesteuerung trat eine mittelfristig ausgerichtete Wachstumspolitik, die auf eine Verbesserung der wirtschaftlichen Rahmenbedingungen für die Marktteilnehmer, insbesondere für die Unternehmen, abstellt.

Elemente dieser Angebotspolitik sind: Deregulierung und Privatisierung, Senkung der Steuersätze bei gleichzeitiger Senkung der Staatsausgaben, Verbesserung der Steuerstruktur durch Verschiebung der Steuerlast von den leistungs- und risikohemmenden direkten Steuern hin zu den indirekten Steuern sowie Abschaffung aller ertragsunabhängigen Steuern.

Die Verstetigung der Wirtschaftspolitik durch eine Verbesserung der Angebots-
bedingungen bewirkt für den Staatshaushalt eine abnehmende wirtschaftspolitische Bedeutung. So ist die Staatsquote – der Anteil der Staatsausgaben am
Bruttoinlandsprodukt – nach einem Höchststand von 48,8 % im Jahr 1975 auf
43,1 % im Jahr 1989 gesunken, allerdings im Zuge der Vereinigung der beiden
deutschen Staaten sowie der Rezession 1993/1994 wieder auf einen neuen his-
torischen Höchststand von 49,3 % im Jahre 1996 gestiegen (*siehe Übersicht 2*).

Im Ergebnis hat auch die Angebotpolitik der letzten 30 Jahren die in sie gesetzten Erwartungen nicht erfüllen können. Vor allem der kontinuierliche Anstieg
der Massenarbeitslosigkeit hat zu Ratlosigkeit geführt. Genau wie für die key-
nesianische Nachfragepolitik wird jetzt auch für die Angebotspolitik die Frage
diskutiert, ob es am Konzept oder an seiner falschen Anwendung gelegen hat,
dass sich der Erfolg nicht wie erhofft einstellte.

Übersicht 2: Entwicklung der Staatsquote in der Bundesrepublik Deutschland

Jahr	insgesamt	Ausgaben des Staates (Gebietskörperschaften und Sozialversicherung)	
		darunter	
		Gebietskörperschaften	Sozialversicherung
		– in % des Bruttoinlandsprodukts –	
1960	32,9	21,7	11,2
1965	37,1	25,4	11,6
1970	38,5	26,1	12,4
1975	48,8	31,2	17,7
1980	46,9	29,6	17,3
1985	46,2	27,8	17,4
1990[1]	43,6	27,3	16,4
1995	48,1	27,6	20,6
1996	49,3	27,9	21,4
1997	48,4	27,1	21,2
1998	48,0	27,0	21,1
1999	48,1	26,9	21,6
2000	45,1	24,0	21,1
2001	47,6	26,3	21,3
2002[2]	48,1	26,4	21,7
2003	48,5	26,5	22,0
2004	47,1	25,9	21,2
2005	46,9	26,1	20,8
2006	45,4	25,3	20,1
2007	43,9	24,6	19,2

1 ab 1991 Bundesrepublik insgesamt;
2 ab 2002 vorläufige Ergebnisse

Quelle: BMF

Die „Sparhaushalte" seit Ende der 90er Jahre, die Reform der Einkommen- und Körperschaftsteuer sowie die Reform der Unternehmensbesteuerung zeigt, dass die Angebotspolitik auch gegenwärtig noch verfolgt wird. Gleichwohl erlaubt auch eine solche Politik eine gewisse Konjunktursteuerung, etwa dadurch, dass Teile des Steuerentlastungspakets entsprechend den konjunkturellen Erfordernissen vorgezogen werden. Zudem: auch die angebotsseitige Wachstumspolitik muss konjunkturell bedingte Steuerausfälle und Mehrausgaben (Arbeitslosenunterstützung etc.) und als Folge davon konjunkturbedingte Defizite hinnehmen, will sie nicht prozyklische Wirkungen entfalten und damit Rezessionen verschärfen.

Eine Anpassung der Ausgaben an sinkende Einnahmen in einer Rezession würde diese nämlich noch verstärken. So verschärfte die prozyklische Finanz- und Haushaltpolitik Anfang der 30er Jahre die Wirkungen der Weltwirtschaftskrise in der Weimarer Republik.

Die Trennung zwischen Angebots- und Nachfragepolitik und die Diskussion darüber, welcher Ansatz der Überlegene sei, ist ein deutsches Phänomen und wird vor allem im angelsächsischen Raum als dogmatisch belächelt. Insbesondere die USA hatten noch nie ein Problem damit, die Verbesserung der wirtschaftlichen Rahmenbedingungen zur wirtschaftspolitischen Leitlinie zu erklären, gleichzeitig aber bei Abschwächung der Konjunktur mit massiven Nachfrageprogrammen einzugreifen.

> Der konjunkturgerechte öffentliche Haushalt ist demnach tendenziell unausgeglichen. Ein Haushaltsausgleich ist nicht jährlich, sondern nur über den Zyklus hinweg anzustreben.

IV. Koordinierung der Haushalte von Bund, Ländern und Gemeinden

Gleichgültig ob man nun eine antizyklische Haushaltpolitik zur Erreichung des gesamtwirtschaftlichen Gleichgewichts fordert oder – im Geiste eines „aufgeklärten Keynesianismus" – eine lediglich auf Vermeidung prozyklischer Effekte ausgerichtete Stabilisierungspolitik präferiert, für Bund und Länder bedeutet der in Art. 109 Abs. 2 GG formulierte **Stabilisierungsauftrag** auf jeden Fall, dass sie – unter Aufrechterhaltung der Haushaltautonomie – ihre Haushalte abstimmen müssen.

Wirtschaftspolitische Zielsetzungen des Bundeshaushalts könnten durch **entgegengesetzte Finanzpolitiken der Bundesländer** oder der Gemeinden konterkariert werden. So reagierte etwa 1967 der Bund auf einen erstmaligen leichten Rückgang des Bruttoinlandsprodukts mit zwei Konjunkturprogrammen, die u.a. durch prozyklisches Haushaltsgebaren der Länder und Gemeinden zunächst nicht die gewünschte Wirkung entfalteten.

Das Beispiel zeigt auch, dass nicht nur Bund und Länder ihre Haushaltswirtschaft koordinieren müssen; auch die Gemeinden müssen mitmachen. Eine solche Verpflichtung der *Gemeinden* zu einer konjunkturgerechten Haushaltswirtschaft findet sich zwar nicht im Grundgesetz, wohl aber im Stabilitätsgesetz.[52] Allerdings haben die Länder „durch geeignete Maßnahmen darauf hinzuwirken, dass die Haushaltswirtschaft der Gemeinden und Gemeindeverbände den konjunkturpolitischen Erfordernissen entspricht."[53]

Angesichts der Vielzahl von öffentlichen Händen im Bundesstaat (Bund, 16 Länder, ca. 14 000 Gemeinden) besteht die Notwendigkeit, **Koordinierungsgremien** einzurichten, um die Wirtschaftspolitik mit Blick auf die gesamtwirtschaftlichen Ziele aufeinander abzustimmen. Wichtige Gremien sind:

- der **Finanzplanungsrat**, der bei der Bundesregierung gebildet wird. Ihm gehören die Bundesminister der Finanzen und für Wirtschaft und Technologie, die Landesfinanzminister und Vertreter der Gemeinden an. Die Deutsche Bundesbank hat ein Teilnahmerecht, aber kein Stimmrecht. Als wichtigste *Aufgabe* gibt der Finanzplanungsrat Empfehlungen für eine Koordinierung der gesetzlich vorgeschriebenen fünfjährigen Finanzplanung des Bundes, der Länder und der Gemeinden. Dabei sollen auch Schwerpunkte für eine den gesamtwirtschaftlichen Erfordernissen entsprechende Erfüllung der öffentlichen Aufgaben ermittelt werden.[54]

- der **Konjunkturrat** wird ebenfalls bei der Bundesregierung gebildet. Ihm gehören an: die Bundesminister für Wirtschaft und Technologie und der Finanzen, Vertreter der Länder und der Gemeinden sowie – ohne Stimmrecht – die Bundesbank (§ 18 StWG). Im Konjunkturrat werden insbesondere alle zur Erreichung des gesamtwirtschaftlichen Gleichgewichts erforderlichen konjunkturpolitischen Maßnahmen beraten.

---

52 Vgl. § 16 Abs. 1 StWG.
53 § 16 Abs. 2 StWG.
54 Vgl. § 51 Haushaltsgrundsätzegesetz (HGrG).

V. Gesamtwirtschaftliche Bedeutung der öffentlichen Haushalte (Kurzfassung)

- Die in Art. 109 Abs. 1 GG vorgeschriebene Haushaltsautonomie von Bund und Ländern wird durch Abs. 2 insofern eingeschränkt, als Bund und Länder verpflichtet werden, mit ihrer Haushaltsgestaltung den Erfordernissen des gesamtwirtschaftlichen Gleichgewichts Rechnung zu tragen. Ein solcher Auftrag erfordert eine Koordination der Haushalte von Bund und Ländern; auch die Gemeindehaushalte sind nach § 16 StWG einzubeziehen. Als Koordinierungsgremien dienen der **Finanzplanungsrat** und der **Konjunkturrat**;

- unter dem **gesamtwirtschaftlichen Gleichgewicht** versteht man einen Zustand, bei dem die **vier Ziele des § 1 StWG** – hoher Beschäftigungsstand, Preisniveaustabilität, außenwirtschaftliches Gleichgewicht, stetiges und angemessenes Wirtschaftswachstum – gleichzeitig erreicht sind;

- zur Erhaltung oder Wiederherstellung des gesamtwirtschaftlichen Gleichgewichts ist stabilisierende (also nicht prozyklisch wirkende) Haushaltspolitik unerlässlich. Die Eignung **antizyklischer Haushaltspolitik** ist umstritten.
  - Bei *stabilisierender* Haushaltspolitik sind konjunkturbedingte Steuerausfälle und Mehrausgaben ohne Kompensation hinzunehmen: der Haushalt hat also bewusst Defizite in Kauf zu nehmen.
  - Bei *antizyklischer* Haushaltspolitik steigen diese Defizite in Abschwungs- oder Rezessionsphasen weiter an, da über gezielte Mehrausgaben und/ oder Steuersenkungen dem Konjunkturverlauf aktiv gegengesteuert wird.
  - Konjunkturbedingte Mehreinnahmen in Phasen der Hochkonjunktur dürfen nicht für zusätzliche Ausgaben genutzt werden; sie sollten zum Schuldenabbau oder für Rücklagen genutzt werden.

- Jährlicher Haushaltsausgleich (im materiellen Sinn) ist bei wirtschaftspolitischem Einsatz des Haushalts nicht möglich. Haushaltsausgleich kann nur als überzyklisches Ziel verfolgt werden.

- Auch eine mittelfristig orientierte Angebotspolitik kommt ohne stabilisierende Haushaltspolitik nicht aus. Prozyklische Haushaltspolitik ist immer schädlich.

- Im europäischen Stabilitäts- und Wachstumspakt werden mittelfristig ausgeglichene oder überschüssige Staatshaushalte vorgeschrieben. Konjunkturpolitischer Handlungsspielraum wird aber dadurch eingeräumt, dass jährliche Defizite von bis zu 3 % des BIP – bei schweren Rezessionen auch darüber – zugelassen werden.

D. Haushaltsrecht und Haushaltssystematik

Der öffentliche Haushalt ist ein politisches und spätestens seit der Finanzreform von 1969 eindeutig auch zu einem ökonomischen Steuerungsinstrument geworden. Gleichwohl vollzieht sich die öffentliche Haushaltswirtschaft in einem strengen rechtlichen Rahmen. Sowohl bei der Aufstellung des Haushaltsplans als auch später, während seiner Ausführung, sind Gesetze, Rechtsverordnungen, Verwaltungsvorschriften und Erlasse zu beachten.

Jeder, der „mit Haushalt zu tun hat", muss sich durch den Rechtsdschungel hindurchschlagen. Zuweilen wissen selbst erfahrene Praktiker nicht immer sofort, wo sie für ein konkretes Problem eine Lösung hernehmen, die einer späteren Überprüfung Stand hält. **Das Haushaltsrecht ist nicht gerade anwenderfreundlich!**

Wir wollen im Folgenden die wichtigsten Rechtsvorschriften nennen, deren Inhalt grob kennzeichnen und bereits hier ein paar Hinweise für die praktische Handhabung geben. Exemplarisch soll dabei das Haushaltsrecht des Bundes herangezogen werden; für die Landeshaushalte gelten die Rechtsvorschriften entsprechend.

I. Rechtsgrundlagen

Die Einzelheiten des Bundeshaushaltsrechts ergeben sich aus einer Fülle von Gesetzen, Rechtsverordnungen, Verwaltungsvorschriften und Erlassen.

Gesetze:

- **Grundgesetz (GG)**, insbesondere der X. Abschnitt „Das Finanzwesen":
  - Art. 104a bis 109: Finanzverfassung: regelt die Kompetenzverteilung zwischen Bund und Ländern auf dem Gebiet der Finanzwirtschaft,
  - Art. 110 bis 115: Haushaltsverfassung des Bundes;
- **Gesetz zur Förderung der Stabilität und des Wachstums der Wirtschaft (Stabilitäts- und Wachstumsgesetz – StWG)** vom 8.6.1967 (BGBl. I S. 582):
  - Definition der wirtschaftspolitischen Ziele („magisches Viereck"),
  - Instrumente zur Erreichung der wirtschaftspolitischen Ziele;
- **Gesetz über die Grundsätze des Haushaltsrechts des Bundes und der Länder (Haushaltsgrundsätzegesetz – HGrG)** vom 19.8.1969 (BGBl. I S. 1273):
  - für Bund und Länder gemeinsam geltende Grundsätze für die Aufstellung und Ausführung des Haushaltsplans sowie das Kassen- und Rechnungswesen,

- aus diesem Rahmengesetz leiten der Bund die Bundeshaushaltsordnung (BHO) und die Länder ihre jeweiligen Landeshaushaltsordnungen (LHO) ab;

• **Bundeshaushaltsordnung (BHO)** vom 19.8.1969 (BGBl. I S. 1284) in der z.Z. geltenden Fassung:
grundlegende Vorschriften über die Aufstellung und Ausführung des Bundeshaushaltsplans sowie die Kassen- und Buchführung, die Rechnungslegung und Rechnungsprüfung bei der bundesunmittelbaren Verwaltung, den bundesunmittelbaren juristischen Personen des öffentlichen Rechts und den Sondervermögen;

> **Beachte:** Die Bestimmungen der BHO sind zusammen mit den dazu ergangenen → Verwaltungsvorschriften (VV-BHO) zu lesen.

• das jährliche **Haushaltsgesetz (HG)** des Bundes:
  - Feststellung des Haushaltsplans und generelle Ausgabeermächtigung,
  - Kreditermächtigung,
  - zeitlich begrenzte Änderungen des Haushaltsrechts;
  - Regelungen zur Flexibilisierung der Bewirtschaftung,
  - Ermächtigungen an den Bundesminister der Finanzen zur Übernahme von Bürgschaften, Garantien oder sonstigen Gewährleistungen,
  - Regelungen zur Personalbewirtschaftung etc.;

• **Gesetz über den Bundesrechnungshof** (Bundesrechnungshofgesetz – BRHG) vom 11. Juli 1985 (BGBl. I S. 1445):
grundlegende Regelungen über Stellung, Organisation und Arbeitsweise des Bundesrechnungshofs.

Rechtsverordnungen und Verwaltungsvorschriften:

• **Verwaltungsvorschriften zur Bundeshaushaltsordnung (VV-BHO)** vom 14. März 2001 (GMBl. 2001, S. 305 ff.) in der z.Z. geltenden Fassung:
„Kommentierung" der einzelnen Paragraphen der BHO, um eine einheitliche Handhabung des Haushaltsrechts in allen Bundesbehörden zu gewährleisten;

• **Verwaltungsvorschriften zur Haushaltssystematik des Bundes (VV-HB)**, bestehend aus
  - *Gruppierungsplan*: dient der Titel-Einteilung nach ökonomischen Aspekten,
  - *Funktionenplan*: Gliederung des Haushaltsplans nach Aufgaben,
  - *Haushaltstechnische Richtlinien des Bundes (HRB):* Vorschriften zur einheitlichen Gestaltung des Haushaltsplans, z.B. Festtitel, Darstellung und Formulierung der Haushaltsvermerke, Planstellen usw.;

Die VV-HB sind hauptsächlich für die an der Haushaltsaufstellung beteiligten Stellen von Bedeutung.

• **Kassenbestimmungen für die Bundesverwaltung (KBestB)** vom 8.2.1999 (GMBl 1999 S.166), Stand 12/2005:
Vorschriften über die Einrichtung der Kassen, die Zahlung und Buchführung durch die Kassen sowie über Kassenprüfungen;

• **Zahlstellenbestimmungen für die Bundesverwaltung (ZBestB)** vom 14. November 2001, zuletzt geändert am 22. Juni 2006 (GMBl S. 938 ff.);

• die jährlichen **Verwaltungsvorschriften über die Haushalts- und Wirtschaftsführung**:
konkrete Vorschriften zur praktischen Haushaltsführung durch das BMF;

• ggf. die **Verwaltungsvorschriften über die vorläufige Haushaltsführung**:
BMF regelt auf der Grundlage des Art. 111 GG, wie konkret zu verfahren ist, sollte der Haushaltsplan nicht vor Beginn eines Haushaltsjahres festgestellt sein (Vorschriften für die „haushaltslose" Zeit);

• **Sonstige Verwaltungsvorschriften/ (Rund-) Erlasse des BMF sowie des jeweiligen Ministeriums**, z.B. zur Haushaltsaufstellung, zur Flexibilisierung des Haushaltsvollzugs etc.

Entwicklung des Haushaltsrechts

Das Haushaltsrecht entwickelt sich fort. Während in einigen Bundesländern und vor allem in den Kommunen eine stufenweise Umstellung des Haushaltswesens auf die kaufmännische Buchführung erprobt wird, möchte der Bund vom nächsten Jahrzehnt an – beginnend mit Pilotbehörden – auf eine **Erweiterte (Moderne) Kameralistik** umstellen. An einem Feinkonzept wird gegenwärtig gearbeitet, es soll bis Mitte 2009 vorgelegt werden. Sicher ist: Die gegenwärtige Haushaltsstruktur (mit Einzelplan, Kapitel, Titel), wie sie im Folgenden näher beschrieben wird, wird beibehalten, der nach wie vor führende kamerale Haushaltsteil wird jedoch jeweils um Daten zum Ressourcenverbrauch ergänzt werden.

II. Gliederung des Bundeshaushalts (Haushaltssystematik)

1. Überblick

Der Bundeshaushalt besteht aus dem Haushaltsgesetz (HG) und dem Haushaltsplan (Hpl). Der Haushaltsplan wiederum setzt sich zusammen aus einem Gesamtplan mit drei Übersichten und den derzeit 22 Einzelplänen. Die Einzelpläne wiederum sind unterteilt in Kapitel und Titel (*s. Abb. 10*).

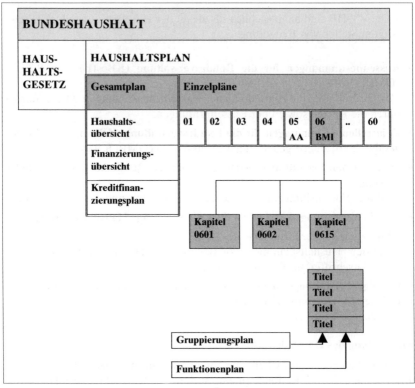

Abbildung 10: Haushaltssystematik im Überblick

Grob lässt sich sagen: **Einzelpläne** sind im Wesentlichen die Pläne der einzelnen Ministerien und der Verfassungsorgane. Ministerien haben einen Geschäftsbereich, haben Behörden. Die Pläne dieser Behörden nennt man **Kapitel**, sie sind Teil des Einzelplans. Neben den Behörden gibt es auch noch Kapitel, die nach sachlichen Kriterien gebildet werden. **Titel** sind die konkrete Bezeichnung der Einnahmen und Ausgaben der jeweiligen Behörde. Sie werden durch den sogenannten *Gruppierungsplan* nach ökonomischen Arten eingeteilt. Zusätzlich erlaubt der *Funktionenplan* eine Einteilung der Einnahmen und Ausgaben nach der Art der öffentlichen Aufgaben (Funktionen).

Die für die Gliederung des Bundeshaushaltsplans maßgeblichen Vorschriften sind die **Verwaltungsvorschriften zur Haushaltssystematik des Bundes** (VV-HB). Die VV-HB beinhalten

• den Gruppierungsplan,

• den Funktionenplan und

• die Haushaltstechnischen Richtlinien des Bundes (HRB).

Die *HRB* regeln in Ergänzung der Bestimmungen der Bundeshaushaltsordnung und der Verwaltungsvorschriften zur Bundeshaushaltsordnung die formale Darstellung des Haushaltsplans nach einheitlichen Grundsätzen.

Was die Haushaltspläne selbst betrifft, so bestimmen zunächst zwei Motive ihre
Gliederung. Zum einen wenden sich entsprechend ihrer politischen Funktion
die Haushaltspläne an die Öffentlichkeit. Die *Öffentlichkeit* soll einen Überblick über die Höhe und Struktur der staatlichen Einnahmen und Ausgaben
erhalten. Zum anderen ist der Adressat des Haushaltsplans die *Exekutive*, der in
allen Einzelheiten nach Höhe und Zweck die Ausgaben verbindlich vorgegeben
werden. Aus diesen Bedürfnissen heraus sind die öffentlichen Haushalte zunächst **horizontal** gegliedert in einen Übersichtsteil und in einen detaillierten
Ermächtigungsteil. Für die Gliederung der Haushaltspläne von *Bund und Ländern* schreibt § 10 HGrG die Gliederung in einen Gesamtplan und die Einzelpläne vor. Auch beim *Kommunalhaushalt* wird nach Gesamtplan und Einzelplänen unterschieden. Der *Haushalt der EG* gliedert sich horizontal in eine
Allgemeine Übersicht über die Einnahmen für den gesamten Haushaltsplan
und die Übersicht über die Einnahmen und Ausgaben nach Einzelplänen, d.h.
für jedes Gemeinschaftsorgan.

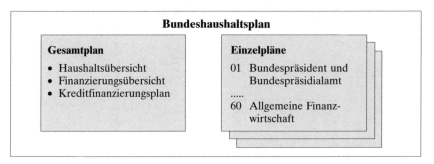

Abbildung 11: Gesamtplan und Einzelpläne

2. Der Gesamtplan

Der Gesamtplan enthält zur Zeit drei Übersichten über den Bundeshaushaltsplan:
– die Haushaltsübersicht,
– die Finanzierungsübersicht,
– den Kreditfinanzierungsplan..

Die drei Übersichten werden durch § 10 Abs. 4 HGrG für Bund und Länder
verbindlich vorgeschrieben.

Übersicht 3: Haushaltsübersicht 2008: Einnahmen und Ausgaben (verkürzte Darstellung)[55]

Epl.	Bezeichnung	Einnahmen				Ausgaben				
		Steuern	Verwaltungs-einnahmen	übrige Einnahmen	Summe	Personal-ausgaben		Ausgaben für Investitionen		Summe
		Mio €	Mio €	Mio €	Mio €	Mio €	...	Mio €	...	Mio €
01	Bundespräsident	—	0,00	0,09	**0,09**	13,9	...	0,9	...	**24,9**
...	...									
05	Auswärtiges Amt	—	122,5	0,4	**122,9**	745,8	...	134,2	...	**2.858,9**
06	Bundesministerium des Innern	—	356,9	5,6	**362,5**	2.506,1	...	706,9	...	**5.065,8**
14	Bundesministerium der Verteidigung	—	275,7	61,8	337,5	15.661,7	...	162,5	...	29.450,50
...	...	...	...	...	...	...	...	...	...	...
32	Bundesschuld	—	570,1	12.645,0	**13.215,1**	—	...	1.050,0	...	**42.936,7**
60	Allgem. Finanz-verwaltung	238.203,9	14.433,7	2.154,6	**254.792,2**	944,7	...	596,4	...	**10.866,2**
	Summe Haushalt 2008	**238.203,9**	**21.311,7**	**23.684,4**	**283.200,0**	**26.762,3**	...	**24.658,5**	...	**283.200,0**

55 Die **vollständige Darstellung** findet sich in der **Anlage** zu diesem Buch (Haushaltsgesetz mit Gesamtplan).

a) Haushaltsübersicht

In der Haushaltsübersicht werden die Einnahmen und Ausgaben, die Verpflichtungsermächtigungen, sowie die flexibilisierten Ausgaben nach § 5 HG für jeden Einzelplan aufgezeigt. Einnahmen und Ausgaben werden dabei in Gruppen zusammengefasst (z.B. Personalausgaben, sächliche Verwaltungsausgaben, Investitionsausgaben).

Flexibilisierte Ausgaben nach § 5 HG

Seitdem für die Verwaltungskapitel im Bundeshaushalt eine Flexibilisierung der Bewirtschaftung durch weitgehende Deckungs- und Übertragungsmöglichkeiten (→ Haushaltsgrundsätze) geschaffen wurde, gibt es im Gesamtplan noch eine weitere Übersicht, in der die flexibilisierten Kapitel des Bundeshaushaltsplans aufgeführt und quantifiziert sind. § 5 (1) HG 2008 verweist auf diese Übersicht.

Übersicht 4: Haushaltsübersicht: Flexibilisierte Ausgaben nach § 5 HG 2008 (verkürzte Darstellung)

Epl.	Bezeichnung	Kapitel	Summe 2008 1.000 €
01	Bundespräsident	01, 03, 04	16 776
...	...	...	...
05	Auswärtiges Amt	01, 03, 11	873 024
06	Bundesministerium des Innern	01, 07, 08, 10, 11, 12, 14, 15, 16, 17,18, 23, 25, 26, 28, 29, 33, 35	3 038 020
...	...	...	...
14	Bundesministerium der Verteidigung	01, 03, 04, 07, 09	5 518 829
...	...	...	...
30	Bundesministerium für Bildung und Forschung	01, 02	94 174
	Summe		**15 168 069**

Anmerkung: Die Übersicht verdeutlicht, dass *vom gesamten Ausgabevolumen* von 283,2 Mrd. € *nur 5,4 %* (15,17 Mrd. €) der Flexibilisierung unterliegen. Das sind aber dennoch rund *zwei Drittel aller Ausgabetitel*.

b) Finanzierungsübersicht

Die Finanzierungsübersicht zeigt den Finanzierungssaldo auf, der sich aus einer Gegenüberstellung der laufenden Einnahmen und Ausgaben ergibt. Der seit den siebziger Jahren negative Finanzierungssaldo entspricht der Summe aus der Nettokreditaufnahme und den Münzeinnahmen des Bundes. Die Nettokreditaufnahme ist das Ergebnis einer Aufrechnung der Bruttokreditaufnahme eines

Jahres – also aller in diesem Jahr vom Bund aufgenommenen Kredite – und der Tilgungsausgaben eines Jahres – also der Rückzahlungen früher aufgenommener Kredite.

Übersicht 5: Finanzierungsübersicht 2008 (verkürzte Darstellung)

	2008	2007
	\- Mrd. € \-	
A. Ermittlung des Finanzierungssaldos		
Ausgaben	283,2	272,3
(ohne Ausgaben zur Schuldentilgung)		
Einnahmen	271,1	257,6
(ohne Kreditaufnahme und Münzeinnahmen)		
Finanzierungssaldo	**- 12,1**	**- 14,7**
B. Finanzierung des Finanzierungsdefizits		
1. Nettokreditaufnahme	**11,9**	**14,4**
• *Kredite vom Kreditmarkt (Bruttokreditaufnahme)*	233,2	227,2
• Tilgung alter Schulden einschl. Marktpflege	221,3	212,8
2. Münzeinnahmen	**0,2**	**0,2**

c) Kreditfinanzierungsplan

Im Kreditfinanzierungsplan werden die im Jahr voraussichtlich aufzunehmenden Kredite und die voraussichtlich zu leistenden Tilgungsleistungen differenziert nach Fristigkeit (kurz-, mittel- und langfristige Schulden-Papiere) genau dargestellt (*s. Übersicht 6*).

Die ersten drei Teile des Gesamtplans – Haushaltsübersicht, Finanzierungsübersicht und Kreditfinanzierungsplan – verfolgen das Ziel, eine **Übersicht über den Haushaltsplan** zu geben. Mit der Finanzierungsübersicht wird außerdem das Ziel verfolgt, die **öffentlichen Haushalte miteinander vergleichbar** zu machen. In den Haushalten der Länder wird nämlich die Kreditaufnahme brutto, im Bundeshaushalt jedoch netto veranschlagt. Diese unterschiedliche Art der Veranschlagung zwischen Bund und Ländern lässt § 12 HGrG ausdrücklich zu.

Übersicht 6: Kreditfinanzierungsplan 2008 (verkürzte Darstellung)

	2008	2007
	– Mrd. € –	
Einnahmen aus Krediten (Bruttokreditaufnahme)	**233,2**	**227,2**
davon: ★ über 4 Jahre	95,5	97,3
★ 1–4 Jahre	61,6	58,4
★ unter 1 Jahr	76,1	71,5
Ausgaben zur Schuldentilgung (einschl. Marktpflege)	**221,3**	**212,8**
davon: ★ über 4 Jahre	85,9	83,5
★ 1–4 Jahre	61,3	61,1
★ unter 1 Jahr	73,3	71,5
Nettokreditaufnahme	**11,9**	**14,4**

Anmerkung: Die vollständige Darstellung ist wesentlich komplizierter.

3. Die Einzelpläne

a) Ministerialpläne und Realpläne

Die Einzelpläne stellen die eigentliche Arbeitsgrundlage für die Verwaltung dar. Hier sind die Haushaltsmittel detailliert aufgeführt. Insgesamt besteht der Bundeshaushaltsplan derzeit aus 22 Einzelplänen. Von diesen sind 20 – also der überwiegende Teil – nach dem **Ministerialprinzip** und 2 nach dem **Realprinzip** gegliedert.

Die nach dem Ministerialprinzip gegliederten Einzelpläne (Epl 01–30) beinhalten die auf den Geschäftsbereich eines Ministeriums entfallenden Haushaltsmittel (Gliederung nach organisatorischen Zuständigkeiten). Außer den Ministerien haben noch eigene Einzelpläne: Der Bundespräsident, der Bundestag, der Bundesrat, der Bundesrechnungshof und das Bundesverfassungsgericht.

Die Realpläne (Epl. 32 und 60) enthalten solche Haushaltsmittel, die nicht einem Ministerium zuzuordnen sind (ressortübergreifende Gliederung nach Sachgebieten).

Übersicht 7: Die Einzelpläne des Bundeshaushalts 2008

01	Bundespräsident und Bundespräsidialamt
02	Deutscher Bundestag
03	Bundesrat
04	Bundeskanzlerin und Bundeskanzleramt
05	Auswärtiges Amt
06	Bundesministerium des Innern
07	Bundesministerium der Justiz
08	Bundesministerium der Finanzen
09	Bundesministerium für Wirtschaft und Technologie
10	Bundesministerium für Ernährung, Landwirtschaft und Verbraucherschutz
11	Bundesministerium für Arbeit und Soziales
12	Bundesministerium für Verkehr, Bau und Stadtentwicklung
14	Bundesministerium der Verteidigung
15	Bundesministerium für Gesundheit
16	Bundesministerium für Umwelt, Naturschutz und Reaktorsicherheit
17	Bundesministerium für Familie, Senioren, Frauen und Jugend
19	Bundesverfassungsgericht
20	Bundesrechnungshof
23	Bundesministerium für wirtschaftliche Zusammenarbeit und Entwicklung
30	Bundesministerium für Bildung und Forschung
32	Bundesschuld
60	Allgemeine Finanzverwaltung

b) Kapitel

Die Einzelpläne gliedern sich in der nächsten Stufe in Kapitel. Während der
Einzelplan die Haushaltsmittel des Geschäftsbereichs eines Ministeriums beinhaltet, enthält ein Kapitel im allgemeinen die auf eine Behörde innerhalb des
Geschäftsbereichs entfallenden Haushaltsmittel. Kapitel können auch nach
sachlichen Gesichtspunkten gebildet werden (z.B. Kapitel „Allgemeine Bewilligungen".

Die Kapitel untergliedern einen Einzelplan
• nach Verwaltungszweigen (Behörden) und
• nach sachlichen Gesichtspunkten (Gruppen von Einnahmen, Ausgaben
und Verpflichtungsermächtigungen).

Bei Einzelplänen, die nach dem Ministerialprinzip gegliedert sind, sieht die
übliche Einteilung wie folgt aus:
• Kapitel ..01: Ministerium selbst
• Kapitel ..02: „Allgemeine Bewilligungen" (insbesondere Zuwendungen)
• Kapitel ..03 ff: nachgeordnete Behörden und ggf. Sachgebiete.

Ein Kapitel wird mit vierstelligen Ziffern dargestellt. Die ersten beiden Ziffern des Kapitels bezeichnen den Einzelplan. Welche Kapitel zu einem Ministerium gehören, ist dem Deckblatt eines jeden Einzelplans zu entnehmen. Ein Beispiel:

Bundeshaushaltsplan 2008

Einzelplan 05

Auswärtiges Amtes

Inhalt

Kapitel	Bezeichnung	Seite
	Vorwort	2
05 01	Auswärtiges Amt	4
05 02	Allgemeine Bewilligungen	16
05 03	Vertretungen des Bundes im Ausland	36
05 04	Pflege kultureller Beziehungen zum Ausland	49
05 11	Deutsches Archäologisches Institut	69
05 67	Versorgung der Beamtinnen und Beamten sowie der Richterinnen und Richter des Einzelplans 05	77
	Abschluss.	80
	Übersichten	81
	Personalhaushalt	87

Abbildung 12: Deckblatt eines Einzelplans

Bei Kapiteln für Behörden werden i.d.R. in einer *Vorbemerkung* die Rechtsgrundlagen für die Errichtung sowie Aufgaben der Behörde in den Grundzügen dargestellt.

c) Titel

Innerhalb eines Kapitels werden die Einnahmen und Ausgaben in Titeln dargestellt. Ein Titel ist damit im Haushaltsplan die **kleinste Unterteilung der Einnahmen und Ausgaben.**

Ein Titel stellt sich im Bundeshaushaltsplan mit einer fünfstelligen Titelnummer, einer Zweckbestimmung und einem Ansatz dar. Die Titelnummer wird noch um eine Funktionskennziffer ergänzt. Dem Ansatz des laufenden Jahres wird der Vorjahres-Ansatz und das Ist-Ergebnis des Vorvorjahres gegenübergestellt, um eine Entwicklung deutlich zu machen. Die Funktionskennziffer verdeutlicht, für welche staatliche Aufgabe (z.B. Bildung) eine Ausgabe vorgesehen ist. Der Ansatz in der 3. Spalte der Kopfleiste beinhaltet bei Ausgabetiteln die Höchstgrenze, bis zu der die Exekutive vom Parlament für den jeweiligen Zweck ermächtigt worden ist, Ausgaben zu leisten.

Einem Titel können Haushaltsvermerke und Erläuterungen beigefügt werden.

			0511 Deutsches Archäologisches Institut		
Titel Funktion	Zweckbestimmung	Soll 2008 1000 €	Soll 2007 1000 €	Ist 2006 1000 €
514 01 - 165	**Verbrauchsmittel, Haltung von Fahrzeugen und dgl.**	52	51	65
Titelnummer Funktions- kennziffer	Zweckbestimmung (Dispositiv) Verpflichtungsermächtigungen Haushaltsvermerke Erläuterungen	Ansatz Aktuell	Ansatz Vorjahr	Ist- Ergebnis Vorvorjahr

Abbildung 13: Bestandteile eines Titels

Merke: Der Titel umfasst Titelnummer und Funktion, Zweckbestimmung, Ansatz für Einnahmen oder Ausgaben sowie gegebenenfalls Verpflichtungsermächtigungen, Haushaltsvermerke und Erläuterungen. Die Einteilung der Titel ist durch den Gruppierungsplan und den Funktionenplan vorgegeben (HRB, Nr. 4).

(1) Der Gruppierungsplan

Der nach § 10 Abs. 2 HGrG für Bund und Länder verbindlich festgelegte Gruppierungsplan systematisiert die Einnahmen und Ausgaben nach **ökonomischen Arten**. Die Einteilung der Einnahmen und Ausgaben nach dem Gruppierungsplan entspricht der Aufteilung im Staatskonto in der volkswirtschaftlichen Gesamtrechnung. Im Vordergrund steht dabei eine Einteilung, aus der sich die unmittelbare Nachfrage der öffentlichen Hand am Markt (Verbrauch und Sachinvestitionen) und die Beeinflussung der privaten Nachfrage durch Übertragungen und Darlehensgewährungen der öffentlichen Haushalte leicht unterscheiden lassen. Die Gliederung nach ökonomischen Arten tritt neben die institutionelle Gliederung (in Einzelpläne und Kapitel).

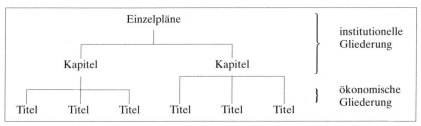

Abbildung 14: Institutionelle und ökonomische Gliederung des Haushaltsplans

Die 5-stellige Titelnummer, die entscheidende Ordnungskennziffer der Titel, wird aus dem Gruppierungsplan abgeleitet. Dabei gibt der Gruppierungsplan eine Einteilung in Hauptgruppen, Obergruppen und Gruppen verbindlich vor.

Die **Hauptgruppe** stellt die erste Ziffer des Titels dar. Sie benennt die Einnahme- bzw. Ausgabeart noch als groben Block (z.B. Personalausgaben).

Innerhalb der (insgesamt neun) Hauptgruppen werden entsprechend dem Dezimalsystem durch Anhängen einer zusätzlichen Stelle sog. **Obergruppen** mit gleichem ökonomischen Gehalt geschaffen. Die Hauptgruppe wird durch die Obergruppe weiter unterteilt bzw. präzisiert (z.B. Bezüge und Nebenleistungen).

Durch Anhängen einer weiteren Stelle entstehen die **Gruppen**, die letztlich eine weitere Präzisierung der Obergruppen bedeuten (z.B. Bezüge und Nebenleistungen der Beamten und Richter). Damit sind die ersten drei Stellen des Titels für Bund und Länder verbindlich vorgegeben (vgl. den Auszug aus dem Gruppierungsplan – Übersicht 8).

Eine **weitere Aufteilung** im Haushaltsplan (Ziffern 4 und 5 der Titelnummer) ist in das Ermessen von Bund und des einzelnen Landes gestellt.

Übersicht 8: Gruppierungsplan – Ein Auszug

Hauptgruppen:

0	Einnahmen aus Steuern und steuerähnlichen Abgaben sowie EU-Eigenmittel
1	Verwaltungseinnahmen, Einnahmen aus Schuldendienst und dgl.
2	Einnahmen aus Zuweisungen und Zuschüssen mit Ausnahme für Investitionen
3	Einnahmen aus Schuldenaufnahmen, aus Zuweisungen und Zuschüssen für Investitionen, besondere Finanzierungseinnahmen
4	Personalausgaben
5	sächliche Verwaltungsausgaben, militärische Beschaffungen usw., Ausgaben für den Schuldendienst
6	Ausgaben für Zuweisungen und Zuschüsse mit Ausnahme für Investitionen
7	Baumaßnahmen

8	Sonstige Ausgaben für Investitionen und Investitionsförderungsmaßnahmen
9	Allgemeine Finanzierungsausgaben

Obergruppen:

z.B.

01	Gemeinschaftsteuern und Gewerbesteuerumlage
02	EU-Eigenmittel
03	Bundessteuern und Lastenausgleichsabgaben
11	Verwaltungseinnahmen
12	Einnahmen aus wirtschaftlicher Tätigkeit und Vermögen (ohne Zinsen)
27	Zuschüsse von der EU
32	Schuldenaufnahmen am Kreditmarkt
41	Aufwendungen für Abgeordnete und ehrenamtlich Tätige
42	Bezüge und Nebenleistungen
43	Versorgungsbezüge und dgl.
51/54	Sächliche Verwaltungsausgaben
55	Militärisch Beschaffungen, Materialerhaltung, ... sowie militärische Anlagen
57	Zinsausgaben an Kreditmarkt.
81	Erwerb von beweglichen Sachen
82	Erwerb von unbeweglichen Sachen

Gruppen:

z.B.

011	Lohnsteuer
012	Veranlagte Einkommensteuer
015	Umsatzsteuer
032	Tabaksteuer
111	Gebühren, sonstige Entgelte
119	Einnahmen aus Veröffentlichungen
325	Schuldenaufnahme auf dem sonstigen inländischen Kreditmarkt
411	Aufwendungen für Abgeordnete
422	Bezüge und Nebenleistungen der Beamten und Richter
428	Entgelte der Arbeitnehmerinnen und Arbeitnehmer
511	Geschäftsbedarf und Kommunikation sowie Geräte, Ausstattungs- und Ausrüstungsgegenstände, sonstige Gebrauchsgegenstände
514	Verbrauchsmittel, Haltung von Fahrzeugen und dgl.
517	Bewirtschaftung der Grundstücke, Gebäude und Räume
519	Unterhaltung der Grundstücke und baulichen Anlagen
526	Sachverständige, Gerichts- und ähnliche Kosten
683	Zuschüsse für laufende Zwecke an Unternehmen
711	Kleine Neu-, Um- und Erweiterungsbauten
811	Erwerb von Fahrzeugen
812	Erwerb von Geräten und sonstigen beweglichen Sachen

Ein Beispiel aus dem Haushaltsplan mag den Aufbau eines Titels noch einmal verdeutlichen:

Titel Funktion	Zweckbestimmung	**0511** **Deutsches Archäologisches Institut**		
		Soll 2008 1000 €	Soll 2007 1000 €	Ist 2006 1000 €
422 01 ⎿⏌	Bezüge und Nebenleistungen der planmäßigen Beamtinnen und Beamten	4 727	4 680	4 861

4 = Hauptgruppe „Personalausgaben"
42 = Obergruppe „Dienstbezüge und Nebenleistungen"
422 = Gruppe „Bezüge und Nebenleistungen der Beamten und Richter"

Abbildung 15: Aufbau einer Titelnummer

(2) Festtitel

Der Gruppierungsplan schreibt die ersten drei Stellen eines Titels (die Gruppe) für Bund und Länder verbindlich vor. Der Bund hat in seinen Haushaltstechnischen Richtlinien (HRB, Ziff. 4.2.) für eine Reihe von Titeln eine weitere Festlegung in der 4. und 5. Stelle vorgenommen. Man spricht hier auch von *Festtiteln*, also von Titeln, die mit ihrer 5-stelligen Titel-Nummer und der dazu gehörenden Zweckbestimmung einheitlich für alle Einzelpläne bindend festgelegt sind (= Titel mit fester Textvorgabe; *Standardtexte*). So wird etwa der „Beamtentitel" der Gruppe 422 beim Bund wie folgt näher untergliedert:

422   = *Gruppe:* „Bezüge und Nebenleistungen der Beamten und Richter"
422 . 1   Bezüge und Nebenleistungen der **planmäßigen** Beamten und Beamtinnen
422 . 2   Bezüge und Nebenleistungen der beamteten **Hilfskräfte**
422 . 3   Anwärterbezüge und Nebenleistungen der Beamtinnen und Beamten **auf Widerruf** im Vorbereitungsdienst

Weitere Beispiele für **Festtitel** auf der Einnahmen- und Ausgabenseite sind:
111 . 1   Gebühren, sonstige Entgelte,
119 . 1   Einnahmen aus Veröffentlichungen,
119 . 9   Vermischte Einnahmen,
124 . 1   Einnahmen aus Vermietung, Verpachtung und Nutzung,

526 . 1   Gerichts- und ähnliche Kosten,
526 . 2   Sachverständige,
526 . 3   Ausgaben für Mitglieder von Fachbeiräten und ähnlichen Ausschüssen,
527 . 1   Dienstreisen,
527 . 3   Reisen in Personalvertretungsangelegenheiten und in Vertretung der
          Interessen der Schwerbehinderten,
539 . 9   Vermischte Verwaltungsausgaben,
546 88   Förderung des Vorschlagwesens,
811 . 1   Erwerb von Fahrzeugen.

Der Punkt in der vierten Stelle ist ein Platzhalter. In der Regel steht für den
Punkt die Ziffer 0. Lediglich bei *Titelgruppen* wird in der vorletzten Stelle eine
von Null verschiedene Ziffer gebraucht.

(3) Titelgruppen

Titel mit **übergeordneter Zweckidentität** können nach Nr. 4.8 HRB zu einer
Titelgruppe zusammengefasst werden. Eine Titelgruppe wird in der 4. Ziffer des
Titels kenntlich gemacht. Es sind Ziffern von 1 bis 9 zu verwenden, um sie von
den übrigen Titeln, für die eine 0 vorgesehen ist, zu unterscheiden. Werden über
die in der vorletzten Stelle (4. Ziffer) der Titelnummer verfügbaren Ziffern
hinaus weitere Titelgruppen benötigt, so sind diese in der vorletzten und letzten
Stelle von den übrigen Titeln zu unterscheiden.

Titelgruppen sind bei Einnahmen und Ausgaben möglich, sie sollen aber die
Ausnahme bleiben. Titelgruppen sind stets im Anschluss an die nicht zu Titelgruppen gehörenden Titel sowohl bei Einnahmen als auch bei Ausgaben unter
der Überschrift „Titelgruppe(n)" aufzuführen. Titelgruppen erhalten eine übergeordnete Zweckbestimmung (HRB, Nr. 4.8.1).

Kommt bei der Veranschlagung von Ausgaben für Informationstechnik (IT)
mehr als ein Titel in Betracht, so ist nach Nr. 4.2 HRB eine Festtitelgruppe
(„TGr. 55 Ausgaben der Informationstechnik") zu bilden. Es ist die einzige
Festtitel*gruppe* im Bundeshaushaltsplan.

0501
Auswärtiges Amt

Titel Funktion	Zweckbestimmung	Soll 2008 1000 €
...	...	...
...	...	...
812 01	Erwerb von Geräten, ...	1 000
Titelgruppe 03		
TGr. 03	**Kosten des Chiffrier- und Fernmeldewesens im In- und Ausland**	**(6 485)**
511 31	Geschäftsbedarf und Kommunikation sowie Geräte ...	950
812 31	Technische Einrichtungen des Chiffrier- und Fernmeldewesens	5 535
Titelgruppe 55		
TGr. 55	**Ausgaben für die Informationstechnik**	**(15 522)**
511 55	Geschäftsbedarf und Datenübertragung sowie Geräte	5 980
518 55	Miete für Datenverarbeitungsanlagen, Geräte, Ausstattungs- und Ausrüstungsgegenstände, Maschinen, Software	2 465
525 55	Aus- und Fortbildung	274
532 55	Ausgaben für Aufträge und Dienstleistungen	1 278
812 55	Erwerb von Datenverarbeitungsanlagen, Geräten, Ausstattungs- und Ausrüstungsgegenstände, Maschinen, Software	5 525

Abbildung 16: Titelgruppen

(4) Funktionenplan

Der für Bund und Länder ebenfalls einheitliche Funktionenplan gliedert die Einnahmen und Ausgaben des Haushaltsplans über alle Einzelpläne hinweg nach Aufgabenbereichen (Funktionen).

Die **Hauptfunktionen** nach dem Funktionenplan sind:

0 = Allgemeine Dienste,

1 = Bildungswesen, Wissenschaft, Forschung, kulturelle Angelegenheiten,

2 = Soziale Sicherung, soziale Kriegsfolgeaufgaben, Wiedergutmachung,

3 = Gesundheit, Umwelt, Sport und Erholung,

4 = Wohnungswesen, Städtebau, Raumordnung und kommunale Gemeinschaftsdienste,

5 = Ernährung, Landwirtschaft und Forsten,

6 = Energie- und Wasserwirtschaft, Kulturbau,

7 = Verkehrs- und Nachrichtenwesen,
8 = Wirtschaftsunternehmen, Allgemeines Grund- und Kapitelvermögen, Sondervermögen,
9 = Allgemeine Finanzwirtschaft.

Analog zum Gruppierungsplan wird auch bei den Hauptfunktionen durch Anhängen einer zweiten und dritten Stelle eine weitere Untergliederung in Oberfunktionen (die ersten zwei Ziffern) bzw. Funktionen (drei Ziffern) vorgenommen.

Ein Beispiel soll dies verdeutlichen.

0612
Fachhochschule des Bundes für öffentliche Verwaltung

Titel Funktion	Zweckbestimmung	Soll 2008 1000 €	Soll 2007 1000 €	Ist 2006 1000 €
514 01 -133	Verbrauchsmittel, Haltung von Fahrzeugen und dgl.	44	44	47

1 = Hauptfunktion „Bildungswesen, Wissenschaft, Forschung, kulturelle Angelegenheiten"
13 = Oberfunktion „Hochschulen"
133 = Funktion „Verwaltungsfachhochschulen"

Abbildung 17: Aufbau einer Funktionskennziffer

Die Titelnummer 514 01 in Zusammenhang mit der Funktionskennziffer 133 ist damit eindeutig der Haltung von Dienstfahrzeugen einer Verwaltungsfachhochschule zuzurechnen. Damit wird die Systematisierung nach ökonomischen Arten um eine Einteilung nach **Aufgaben** ergänzt. Der Haushaltsplan wird damit transparenter.

Will man etwa wissen, was der Bund (oder das Land) insgesamt für Bildung und Forschung ausgibt, so reicht es nicht aus, in einen einzigen Einzelplan (z.B. Bundesministerium für Bildung und Forschung) hineinzuschauen, da für solche Zwecke in mehreren Einzelplänen Mittel veranschlagt sind. Man erhält das Ergebnis aber schnell, wenn man – natürlich elektronisch – *über alle Einzelpläne hinweg* die Ausgabenansätze all jener Titel zusammenfasst, denen die Hauptfunktion 1 zugeordnet wurde.

Die dreistellige Funktionenkennziffer wird von zentraler Stelle in den Entwurf des Haushaltsplans zusätzlich zur Titelnummer eingetragen und im

Haushaltsplan mitgedruckt. Die **Funktionskennziffer ist von der Titelnummer vollkommen unabhängig**; sie hat nur informatorischen Charakter. Die Funktionenkennziffer bleibt sowohl bei der Mittelbewirtschaftung, der Anweisung als auch bei der Kassen- und Buchführung unberücksichtigt.

(5) Haushaltsstellen

Unter einer Haushaltstelle ist die **Titelnummer des Haushaltsplans** zu verstehen, an der Einnahmen und Ausgaben veranschlagt sind. Sie besteht entsprechend der Gliederung des Haushaltsplans aus den numerischen Stellen des Einzelplans, Kapitels und Titels (neun numerische Stellen); z.B.

Einzelplan *06*: Bundesministerium des Innern
Kapitel   *0612*: Fachhochschule des Bundes für öffentliche Verwaltung
Titel-Nr.   *514 01*: Verbrauchsmittel, Haltung von Fahrzeugen und dgl.

Haushaltsstelle: 0612/514 01

Diese Schreibweise entspricht der Darstellungsform im gesetzlich festgestellten Haushaltsplan und in den einschlägigen Bundestagsdrucksachen.

(6) Besonderheiten der Haushaltsstellen im kommunalen Haushalt

Im kommunalen Haushaltsplan wird die **Gruppierungsziffer jeder Haushaltsstelle** als weiteres Unterscheidungsmerkmal hinzugefügt. Dabei unterscheidet sich die Gruppierung der Einnahmen und Ausgaben nach ökonomischen Arten im kommunalen Bereich von der im staatlichen Bereich. So erfordert der kommunale Haushalt *eine stärkere betriebswirtschaftliche Betrachtungsweise*, weil die öffentlichen Einrichtungen hier eine bedeutende Rolle spielen. Neben der diesem Aspekt Rechnung tragenden stärkeren Ausrichtung auf die Führung von Betriebsabrechnungen, Kostenrechnungen und einer Vermögensrechnung berücksichtigt der Gruppierungsplan für den kommunalen Bereich ferner die Einteilung des Haushalts in einen *Verwaltungs- und einen Vermögenshaushalt*. Die Investitionsausgaben und deren Deckung werden ausschließlich im Vermögenshaushalt dargestellt.

Unbeschadet der Besonderheiten des kommunalen Haushalts berücksichtigt auch der Gruppierungsplan für den gemeindlichen Bereich soweit wie möglich die Systematik des Staatskontos der volkswirtschaftlichen Gesamtrechnung.

III. Übersichten zum Haushaltsplan

Während der Gesamtplan mit seinen drei Teilen – der Haushaltsübersicht, der Finanzierungsübersicht und dem Kreditfinanzierungsplan – materieller Bestandteil des Haushaltsplans ist und somit im Einzelnen Gesetzesqualität besitzt, handelt es sich bei den Übersichten zum Haushaltsplan nach § 14 Abs. 1 BHO um **erläuternde statistische Anlagen des Haushaltsplans ohne Gesetzesqualität**.[56]

Das BMF erstellt die nachstehend aufgeführten Übersichten und fügt diese – im Rahmen der Aufstellung des Haushaltsgesetzes und des Haushaltsplans – dem Entwurf des Haushaltsplans als *Anlagen* bei:

1. die **„Gruppierungsübersicht"**[57], die eine Darstellung aller veranschlagten Einnahmen und Ausgaben der Einzelpläne – ohne Rücksicht auf die institutionelle Gliederung – ist und diese nach Einnahme- und Ausgabe*gruppen*, wie sie der Gruppierungsplan bestimmt, darstellt,

2. die **„Funktionenübersicht"**, die eine Darstellung aller veranschlagten Einnahmen und Ausgaben der Einzelpläne – ohne Rücksicht auf den institutionellen Verwaltungsaufbau – ist und die Einnahmen und Ausgaben nach bestimmten *Aufgaben*, d.h. nach Funktionen, wie sie der Funktionenplan bestimmt, darstellt,

3. den **„Haushaltsquerschnitt"**, der eine Zusammenfassung der Gruppierungsübersicht und der Funktionenübersicht ist und in Form einer Matrix erkennen lässt, welche volkswirtschaftlichen Einnahme- und Ausgabearten nach der Gruppierungsübersicht – waagrecht – auf die einzelnen Aufgabenbereiche nach der Funktionenübersicht – senkrecht – entfallen,

4. die **„Übersicht über die den Haushalt durchlaufenden Posten"**, also jener Beträge, die der Bund für einen Dritten vereinnahmt und wieder verausgabt, ohne an der Mittelbewirtschaftung beteiligt zu sein,[58]

5. die **„Personalübersicht"** als Übersicht über die Planstellen der Beamten und die Stellen der Beschäftigten wie sie im Haushaltsplan insgesamt vorgesehen sind.

Durch diese, den Gesamthaushalt einbeziehenden Übersichten, die dem Entwurf des Haushaltsplans als Anlage beigefügt sind, soll – insbesondere für die haushaltspolitischen Entscheidungen der Bundesregierung und der gesetzgebenden Körperschaften – die Transparenz des Haushaltsentwurfs, auch in gesamtwirtschaftlicher Sicht, hergestellt werden.

---

56 Siehe *Arnold/Geske* (Hg.), Öffentliche Finanzwirtschaft, München, 1988, S. 138.
57 Siehe *Heuer/Dommach*, Komm. zum Bundeshaushaltsrecht, zu § 14 BHO.
58 Siehe *Heuer/Dommach*, a.a.O., zu § 14 BHO.

Ferner dienen diese Übersichten der Vergleichbarkeit der Staatshaushalte und erleichtern die Verfolgung einer gemeinsamen mittelfristigen Finanzplanung.

IV. Der Inhalt des Haushaltsplans

1. Überblick

Der Inhalt der Einzelpläne des Bundeshaushaltsplans besteht im Wesentlichen aus den Einnahme- und Ausgabetiteln. Dabei handelt es sich um Bewilligungen des Parlaments, innerhalb derer sich die Verwaltung bewegen muss. Zu diesen Bewilligungen kommen noch zwei weitere hinzu: die Verpflichtungsermächtigungen und die Planstellen bzw. Stellen. Diese Ermächtigungen fasst man zum Begriff „*Haushaltsmittel*" zusammen.

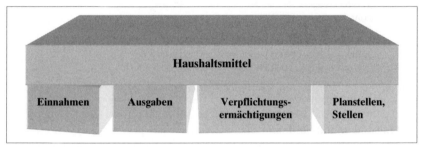

Abbildung 18: Haushaltsmittel

2. Verpflichtungsermächtigungen

Verpflichtungsermächtigungen sind nach der Definition im § 6 BHO Ermächtigungen zum Eingehen von Verpflichtungen, die zu Zahlungen in einem der Folgejahre führen. Sie stellen mithin im Gegensatz zu den lediglich für ein Haushaltsjahr geltenden Ausgabeermächtigungen ein **zukunftsgerichtetes Haushaltsmittel** dar. Ohne Vorliegen einer Verpflichtungsermächtigung darf die Exekutive grundsätzlich keine überjährigen Verpflichtungen eingehen, d.h. z.B. Verträge abschließen, die Zahlungsverpflichtungen für die Folgejahre begründen (§ 38 Abs. 1 Satz 1 BHO). Die Verpflichtungsermächtigung selbst stellt jedoch noch nicht die Ermächtigung dar, in dem betreffenden Folgejahr auch die Ausgaben, zu denen sich die Verwaltung verpflichtet hat, zu leisten. Diese Ermächtigung resultiert allein aus der Ausgabeermächtigung des Folgejahres.

| Haushaltsplan |
| laufendes Haushaltsjahr (2008) |
| Verpflichtungsermächtigung für das Folgejahr |
| 4 000 000 EUR |

⇩

| Ermächtigung, eine Verpflichtung einzugehen, die zu einer Zahlung im Folgejahr führt |

⇨

| Haushaltsplan |
| Folgejahr (2009) |
| Ausgabeermächtigung |
| 4 000 000 EUR |

⇩

| Ermächtigung, die aus der Verpflichtung resultierende Zahlung zu leisten |

Titel Funktion	Zweckbestimmung	Soll 2008 1000 €
712 01	Neubau eines Dienstgebäudes in Neustadt	2000
	Verpflichtungsermächtigung .. 12 000 T€ Davon fällig	
	2009 bis zu .... 4 000 T€	
	2010 bis zu .... 5 000 T€	
	2011 bis zu .... 3 000 T€	

Titel Funktion	Zweckbestimmung	Soll 2009 1000 €
712 01	Neubau eines Dienstgebäudes in Neustadt	4000

Abbildung 19: Verpflichtungsermächtigungen

3. Planstellen und Stellen

Planstellen sind nach Besoldungsgruppen und Amtsbezeichnungen (nach der Bundesbesoldungsordnung) im Haushaltsplan auszubringen. Sie dürfen nur für Aufgaben eingerichtet werden, zu deren Wahrnehmung die Begründung eines *Beamtenverhältnisses* zulässig ist und die in der Regel Daueraufgaben sind (§ 17 Abs. 5 BHO). Die Planstelle ist eine für einen bestimmten Dienstposten ausgebrachte Stelle im Haushaltsplan, durch die festgelegt wird, mit welcher Dotierung (nach Besoldungsgruppen) sie für diesen Dienstposten haushaltsmäßig zur Verfügung steht. Die Verleihung eines Amtes (durch Aushändigung der Ernennungsurkunde) darf nur zusammen mit der Einweisung in eine freie Planstelle erfolgen (§ 49 Abs. 1 BHO).

Titel 422 01 – Bezüge der planmäßigen Beamtinnen und Beamten

Besoldungsgruppen	2008	2007	Ist-Besetzung am 1. Juni 2006
1	2	3	4
Beamte			
A 15	9	9	7
A 14	14	16	8,5
A 13 h	20	22	21,3
A 13 g	10	11	10
A 12	13	13	11,5
A 11	30	32	32
A 10	11	12	3
A 9 g	2	2	3

Abbildung 20: Auszug aus dem Stellenplan

Die ausgebrachten Planstellen bilden den Stellenplan für planmäßige Beamte; er ist verbindlich (VV Nr. 4.1 zu § 17 BHO).

Der Begriff **Stelle** bezeichnet alle im Haushaltsplan vorgesehenen Stellen, die nicht Planstellen für Beamte sind. Stellen für *Angestellte und Arbeiter* wurden stets in den Erläuterungen zu den jeweiligen Titeln ausgewiesen und waren damit grundsätzlich nicht verbindlich. Seit 1972 bestimmen jedoch die jährlichen Haushaltsgesetze, dass die in den Erläuterungen zu Titel 425 01 nach Vergütungsgruppen ausgewiesenen Stellen für Angestellte verbindlich waren (zuletzt § 13 (1) HG 2006). Diese Verbindlichkeitserklärung durch Haushaltsgesetz wird seit 2007 auch für den neu geschaffenen Titel 428 01 („Arbeitnehmerinnen und Arbeitnehmer") fortgesetzt (§ 13 (1) HG 2008).

Beachte: Im Bundeshaushaltsplan sind die Planstellen und Stellen der einzelnen Kapitel stets am Ende des Einzelplans unter dem Stichwort „Personalhaushalt" zu finden.

4. Haushaltsvermerke und Erläuterungen zu den Titeln

Außer den Haushaltsmitteln enthalten die Einzelpläne Haushaltsvermerke und Erläuterungen zu den Titeln. Diese befinden sich in der Zweckbestimmungsspalte des Haushaltsplans unmittelbar unter der Zweckbestimmung des Titels, auf den sie sich beziehen.

Haushaltsvermerke stellen **verbindliche Anweisungen zur Ausführung des Haushaltsplans** dar. Sie sind auf das unbedingt notwendige Maß zu beschränken. Die Haushaltstechnischen Richtlinien des Bundes (HRB, Nr. 5.4) sehen folgende Reihenfolge vor:

- Sperren bei Ausgaben,
- Sperren bei Verpflichtungsermächtigungen,
- Wegfall von Ausgaben,
- Übertragbarkeit von Ausgaben,
- Deckungsfähigkeit von Ausgaben,
- sonstige Vermerke.

Sperrvermerke können nach § 22 BHO ausgebracht werden, wenn die Leistung einer Ausgabe vom Eintritt einer bestimmten Bedingung abhängig gemacht werden soll.

Den Sperrvermerk gibt es in der „normalen" Form und als qualifizierten Sperrvermerk. Der Unterschied besteht in der Kompetenz zur Freigabe der gesperrten Ausgaben. Im Normalfall kann der Bundesminister der Finanzen bei Eintritt der Bedingung, an die der Sperrvermerk geknüpft ist, diesen aufheben. Bei einem *qualifizierten* Sperrvermerk bedarf die Freigabe der Mittel eines Beschlusses des Haushaltsausschusses des Deutschen Bundestages.

einfache Sperre: „Die Ausgaben sind gesperrt"

                   oder

                   „Die Ausgaben sind in Höhe von … T€ gesperrt"

qualifizierte Sperre: „Die Ausgaben sind (in Höhe von … T€) gesperrt; die Aufhebung der Sperre bedarf der Einwilligung des Haushaltsausschusses des Deutschen Bundestages."

Während der Sperrvermerk die Leistung von Ausgaben vom Eintritt eines bestimmten Ereignisses abhängig macht, bewirkt der **Wegfallvermerk** (§ 21 BHO) das Gegenteil, nämlich den Wegfall einer Bewilligung mit dem Eintritt eines bestimmten Ereignisses. Dieser Vermerk, im Haushaltsplan mit *„kw"* (künftig wegfallend) abgekürzt, hat eine besondere Bedeutung bei den Planstellen und Stellen. Eine mit dem „kw-Vermerk versehene Stelle oder Planstelle steht nach Ausscheiden des Stelleninhabers nicht mehr zur Verfügung (§ 47 Abs. 2 BHO). Die „kw"-Vermerke können auch mit Zusätzen im Haushaltsplan veranschlagt werden, aus denen konkret hervorgeht, bei Eintritt welcher Bedingung (z.B. bestimmtes Datum) die Stelle/Planstelle wegfallen soll.

Neben dem Wegfallvermerk gibt es mit einer ähnlichen Wirkung noch den **Umwandlungsvermerk** *(„ku")*. Dieser Vermerk bewirkt die Umwandlung einer Planstelle in eine Planstelle einer niedrigeren Besoldungsgruppe oder in eine Stelle für Arbeitnehmerinnen und Arbeitnehmer mit Ausscheiden des Stelleninhabers (§ 21 Abs. 2 BHO).

Die weiteren Haushaltsvermerke beziehen sich, wie die oben erwähnten Übertragungs- und Deckungsvermerke, auf die Haushaltsgrundsätze, bei denen sie gesondert behandelt werden.

Die Form der Haushaltsvermerke ist in den Haushaltstechnischen Richtlinien des Bundes (HRB) verbindlich vorgeschrieben.

3002 Allgemeine Forschungsförderung und Bildungsplanung				
Titel Funktion	Zweckbestimmung	Soll 2008 1000 EUR	Soll 2007 1000 EUR	Ist 2006 [1000 EUR]
632 02 -153	Sonderprogramm zur Schaffung zusätzlicher Ausbildungsplätze in den neuen Ländern und Berlin	71 800	–	–
	Hauhaltsvermerk: Die Ausgaben sind übertragbar.			

Abbildung 21: Haushaltsvermerke

Erläuterungen zu den Titeln sind nur in dem unbedingt notwendigen Umfang aufzunehmen. Nach § 17 Abs. 1 Satz 2 BHO sind Erläuterungen i.d.R. unverbindlich, können aber für verbindlich erklärt werden. So werden z.b. die Stellen für Arbeitnehmerinnen und Arbeitnehmer, die als Erläuterungen bei Titel 428 01 im Bundeshaushaltsplan ausgewiesen sind, jedes Jahr im Haushaltsgesetz für verbindlich erklärt. Die Haushaltstechnischen Richtlinien des Bundes enthalten Standarderläuterungen zu einigen Titeln.

V. Haushaltsrecht und Haushaltssystematik (Kurzfassung)

- Der Haushalt des Bundes und der Länder setzt sich zusammen aus **Haushaltsgesetz** und **Haushaltsplan**. Der Haushaltsplan besteht aus einem Gesamtplan und den Einzelplänen;

- der Gesamtplan enthält Übersichten über den Haushaltsplan: Haushaltsübersicht, Finanzierungsübersicht und Kreditfinanzierungsplan sind verbindlich vorgeschrieben;

- bei den Einzelplänen unterscheidet man zwischen **Ministerialplänen** und **Realplänen**. Sie werden unterteilt in **Kapitel**;

- in den Haushaltsplänen des Bundes und der Länder werden innerhalb der Kapitel die einzelnen Haushaltsansätze unmittelbar nach ökonomischen Arten dargestellt. Die 5-stellige **Titelnummer** wird aus dem Gruppierungsplan abgeleitet;

- der **Gruppierungsplan für Bund und Länder** schreibt eine übereinstimmende Gruppierung *nur in den ersten drei Stellen* des Titels vor (sog. Gruppe);

- eine *weitere Aufteilung* im Haushaltsplan (Ziffern 4 und 5 der Titelnummer) ist in das *Ermessen von Bund und des einzelnen Landes* gestellt;

- für den Bereich des Bundes werden in den Haushaltstechnischen Richtlinien des Bundes (HRB) **Festtitel** eingerichtet. Bestimmte Titel sind für alle Bundeseinrichtungen in Titelnummer und Bezeichnung einheitlich festgelegt; bei den nicht festgelegten Titeln haben die Behörden einen Spielraum im Rahmen der durch den Gruppierungsplan festgelegten Gruppe;

- der Funktionenplan teilt die Einnahmen und Ausgaben zusätzlich nach öffentlichen Aufgaben ein. Die **Funktionskennziffern** sind ebenfalls für Bund und Länder verbindlich festgelegt;

- unter „**Haushaltsmittel**" versteht man Einnahmen, Ausgaben, Verpflichtungsermächtigungen, Planstellen und Stellen;

- im Haushaltsplan finden sich neben den Haushaltsmitteln auch noch Vermerke und Erläuterungen. **Vermerke** stellen verbindliche Regelungen zum Titel dar, **Erläuterungen** sind unverbindlich.

E. Finanzplanung von Bund und Ländern

I. Die mittelfristige Finanzplanung

Die jeweils auf ein Jahr angelegten Haushaltsplanungen der Gebietskörperschaften sind eingebettet in fünfjährige und damit mittelfristige Finanzplanungen. In den Finanzplänen sind Umfang und Zusammensetzung der voraussichtlichen Ausgaben und die Deckungsmöglichkeiten in ihren Wechselbeziehungen zu der mutmaßlichen Entwicklung des gesamtwirtschaftlichen Leistungsvermögens darzustellen, gegebenenfalls durch Alternativrechnungen. Entsprechend der Haushaltsautonomie der Länder und der Finanzhoheit der Gemeinden im Rahmen ihres Selbstverwaltungsrechts stellt jede Gebietskörperschaft einen eigenen Finanzplan auf.

Der Finanzplan ist ein **gleitender Fünfjahresplan**. Das erste Planungsjahr ist mit dem laufenden Haushaltsplan identisch, das zweite Planungsjahr wird durch den Haushaltsentwurf für das kommende Jahr abgedeckt. Danach folgen noch drei „echte" (wirklich neue) Planungsjahre.

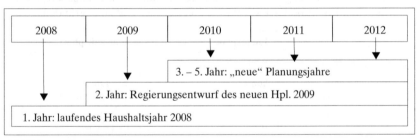

Abbildung 22: Finanzplan

Die ersten beiden Jahre werden auf der Basis einer gesamtwirtschaftlichen Prognose unter Einbeziehung der sich abzeichnenden Entwicklung konjunktureller Komponenten erstellt. Dagegen werden konjunkturelle Schwankungen für die letzten drei Jahre bewusst nicht berücksichtigt, da diese „konjunkturfreie" Zielprojektion stabilisierend auf die Privatwirtschaft wirken und zugleich zu einer Verstetigung der Finanzpolitik beitragen soll.[59] Künftige Preissteigerungen und ihre Auswirkungen auf die Einnahmen und Ausgaben des Staates werden in der Finanzplanung nicht berücksichtigt, was angesichts der traditionell

---

59 Vgl. Bundesministerium der Finanzen (Hg.), Das System der Öffentlichen Haushalte, Berlin, Stand: Oktober 2006, S. 18.

geringen Preissteigerungsraten in der Bundesrepublik Deutschland vertretbar erscheint[60]. Bei den ausschließlich auf den Bund bezogenen Personalausgaben werden die von der Regierung erwarteten künftigen Lohnanpassungen allerdings insofern berücksichtigt, dass diese zwar nicht bei den einzelnen Ausgabetiteln, wohl aber in einem Globaltitel veranschlagt werden. Diese Veranschlagung erlaubt es, die einkalkulierten Steigerungsraten bei den Löhnen nicht offen legen zu müssen.

Der Finanzplan *folgt der Systematik des Haushaltsplans*, d.h., die Verwaltung stellt für alle rd. 5500 Ausgabetitel und rd. 930 Einnahmetitel die mittelfristigen Planungsdaten auf. Veröffentlicht wird der Finanzplan allerdings nur in einer aggregierten Form, wobei die Ausgaben in etwa 40 Blöcken dargestellt werden, die im Wesentlichen nach funktionalen Aspekten zusammengefasst sind.[61]

Der Finanzplan des Bundes ist vom Bundesminister der Finanzen aufzustellen und zu begründen. Er wird von der Bundesregierung beschlossen und Bundestag und Bundesrat in der Regel zusammen mit dem Entwurf des Haushaltsgesetzes und -plans für das folgende Jahr vorgelegt. Für das Parlament hat der Finanzplan allerdings nur informatorischen Charakter, eine Verabschiedung des Finanzplans durch den Gesetzgeber ist nicht vorgesehen. Der Finanzplan ist jährlich der Entwicklung anzupassen und fortzuführen. Im Finanzplan sind die vorgesehenen Investitionsschwerpunkte zu erläutern und zu begründen.

	Finanzplan	**Haushaltsplan**
Dauer der Planung	5 Jahre	1 Jahr
Verbindlichkeit (Legislative-Exekutive)	keine Verbindlichkeit	absolute Verbindlichkeit
Feststellung durch ...	Beschluss der Bundesregierung	Beschluss des Parlaments
Art der Planung	gleitende Planung (Fortschreibung Regelfall)	Starre Planung (Fortschreibung Ausnahme)

Abbildung 23: Finanzplan und Haushaltsplan – eine Gegenüberstellung

Die gesetzlichen Grundlagen der Finanzplanung sind die §§ 9 bis 14 StWG und die §§ 50 bis 52 HGrG.

Die Verankerung des Finanzplans in den gesetzlichen Vorschriften der Finanzreform macht bereits deutlich, dass der Finanzplan **ein Instrument zur Globalsteuerung der Wirtschaft** sein sollte. Die Planung soll für Investitionsvorhaben

---

60 Vgl. ebenda, S. 18 f.
61 Vgl. ebenda, S. 19.

des dritten Planungsjahres so vorbereitet sein, dass mit ihrer Durchführung kurzfristig begonnen werden kann (§ 50 Abs. 6 HGrG), um bei einer die Ziele des § 1 StWG gefährdenden Abschwächung rechtzeitig gegensteuern zu können. Die Abhängigkeit der Haushaltswirtschaft von der gesamtwirtschaftlichen Entwicklung wird auch in § 50 Abs. 7 HGrG herausgestellt, in dem die Regierung verpflichtet wird, geeignete Maßnahmen zu treffen, die nach der Finanzplanung erforderlich sind, um eine geordnete Haushaltsentwicklung unter Berücksichtigung des voraussichtlichen gesamtwirtschaftlichen Leistungsvermögens in den einzelnen Planungsjahren zu sichern.

Um die Belastungen künftiger Haushaltsjahre im Zusammenspiel mit der voraussichtlichen Wirtschaftsentwicklung zu zeigen, ist es unerlässlich, die Projekte des laufenden Jahres in eine mittelfristige Perspektive einzubinden. Was sich an Folgekosten aus den aktuellen Haushaltszahlen ergibt, muss rechtzeitig berücksichtigt werden können.

Nach den Funktionen, die ein Finanzplan für die Exekutive zu erfüllen hat, stellt *Piduch*[62] drei Ziele der Finanzplanung heraus:

1. Festlegung der **programmatischen Ziele der Regierung** in einer Gesamtschau (politische Funktion),
2. Schätzung des zur Verwirklichung dieser Ziele **notwendigen Finanzbedarfs** und des Ausgleichs zwischen Einnahmen und Ausgaben für jedes Planungsjahr (finanzwirtschaftliche Funktion) und
3. **Abstimmung** der voraussichtlichen **Ausgaben** und der zu ihrer Deckung notwendigen **Einnahmen** mit den gesamtwirtschaftlichen Zielvorstellungen und Rahmenbedingungen (gesamtwirtschaftliche Funktion).

Eine verlässliche Finanzplanung kann nur vor dem Hintergrund zuverlässiger Konjunkturschätzungen erfolgen. Außerdem muss sichergestellt sein, dass durch die Zusammenarbeit in gemeinsamen Gremien die Finanzwirtschaften des Bundes, der Länder und der Gemeinden aufeinander abgestimmt werden. Auf das zu diesem Zweck bestehende Gremium soll im Folgenden eingegangen werden.

II. Der Finanzplanungsrat

Um trotz der Eigenständigkeit der Länder und Gemeinden ein gemeinsames Vorgehen des Staates in der Finanzpolitik zu ermöglichen, musste ein Gremium geschaffen werden, dass die Finanzplanungen der Gebietskörperschaften koordiniert. Für diese Aufgabe ist ein Finanzplanungsrat (§ 51 HGrG) gebildet worden. Ihm gehören an

---

62 *Piduch*, Bundeshaushaltsrecht, Fpl. 4, S.10.

- die Bundesminister der Finanzen und für Wirtschaft und Technologie,
- die für die Finanzen zuständigen Minister oder Senatoren der Länder und
- vier Vertreter der Gemeinden und Gemeindeverbände, die vom Bundesrat auf Vorschlag der kommunalen Spitzenverbände bestimmt werden.

Die Bundesbank kann an den Beratungen des Finanzplanungsrates teilnehmen. Den Vorsitz im Finanzplanungsrat führt der Bundesminister der Finanzen.

Die Aufgabe des Finanzplanungsrates besteht in der Koordinierung der Finanzplanungen der Gebietskörperschaften. Dabei hat dieses Gremium dafür zu sorgen, dass

- eine einheitliche Systematik der Finanzplanungen angewendet wird und
- einheitliche volks- und finanzwirtschaftliche Annahmen für die Finanzplanungen sowie für eine den gesamtwirtschaftlichen Erfordernissen entsprechende Erfüllung der öffentlichen Aufgaben ermittelt werden.

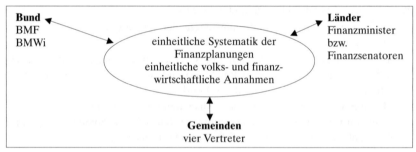

Abbildung 24: Finanzplanungsrat

III. Der Arbeitskreis Steuerschätzung

Der „Arbeitskreis Steuerschätzung" ist ein Beirat beim Bundesministerium der Finanzen. Er besteht seit 1955. Ihm gehören an:

- das Bundesministerium der Finanzen (Vorsitz),
- das Bundesministerium für Wirtschaft und Technologie,
- das Statistische Bundesamt,
- die Deutsche Bundesbank,
- die sechs großen Wirtschaftsforschungsinstitute,
- der Sachverständigenrat zur Begutachtung der gesamtwirtschaftlichen Entwicklung,
- die Länderfinanzministerien und
- die Bundesvereinigung kommunaler Spitzenverbände.

Der Arbeitskreis schätzt das Aufkommen jeder einzelnen Steuer auf der Grundlage der gesamtwirtschaftlichen Eckdaten der Bundesregierung, die unter der Federführung des Bundesministeriums für Wirtschaft und Technologie zwischen den Ressorts abgestimmt werden. Es finden *zwei Sitzungen* im Jahr statt, wobei sich die Sitzungsfolge an den Zeitplänen der Haushalts- und Finanzplanung von Bund und Ländern richtet:

- *Mitte Mai* erfolgt eine Steuerschätzung für den *mittelfristigen Zeitraum*. Ihre Ergebnisse sind Grundlage für den Haushaltsentwurf des Folgejahres, für die jährliche Fortschreibung der mittelfristigen Finanzplanung und für die Abstimmung der Finanzplanung zwischen Bund, Ländern und Gemeinden.
- Die zweite Sitzung findet zeitnah zur Verabschiedung des Bundeshaushalts im *Herbst* statt. Die Schätzung umfasst das *laufende und das folgende Jahr* und ist Grundlage für die Ansätze des Haushaltsplans.

F. Die Haushaltsgrundsätze

Haushaltsgrundsätze (Budgetprinzipien) sind für die Aufstellung und Ausführung des Haushaltsplans verbindlich aufgestellte und **in Gesetzen festgeschriebene Regeln**. Im Entscheidungsprozess haben diese Prinzipien die Funktion von Zielen. An ihnen wird das Entscheidungsverhalten gemessen. *Kurt Heinig* bezeichnet sie als „begrifflich formulierte Erkenntnisse von Weltgeltung".[63] In der Tat findet man die Budgetprinzipien in allen Staaten, in denen ein demokratisch legitimiertes Parlament das Recht hat, verbindlich über die Einnahmen und Ausgaben des Staates zu entscheiden, in ähnlicher Form.

Budgetgrundsätze sind die logische Folgerung aus der „Aufgabe des Parlaments …, an der Gestaltung des Haushaltsplans mitzuwirken und dadurch, abgesehen von finanziellen Gesichtspunkten, zugleich die Verwaltung in einem bestimmten Sinne politisch zu beeinflussen."[64] Alle klassischen Haushaltsgrundsätze dienen letztlich dem Ziel, **das ausbalancierte Verhältnis zwischen Legislative und Exekutive** im Bereich der staatlichen Finanzwirtschaft rechtlich abzusichern. Insbesondere die Rechts- und Kontrollfunktion des Haushaltsplans, aber auch dessen politische Funktion und die Bedarfsdeckungsfunktion werden durch die Budgetprinzipien festgeschrieben. Die Haushaltsgrundsätze wurden ursprünglich von der Finanzwissenschaft entwickelt und später in der Rechtsordnung (Grundgesetz und Haushaltsrecht) verankert.

Die Festschreibung der Budgethoheit des Parlaments führt zu sehr starren Regelungen, die – ausnahmslos angewendet – ein flexibles Reagieren der Verwaltung auf Veränderungen gegenüber der vom Parlament beschlossenen Planung unmöglich erscheinen lassen. Deshalb hat sich zu vielen Haushaltsgrundsätzen ein **System von Ausnahmen** entwickelt. Eigentlich sind es erst die ebenfalls durch Gesetz festgelegten Ausnahmen, die den Haushaltsgrundsätzen ihre Komplexität verleihen.

Wir wollen nun das Haushaltsrecht des Bundes und der Länder durch die auf dem Grundgesetz, den Länderverfassungen, dem HGrG und der BHO/LHO basierenden elf Haushaltsgrundsätzen näher beschreiben. Die Grundsätze sind:

(1) Wirtschaftlichkeit und Sparsamkeit
(2) Vorherigkeit
(3) Einzelveranschlagung und sachliche Bindung
(4) Jährlichkeit und zeitliche Bindung
(5) Fälligkeit

---

63 *Heinig, K.*, Das Budget, Bd. I, Tübingen, 1949, S. 15.
64 *Neumark, F.*, Der Reichshaushaltsplan, Jena, 1929, S. 124.

(6) Gesamtdeckung
(7) Einheit und Vollständigkeit
(8) Bruttoprinzip
(9) Haushaltsausgleich
(10) Wahrheit und Klarheit
(11) Öffentlichkeit

I. Wirtschaftlichkeit und Sparsamkeit

Der Grundsatz der Wirtschaftlichkeit und Sparsamkeit ist beherrschend für die
gesamte Haushaltswirtschaft. Steigende Ansprüche an den Staat bei abnehmen-
den finanziellen Ressourcen verleihen diesem Grundsatz hohe Priorität.

Sparsamkeit heißt, die Ausgaben des Staates auf das unbedingt notwendige
Maß zu beschränken, während **Wirtschaftlichkeit** verlangt, dass bei staatlichen Aktivitäten die günstigste Relation zwischen den angestrebten Ziel
und den einzusetzenden Mitteln erreicht wird. Dabei verlangt das Minimalprinzip, dass ein definiertes Ziel (Ergebnis) mit möglichst geringem Mittel-
einsatz anzustreben ist und das Maximalprinzip, dass bei gegebenen Mitteln
ein möglichst optimaler Erfolg erzielt werden soll.[65]

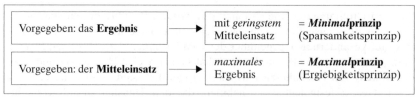

Abbildung 25: Die zwei Ausprägungen des Wirtschaftlichkeitsprinzips

Seit der Finanzreform 1969 genießt das Wirtschaftlichkeitsprinzip **Verfassungsrang**. Es ist als Prüfungsmaßstab für den Bundesrechnungshof in Art. 114 Abs. 2
GG erwähnt und verpflichtet damit die Bundesverwaltung zu seiner Beachtung.

Die Tatsache, dass das Sparsamkeitsprinzip nicht in der Vorschrift des Art. 114
Abs. 2 GG erwähnt wird, deutet darauf hin, dass dieser Komponente des
Grundsatzes keine eigenständige Bedeutung zukommt. Sparsamkeit ist viel-
mehr als Unterfall der Wirtschaftlichkeit (Minimalprinzip) zu betrachten.[66]

---

65 Vgl. VV Nr. 1 zu § 7 BHO/LHO.
66 Vgl. ebenda.

Wenn der Begriff in verschiedenen gesetzlichen Vorschriften auftaucht (§§ 7, 34 Abs. 2 und 90 Nr. 3 BHO), dürfte das in der Befürchtung des Gesetzgebers begründet sein, die Verwaltung neige ohne diese Appelle zu einem zu sorglosen Umgang mit öffentlichen Mitteln.

Es gibt **zahlreiche Anwendungsfälle** der Wirtschaftlichkeit in der BHO. So verlangt § 6 BHO in Übereinstimmung mit dem Wirtschaftlichkeitsprinzip, dass bei Aufstellung und Ausführung des Haushaltsplans nur die jeweils für die Aufgabenerfüllung des Bundes notwendigen Ausgaben veranschlagt bzw. geleistet werden. Die Regulierung der öffentlichen Auftragsvergabe nach § 55 BHO in Verbindung mit den Verdingungsordnungen dient durch möglichst breiten Wettbewerb und transparente Verfahren nicht zuletzt der Verwirklichung der Wirtschaftlichkeit.

§ 7 Abs. 1 Satz 2 BHO verpflichtet zur Prüfung, inwieweit staatliche Aufgaben oder öffentlichen Zwecken dienende wirtschaftliche Tätigkeiten durch Ausgliederung, Entstaatlichung oder Privatisierung erfüllt werden können.

Diese Kumulierung der Begriffe trägt nicht zur Klarheit bei. Denkbar sind folgende Arten der Privatisierung:

* bei der Organisationsprivatisierung bleibt die öffentliche Hand zu 100 Prozent oder mit qualifizierter Mehrheit beteiligt (z.b. Deutsche Flugsicherung GmbH; Deutsche Bahn AG),

* bei der Vermögensprivatisierung werden Bundesbeteiligungen an privatrechtlichen Unternehmen ganz oder teilweise in private Hände überführt. (z.B. VEBA, VIAG, IVG),

* bei der materiellen Privatisierung zieht sich der Staat aus der Aufgabenerfüllung zurück und überlässt es privaten Anbietern, diese Leistung zu erbringen,

* bei der funktionalen Privatisierung bleibt die öffentliche Hand für die Aufgabenerfüllung zuständig, sie bedient sich hierfür jedoch privater Unternehmen. So ermöglicht das Fernstraßenbauprivatfinanzierungsgesetz von 1994[67], dass bei Bundesfernstraßen auch private Unternehmen Brücken, Tunnels und Gebirgspässe bauen, betreiben und für die Nutzung eine Maut erheben dürfen. Zu dieser Art der Privatisierung gehören auch die Fälle, in denen eine Verwaltung bisher selbst erzeugte Leistungen bei privaten Firmen beschafft (Beispiel: Abschaffung der Hausdruckerei, Vergabe der Druckaufträge an private Firmen).

Das BMF hat durch Rundschreiben[68] das Verfahren für das in § 7 Abs. 2 BHO genannte **Interessenbekundungsverfahren** beschrieben. Danach ist eine Auffor-

---

67 Fernstraßenbauprivatfinanzierungsgesetz vom 30.8.1994, BGBl. I S. 2243.
68 Rundschreiben BMF vom 31.8.1995 - II A 3 – H 1005 – 22/95.

derung zur Teilnahme an einem Interessenbekundungsverfahren öffentlich unter Hinweis auf die Stelle, bei der die (i.d.R. funktional orientierte) Beschreibung der Aufgabe erhältlich ist, bekannt zu machen. Die Interessenten haben dann eine Frist von mindestens einem Monat für ihre Interessenbekundungen.

Angemessene Wirtschaftlichkeitsuntersuchungen, wie sie § 7 Abs. 2 BHO fordert, können vor allem sein

• die Kostenvergleichsrechnung,
• die Kapitalwertmethode und
• die Nutzwertanalyse.

In der **Kostenvergleichsrechnung** werden die Kosten der alternativen Lösungsvorschläge miteinander verglichen und die kostengünstigste Alternative bestimmt. Kostenvergleichsrechnungen sind geeignet für Maßnahmen mit geringer finanzieller Bedeutung ohne langfristige Auswirkungen.

Die **Kapitalwertmethode** eignet sich bei größeren Maßnahmen, bei sehr unterschiedlichen Zahlungsströmen im Betrachtungszeitraum oder bei der Frage nach der optimalen Finanzierung einer Maßnahme (z.B. Kauf/Leasing). Gegenüber der Kostenvergleichsrechnung berücksichtigt sie zusätzlich die unterschiedlichen Zeitpunkte der Ein- und Auszahlungen der Alternativen. Alle künftigen Einzahlungen und Auszahlungen werden auf den gleichen Zeitpunkt (i.d.r. das aktuelle Jahr) hin abgezinst und damit als Kapitalwert (Summe der Barwerte) vergleichbar gemacht.

Die **Nutzwertanalyse** kann hilfsweise Anwendung finden, wenn neben den direkt ermittelbaren Kosten weitere, nicht monetär erfassbare Kosten- und Nutzenaspekte heranzuziehen sind.

Die Methoden der Wirtschaftlichkeitsuntersuchungen sind sehr eingehend und anwenderfreundlich mit Beispielen in einer Arbeitsanleitung des BMF[69] beschrieben. Diese Arbeitsanleitung ist den Verwaltungsvorschriften zu § 7 BHO als Anhang beigefügt.

Da die auf die Rechts- und Kontrollfunktion hin geschaffenen haushaltsrechtlichen Instrumentarien nicht auf die Steigerung der Wirtschaftlichkeit hin ausgerichtet sind, ja bezüglich des Effizienzziels sogar kontraproduktiv sein können (z.B. zeitliche und sachliche Bindung), schreibt § 7 Abs. 3 BHO die **Einführung einer Kosten- und Leistungsrechnung** (KLR) für alle geeigneten Bereiche der Bundesverwaltung vor. „Das bisherige Verwaltungshandeln läuft weitgehend ohne Informationen darüber ab, welche Ergebnisse oder Leistungen mit den zur Verfügung gestellten Ressourcen erzeugt werden. Die Kosten der einzelnen Leistungen sind nicht bekannt. Gesteuert wird traditionell über die zur Verfügung stehenden Finanzmittel. Diese Verfahrenssteuerung soll durch ein

---

69 Rundschreiben BMF vom 31.8.1995 – II A 3 – H 1005 – 23/95.

ziel- und ergebnisorientiertes Steuerungsmodell ersetzt werden. Das Verwaltungshandeln soll auf das Erreichen eindeutiger, messbarer Ziele ausgerichtet werden."[70]

Zielsetzung der Kosten- und Leistungsrechnung ist es u.a., durch Informationen über den Ressourcenverbrauch zur Erstellung der Verwaltungsprodukte eine behördeninterne Effizienzsteuerung zu ermöglichen. Die KLR wird deshalb auch als internes Rechnungswesen bezeichnet.

II. Vorherigkeit

1. Der Grundsatz

Nach Art. 110 Abs. 2 GG/LV ist der Haushaltsplan **vor** Beginn des Jahres, für das es bestimmt ist, durch das Haushaltsgesetz festzustellen. Das Postulat der Vorherigkeit hat also Verfassungsrang.

Es gehört zwingend zum Begriff „Plan", dass ein solches Werk vor Beginn der eigentlichen Planungsperiode verbindlich feststeht. Die Budgethoheit des Parlaments erfordert, dass dieses rechtzeitig der Exekutive die verbindlichen finanzwirtschaftlichen Daten durch Beschluss des Haushaltsplans vorgeben kann. Ein nicht vor Beginn des Haushaltsjahres verabschiedeter Haushaltsplan verliert auch zumindest einen Teil seiner politischen Funktion, da innerhalb dieser Funktion dem Haushaltsplan der Charakter eines in Zahlen gegossenen Regierungsprogramms zukommt. Ein erst später verabschiedeter Haushaltsplan kann jedoch für die zurückliegende Zeit allenfalls ein Bericht über längst erreichte politische Ziele sein. Auch für die gesamtwirtschaftliche Funktion des Budgets ist von Bedeutung, dass sich die Wirtschaftssubjekte rechtzeitig auf die Finanzpolitik des Staates einstellen können.

Gesetz
über die Feststellung des Bundeshaushaltsplans für das Haushaltsjahr 2008
(Haushaltsgesetz 2008)
Vom 22. Dezember 2007 (BGBl. I S. 3227)

---

70 KLR-Referenzmodell BMI vom 19.2.1999, http://www.staat-modern.de/projekte/archiv/feb01/menu7.htm, Vorwort.

Das Verfassungsgebot der Vorherigkeit richtet sich an alle am Haushaltsverfahren beteiligten Verfassungsorgane, im Falle des Bundeshaushalts also an Bundesregierung, Bundestag und Bundesrat. Die Regierung wird aufgefordert, den Haushaltsplan frühzeitig aufzustellen und die Haushaltsvorlage den gesetzgebenden Körperschaften rechtzeitig zuzuleiten. Der Gesetzgeber wird in die Pflicht genommen, den Regierungsentwurf unverzüglich zu beraten und gesetzlich zu beschließen.

Um die rechtzeitige Haushaltsfeststellung zu sichern, wurden folgende Regelungen getroffen:

a) Vorlagefrist

§ 30 BHO schreibt der Bundesregierung vor, den Haushaltsentwurf in der Regel bis spätestens zur ersten Sitzung des Bundestages nach dem 1. September (Ende der Sommerpause des Bundestages) den gesetzgebenden Körperschaften zuzuleiten. Diese Vorlagefrist zwingt die Regierung, das Aufstellungsverfahren frühzeitig einzuleiten und verwaltungsintern enge Termine für die am Aufstellungsprozess beteiligten Instanzen zu setzen.

b) Beschleunigtes Gesetzgebungsverfahren

Während nach Art. 76 Abs. 2 GG eine Gesetzesvorlage der Bundesregierung zunächst dem Bundesrat zur Stellungnahme vorgelegt und erst nach der Stellungnahme beim Bundestag eingebracht wird, sieht Art. 110 Abs. 3 GG für das Haushaltsgesetzgebungsverfahren die gleichzeitige Zuleitung des Regierungsentwurfs an Bundesrat und Bundestag vor. Damit befasst sich der Bundestag bereits mit dem Haushaltsentwurf, während parallel hierzu der Bundesrat seine Stellungnahme berät.

Die Rechtsgrundlagen des Haushaltsgrundsatzes der Vorherigkeit sind Art. 110 Abs. 2 GG und § 1 BHO.

2. Die Ausnahme: Vorläufige Haushaltsführung („Nothaushaltsrecht")

Die Bundeshaushaltspläne waren bis 1980 ausnahmslos nicht vor Beginn des Haushaltsjahres verabschiedet worden. Erst seit 1983 ist die Vorherigkeit des Bundeshaushaltsplans der Regelfall. Die Gründe, die in der Vergangenheit zu Verspätungen bei der Verabschiedung des Haushaltsplans geführt haben, sind vielfältig. Sie liegen in dem komplizierten Verfahren der Aufstellung und Feststellung des Haushaltsplans begründet (siehe Haushaltskreislauf). Regelmäßig zu Verzögerungen kommt es bei den auf die Bundestagswahljahre folgenden

Haushalten, da nach der Wahl im Oktober der neue Bundestag frühestens im November zu seiner konstituierenden Sitzung zusammentreten kann. Eine Verabschiedung des Haushaltsentwurfs bis zum Jahresende ist damit ausgeschlossen.

Auch für den Fall, dass ein Haushaltsgesetz nicht rechtzeitig vor Beginn des neues Haushaltsjahres zustande kommt, muss die Exekutive in der Lage sein, alle zur Aufrechterhaltung des Dienstbetriebes *notwendigen Ausgaben* zu leisten und zu diesem Zwecke *ggf. Kredite* aufzunehmen.

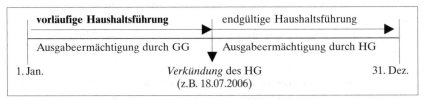

Abbildung 26: Vorläufige und endgültige Haushaltsführung

Das Grundgesetz hat für die Zeit bis zur verspäteten Verabschiedung des Bundeshaushalts Vorsorge getroffen. Da bei einer vorläufigen Haushaltsführung eine Ermächtigung zur Leistung von Ausgaben durch das Parlament nicht vorliegt, gibt Art. 111 Abs. 1 GG unmittelbar der Bundesregierung Ausgabeermächtigungen. In der Praxis wird die vorläufige Haushaltsführung beim Bund in der Form durchgeführt, dass der Bundesfinanzminister die Fachressorts ermächtigt, die Ausgabeansätze des noch nicht verabschiedeten Haushaltsentwurfs bis zu einem bestimmten Prozentsatz zu bewirtschaften. Bei dieser Bewirtschaftung sind jedoch die Grenzen des Art. 111 Abs. 1 GG zu beachten.

Art. 111 Abs. 1 GG ermächtigt die Bundesregierung im Falle der **nicht rechtzeitigen Verabschiedung eines Haushaltsplans** alle Ausgaben zu leisten, die nötig sind,

a) um gesetzlich bestehende Einrichtungen zu erhalten und gesetzlich beschlossene Maßnahmen durchzuführen,

b) um die rechtlich begründeten Verpflichtungen des Bundes zu erfüllen und

c) um Bauten, Beschaffungen und sonstige Leistungen fortzusetzen oder Beihilfen für diese Zwecke weiterzugewähren, sofern durch den Haushaltsplan eines der Vorjahre bereits Beträge bewilligt worden sind.

Die Bestimmung des Abs. 1 Buchstabe a umfasst alle ordnungsgemäß errichteten Einrichtungen der Staatsverwaltung. Es darf jedoch nur die Ausstattung mit Personal und Gerät weitergeführt werden, die zur **Erhaltung der Einrichtungen erforderlich** ist. Bei den Verpflichtungen i. S. des Abs. 1 Buchstabe b muss es sich um Verbindlichkeiten handeln, die vor Beginn der haushaltsplanlosen Zeit eingegangen wurden oder die kraft Gesetzes entstanden sind. Bei **Zuwendungen** gilt, dass die Weitergewährung institutioneller Förderung zulässig ist, soweit sie nur die notwendige Ausstattung mit Personal und Gerät betrifft. Die Weitergewährung von Projektförderung ist nur zulässig, wenn die Verpflichtung hierzu bereits in einem der Vorjahre eingegangen wurde.

Allen diesen Maßnahmen ist gemeinsam, dass **nur im Sinne des Parlaments** gehandelt werden darf. Bei gesetzlich beschlossenen Zahlungen sowie bei vertraglich begründeten Zahlungsverpflichtungen des Bundes ist das Parlament faktisch ebenfalls gebunden. Von einem Einklang mit den Interessen des Parlaments kann man auch ausgehen, wenn dieses einer Maßnahme durch Bewilligung im Haushaltsplan bereits zugestimmt hat und diese Maßnahme auch bereits begonnen wurde.

Art. 111 Abs. 1 GG erlaubt lediglich die Fortführung bereits begonnener Maßnahmen und verbietet, dass etwas Neues begonnen wird, ...

... denn in diesem Fall würde der noch fehlende Wille des Parlaments durch eine Entscheidung der Bundesregierung ersetzt.

Während die laufenden Einnahmen aus Steuern und sonstigen Quellen auch während der vorläufigen Haushaltsführung unvermindert eingehen, da sie aufgrund spezieller auf Dauer angelegter Gesetze (z.B. Steuergesetze) erhoben werden, ist dies bei der **Kreditermächtigung** nicht der Fall. Bei den Krediten hat aus-nahmsweise das Haushaltsgesetz auf der Einnahmeseite eine konstituierende Wirkung. Deshalb muss Art. 111 Abs. 2 GG auch insoweit das Haushaltsgesetz ersetzen, als dort eine Kreditermächtigung in Höhe von 25 % des Volumens des Vorjahreshaushalts enthalten ist. Dies erscheint hoch, soll aber verhindern, dass während der vorläufigen Haushaltsführung – insbesondere in Phasen konjunktureller Schwäche – Finanzierungsengpässe auftreten, die eine Weiterführung des Dienstbetriebes gefährden könnten. Da die Ausgabeermächtigungen nach Art. 111 Abs. 1 GG eingeschränkt sind, wird die Kreditermächtigung des Art. 111 Abs. 2 GG wohl nie voll ausgeschöpft werden.

Während einer vorläufigen Haushaltsführung erlässt das Bundesministerium der Finanzen **Verwaltungsvorschriften**, mit denen die konkrete Berechnungsgrundlage (Vorjahreshaushalt oder Regierungsentwurf), die Höhe der verfügbaren Ausgabemittel sowie Grundsätze zur Bewirtschaftung von Zuwendungen, Planstellen und Stellen, Verpflichtungsermächtigungen usw. festgelegt

werden. In diesen Verwaltungsvorschriften wird stets ausdrücklich auf die
Regelung des Art. 111 GG hingewiesen.

3. Zusammenfassung

Grundsatz	**Vorherigkeit** (Art. 110 Abs. 2 GG) Der Haushaltsplan ist vor Beginn des Haushaltsjahres durch Haushaltsgesetz festzustellen.

Ausnahme	**Vorläufige Haushaltsführung** (Art. 111 GG)
	
	1. **Ausgabeermächtigung** (Art. 111 Abs. 1 GG)
	   a) gesetzlich bestehende Einrichtungen erhalten, gesetzlich beschlossene Maßnahmen durchführen
	   b) rechtliche Verpflichtungen erfüllen
	   c) Bauten und Beschaffungen fortsetzen, sofern im Haushaltsplan eines Vorjahres schon Mittel bewilligt wurden.
	
	2. **Kreditermächtigung** (Art. 111 Abs. 2 GG)
	Die Nettokreditaufnahme darf maximal ein Viertel der Endsumme des vorangegangenen Haushaltsplans betragen.

- Um die **Vorherigkeit** zu sichern wurden folgende Regelungen getroffen:
  - Beschleunigtes Gesetzgebungsverfahren: Gleichzeitige Zuleitung des Haushaltsentwurfs der Bundesregierung an Bundesrat und Bundestag (Art. 110 Abs. 3 GG);
  - Vorlagefrist ist die erste Septemberwoche des Vorjahres (§ 30 BHO).
- Grundgedanke der **vorläufigen Haushaltsführung** ist die Sicherung der Handlungsfähigkeit der Verwaltung.
- Faustregel während der vorläufigen Haushaltsführung: nur Fortsetzungsmaßnahmen, keine neuen Maßnahmen.

III. Einzelveranschlagung und sachliche Bindung

1. Der Grundsatz

Nach dem Grundsatz der **Einzelveranschlagung** sind in der Aufstellungs-phase des Haushaltsplans die Einnahmen nach dem Entstehungsgrund und die Ausgaben nach Zwecken getrennt zu veranschlagen. Grundsätzlich ist eine Globalveranschlagung verboten. Die Einzelveranschlagung ermöglicht dem Parlament eine detaillierte Steuerung des Handelns der Exekutive im Sinne der Rechts- und Kontrollfunktion.

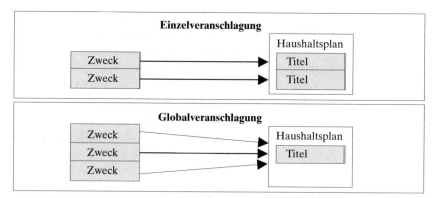

Abbildung 27: Einzelveranschlagung und Globalveranschlagung

Sachliche Bindung heißt, dass die Exekutive an die Zweckbestimmung der Titel strikt gebunden ist. Die Verwendung der Mittel eines Ausgabetitels für die Ausgaben bei einem anderen Ausgabetitel ist damit grundsätzlich ausge-schlossen. Die sachliche Bindung dient der Kontrolle der Haushaltswirt-schaft.

Rechtsgrundlagen sind § 17 BHO für die Aufstellung des Haushaltsplans und § 45 BHO für die Ausführung des Haushaltsplans.

2. Die Ausnahmen

a) Die Deckungsfähigkeit als Ausnahme von der sachlichen Bindung

Deckungsfähigkeit lässt eine Verschiebung der Ausgaben und – seit der Haushaltsreform von 1998 – auch eine Verschiebung unter den Verpflichtungsermächtigungen zu. Die Verwaltungsvorschrift zur BHO definiert **Deckungsfähigkeit** wie folgt:

„Deckungsfähigkeit ist
- die durch § 20 Abs. 1, durch Haushaltsgesetz oder Haushaltsvermerk gemäß § 20 Abs. 2 begründete Möglichkeit, bei einem Titel höhere Ausgaben als veranschlagt auf Grund von Einsparungen bei einem oder mehreren anderen Ausgabetiteln zu leisten,
- die durch Haushaltsvermerk nach § 20 Abs. 2 begründete Möglichkeit, die Verpflichtungsermächtigungen bei einem Titel zu Lasten einer oder mehrerer anderer Verpflichtungsermächtigungen zu erweitern."[71]

Gegenseitige Deckungsfähigkeit liegt vor, wenn die Ausgabetitel bzw. Verpflichtungsermächtigungen wechselseitig zur Verstärkung der jeweiligen Ansätze bzw. Verpflichtungsermächtigungen herangezogen werden dürfen.

Abbildung 28: Gegenseitige Deckungsfähigkeit

Einseitige Deckungsfähigkeit liegt vor, wenn der eine Ansatz (deckungsberechtigter Ansatz) bzw. die eine Verpflichtungsermächtigung (deckungsberechtigte Ermächtigung) nur verstärkt und der andere Ansatz (deckungspflichtiger Ansatz) bzw. die andere Verpflichtungsermächtigung (deckungspflichtige Ermächtigung) nur für die Verstärkung des ersten (deckungsberechtigten) Ansatzes bzw. der ersten (deckungsberechtigten) Verpflichtungsermächtigung herangezogen werden darf.[72]

---

71 VV Nr. 1 zu § 20 BHO.
72 Ebenda.

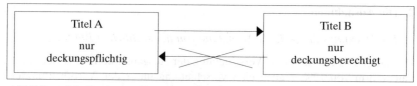

Abbildung 29: Einseitige Deckungsfähigkeit

b) Arten der Deckungsfähigkeit

Für **alle Haushaltsgrundsätze** gilt, dass sich die **Ausnahmen** vom Grundsatz durch ein „ständiges" Gesetz (zumeist die BHO), durch das jährliche Haushaltsgesetz oder durch einen Haushaltsvermerk im Haushaltsplan ergeben können. Ergibt sich die Ausnahme durch „ständiges" Gesetz, spricht man auch von einer *geborenen* Ausnahme. Wird die Ausnahme durch den jährlichen Haushalt, also durch Haushaltsgesetz oder durch Vermerk im Haushaltsplan geregelt, bezeichnet man sie als gekorene Ausnahme.

Abbildung 30: Arten der Deckungsfähigkeit

Die **dauergesetzlichen** (geborenen) Deckungsfähigkeiten ergeben sich aus § 20 Abs. 1 BHO. Es handelt sich dabei ausschließlich um Titel aus dem Personalbereich (Titel der Hauptgruppe 4) mit dem Ziel einer flexibleren Personalwirtschaft.

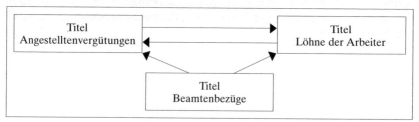

Abbildung 31: Einseitige und gegenseitige Deckungsfähigkeit nach BHO

Abgesehen von diesen personalwirtschaftlichen Deckungsmöglichkeiten sind stets Regelungen in den jährlichen Haushaltsgesetzen oder Haushaltsplänen erforderlich, um Abweichungen vom starren System der sachlichen Bindung herbeizuführen.

Generell ist in § 6 Abs. 3 Nr. 3 HG 2008 zugelassen, dass Mehrausgaben bei Titel 526 01 (Sachverständige, Gerichts- und ähnliche Kosten) – einschließlich der entsprechenden Titel in Titelgruppen – gegen Einsparungen bei anderen Ausgaben der Obergruppen 51 bis 54 (sächliche Verwaltungsausgaben) desselben Einzelplans gedeckt werden.

Innerhalb der **Verwaltungskapitel** des Bundeshaushalts gilt seit 1998 die Flexibilisierung nach § 5 Abs. 2 und 3 der Haushaltsgesetze. Nach § 5 Abs. 2 HG 2008 sind jeweils *gegenseitig deckungsfähig*:

- Ausgaben der Hauptgruppe 4 (ohne Titel der Gruppe 411) sowie Ausgaben der Titel 634.3 (Zuweisungen an den Versorgungsfonds)
- viele Ausgaben der Hauptgruppe 5
- Ausgaben bei den Titeln der Gruppe 711 sowie die Titel 712.1, 712 55, 712 56
- Ausgaben der Hauptgruppe 8.

Nach **§ 5 Abs. 3 HG 2004** ist zudem **über die Hauptgruppen hinweg 20%-ige Deckungsfähigkeit zulässig.** Konkret: Es dürfen zusätzliche Mehrausgaben bis zur Höhe von jeweils 20 % der Summe der in der aufnehmenden Hauptgruppe veranschlagten flexibilisierten Ausgaben aus Einsparungen bei Ausgaben anderer Hauptgruppen, Gruppen und Titel des Absatzes 2 geleistet werden.

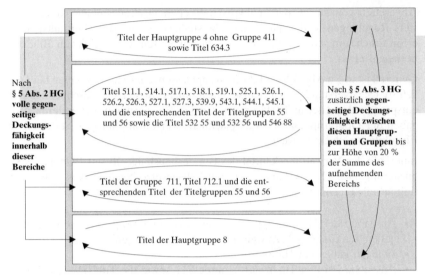

Abbildung 32: Gegenseitige Deckungsfähigkeit nach § 5 HG

Die gemäß § 5 Abs. 2 und 3 HG zugelassenen Deckungsfähigkeiten innerhalb der einzelnen Kapitel können gleichrangig in Anspruch genommen werden; für eine Verstärkung nach § 5 Abs. 3 HG ist die vorherige Ausschöpfung der Deckungsmöglichkeiten nach § 5 Abs. 2 HG nicht Voraussetzung.[73]

- Im *Haushaltsplan* wird bei den jeweiligen Kapiteln unter dem Wort „Ausgaben" auf die Flexibilisierung hingewiesen. Ggf. werden weitere Titel einbezogen oder ausgeschlossen (Einzelfallregelungen gem. § 5 Abs. 1 HG).
- Am Ende eines jeden Kapitels wird ein Abschluss vorgenommen. Dort werden auch die Summen der flexibilisierten Hauptgruppen ausgewiesen, die Basis für die Berechnung der 20 %-Regelung des § 5 Abs. 3 HG sind.

Für die Kapitel, auf die die o.g. Regelungen des § 5 Abs. 2 und 3 des Haushaltsgesetzes nicht anwendbar sind (**nicht flexibilisierte Kapitel**), können die obersten Bundesbehörden nach § 6 Abs. 3 Nr. 1 des Haushaltsgesetzes die Deckungs-

---

73 BMF-Rundschreiben vom 10. Juli 2006 – II A2-H 1200-97/06, Nr. 3. Auf dieses Rundschreiben wird in den jährlichen VV zur Haushaltsführung verwiesen.

0901			
Titel Funktion	Zweckbestimmung	Soll 2008 1 000 €	...

AUSGABEN

Haushaltsvermerk

Es gelten die Flexibilisierungsinstrumente gem. § 5
Abs. 2 bis 4 HG ...

Personalausgaben

F 421 01 Bezüge des Bundesministers, der Parlamentarischen
Staatssekretärin und der Parlamentarischen
Staatssekretäre 568

F 422 01 Bezüge und Nebenleistungen der planmäßigen
Beamtinnen und Beamten, ... 52 452
...
...
...
...

Abschluss des Kapitels 0901	2008 1 000 €	
Einnahmen (verkürzte Darstellung)	1 116	
Ausgaben (verkürzte Darstellung)	116 986	

Flexibilisierte Ausgaben nach § 5 HG im Kapitel 0901	2008 1 000 €	
Aus Hauptgruppe 4	90 949	
Aus Hauptgruppe 5	20 266	
Aus Hauptgruppe 7	850	
Aus Hauptgruppe 8	1 775	
Insgesamt	113 840	

Abbildung 33: Auszug aus einem flexibilisierten Kapitel

fähigkeit der Ausgaben bei Titeln der Gruppen 511 bis 525, 527 und 539 innerhalb eines Kapitels anordnen, soweit

a) die Mittel nicht übertragbar sind,

b) die Mehrausgaben des Einzeltitels nicht mehr als 20 % betragen und

c) die Maßnahme wirtschaftlich zweckmäßig erscheint.

Soweit eine solche Deckung nicht möglich ist, kann das Bundesministerium der Finanzen zulassen, dass Mehrausgaben bei Titeln der Gruppen 514 und 517 sowie bei Titel 514 02 im Kapitel 1417 bis zur Höhe von 30 % des Ansatzes durch Einsparungen bei anderen Ausgaben innerhalb der Hauptgruppe 5 desselben Einzelplans gedeckt werden.[74]

§ 20 Abs. 2 BHO lässt die Erklärung der einseitigen und gegenseitigen Deckungsfähigkeit **durch Haushaltsvermerk** zu, wenn

- ein verwaltungsmäßiger oder sachlicher Zusammenhang besteht oder
- eine wirtschaftliche und sparsame Verwendung gefördert wird.

Insbesondere mit dem zweiten Punkt sind die Möglichkeiten, eine Deckungsfähigkeit zu erklären, wesentlich erweitert worden.

Nach § 46 BHO sowie den VV dazu darf eine Deckungsfähigkeit in Anspruch genommen werden

- soweit die Mittel bei dem deckungsberechtigten Titel erschöpft sind,
- soweit bei dem deckungspflichtigen Titel noch Mittel verfügbar sind (das erfordert eine Prognoseentscheidung, wie viel Mittel bei diesem Titel bis Jahresende noch benötigt werden) und
- soweit bei dem deckungsberechtigten Titel keine Verfügungsbeschränkungen vorliegen. Das könnten z.b. Haushaltssperren oder Wegfallvermerke sein.

Beispiel für die einseitige Deckungsfähigkeit kraft Vermerks:

Titel Funktion	Zweckbestimmung	Soll 2008 1 000 €	...
428 01	Entgelte der Arbeitnehmerinnen und Arbeitnehmer	10 000	
	Haushaltsvermerk Einsparungen infolge nicht besetzter Stellen für Schreibkräfte dienen zur Deckung der Ausgaben bei folgendem Titel: 532 01.		
532 01	Kosten für Schreibarbeiten außerhalb des Hauses. . .	–	
	Haushaltsvermerk Ausgaben dürfen bis zur Höhe der Einsparungen bei Titel 428 01 infolge nicht besetzter Stellen für Schreibkräfte geleistet werden.		

---

74 § 6 Abs. 3 Nr. 2 HG 2008.

Beispiel für die gegenseitige Deckungsfähigkeit kraft Vermerks:

Titel Funktion	Zweckbestimmung	Soll 2008 1 000 €	...
426 04	Kosten für Sachverständige, Architekten und Spezialingenieure . . . . *Haushaltsvermerk* Die Ausgaben sind mit folgendem Titel gegenseitig deckungsfähig: 532 24.	21 000	
532 24	Kosten für Entwicklung und Aufbau einer Datenbank *Haushaltsvermerk* Die Ausgaben sind mit folgendem Titel gegenseitig deckungsfähig: 526 04.	195	

*Abbildung 34:   Beispiele für einseitige und gegenseitige Deckungsfähigkeit
durch Vermerke*

*c) Die globalen Minderausgaben als Ausnahme vom Grundsatz
     der Einzelveranschlagung*

Die **globale Minderausgabe** ist ein im Haushaltsrecht nicht geregeltes Instrument. Es ist eine unter Gruppe 972 zu veranschlagende pauschale Minderausgabe in Höhe der erfahrungsgemäß am Jahresende verbleibenden Minderausgaben bei den Ausgabetiteln. Die Veranschlagung erfolgt in einem Ausgabetitel mit einem Minus-Vorzeichen.

Ohne genaue Festlegung der Bereiche, in denen gespart werden soll, will damit das Parlament die Verwaltung dazu bringen, **im Gesamthaushalt** diese Minderausgabe zu erwirtschaften. Damit verlagert das Parlament allerdings seine politische Verantwortung für Sparmaßnahmen auf die Bundesregierung bzw. konkret auf das Bundesministerium der Finanzen.

Die seit 1998 geltenden Flexibilisierungsinstrumente nach § 5 HG betreffen die Deckungsfähigkeit (Abs. 2 und 3) sowie die – gleich noch darzustellende – Übertragbarkeit (Abs. 4). Sie haben der Verwaltung bei der Bewirtschaftung der Mittel große Spielräume eröffnet. Als Preis für diese Freiheiten musste bis 2001 jeder Einzelplan eine sog. **Effizienzrendite** erbringen.

Die Effizienzrendite war eine **globale Minderausgabe**, die **bei den Einzelplänen** (im zentralen Kapitel ..01) ausgewiesen wurde; sie hatte die Titel-Nr. 972 88. Sie wurde auf die einzelnen flexibilisierten (Verwaltungs-) Kapitel des Einzelplans verteilt, war also haushaltsmäßig innerhalb des Verfügungsrahmens des Einzelplans einzusparen.

d) Die Personalverstärkungsmittel

Im Kapitel 6002 sind **zentral Mittel veranschlagt**, die zur Verstärkung der Personalausgaben herangezogen werden können. Die zu diesem Zwecke ausgebrachten Titel der Titelgruppe 01 enthalten keinen Ansatz, sind also Leertitel. Nach dem zugehörigen Haushaltsvermerk können Personalmehrausgaben mit der in den VV zur Haushaltsführung grundsätzlich allgemein erteilten Einwilligung des Bundesministeriums der Finanzen gegen Einsparung geleistet werden. Dabei ist unerheblich, ob der Mehrbedarf auf besoldungs-, versorgungs- oder tariflichen Gründen beruht oder ob es sich um Mehrbedarf aus sonstigen Gründen handelt. Mehrausgaben in Auswirkung der jährlichen Tarif- und Besoldungsrunden dürfen nur gegen Einsparung im jeweiligen Einzelplan geleistet werden.

3. Zusammenfassung

Grundsatz	**Einzelveranschlagung und sachliche Bindung** (§§ 17 Abs. 1, 45 Abs. 1 BHO) • Die Einnahmen sind nach dem Entstehungsgrund, die Ausgaben nach Zwecken einzeln zu veranschlagen. • Entsprechend dieser Veranschlagung ist die Verwaltung bei der Verwendung der Mittel an den vorgegebenen Zweck gebunden.
Ausnahme	**Deckungsfähigkeit von Ausgaben und Verpflichtungsermächtigungen** einseitig/gegenseitig (§ 20 BHO)

Geboren (§ 20 Abs. 1 BHO)	**Gekoren** (§ 20 Abs. 2 BHO)
Durch „ständiges" Gesetz (= BHO) einseitige und gegenseitige Deckungsfähigkeit *nur* bei *Personalausgaben*	**a) Durch Vermerk im Hpl.** Voraussetzung für Vermerk: – Verwaltungsmäßiger oder sachlicher Zusammenhang zwischen den Ausgaben *oder* – wirtschaftliche und sparsame Verwendung der Mittel wird gefördert **b) Durch Haushaltsgesetz** – § 5 Abs. 2 u. 3 HG 2008 – § 6 Abs. 3 HG 2008

Abbildung 35: Einzelveranschlagung, sachliche Bindung und Ausnahmen

Beachte:

1. **Geborene** Deckungsfähigkeit gibt es **nur bei Personalausgaben** des Bundes (Deckungsfähigkeit gem. § 20 Abs. 1 BHO);

2. Durch Haushaltsgesetz werden seit 1998 **Flexibilisierungsinstrumente** geschaffen, die innerhalb der Verwaltungskapitel alle 4er Titel (ohne Gruppe 411) und viele 5er Titel einbeziehen. Zudem sind die Titel der Gruppe 711, die Titel 712.1, 712 55, 712 56 und alle 8er Titel gegenseitig deckungsfähig (§ 5 Abs. 2 HG 2008).

   Damit sind *etwa zwei Drittel aller Titel von der Flexibilisierung betroffen* (aber nur 5,4 % des Haushaltsvolumens).

3. Auch über die einzelnen Hauptgruppen hinweg besteht Deckungsfähigkeit: Es dürfen zusätzliche Mehrausgaben bis zur Höhe von jeweils 20 % der Summe der in der aufnehmenden Hauptgruppe veranschlagten flexibilisierten Ausgaben aus Einsparungen bei Ausgaben anderer Hauptgruppen, Gruppen und Titel des Absatzes 2 geleistet werden (§ 5 Abs. 3 HG 2008).

   Die Summe der flexibilisierten Ausgaben je Hauptgruppe ist am Ende eines jeden Kapitels (beim Haushaltsabschluss) ausgewiesen.

4. Ausgenommen von der Flexibilisierung sind die Ausgaben der Hauptgruppe 6 (Zuweisungen und Zuschüsse – ohne Investitionen) mit Ausnahme des Titels 634.3 (Zuweisungen an den Versorgungsfonds). Allerdings gibt es hier zum Teil großzügige ergänzende Vermerke im Haushaltsplan.

5. Weitere Möglichkeiten der Deckungsfähigkeit nach dem HG 2008:
   - Für die Kapitel, auf die die Regelungen des § 5 Abs. 2 und 3 HG 2008 nicht anwendbar sind, können die obersten Bundesbehörden nach § 6 Abs. 3 Nr. 1 HG 2008 die Deckungsfähigkeit der Ausgaben bei Titeln der Gruppen 511 bis 525, 527 und 539 innerhalb eines Kapitels anordnen, soweit
     - die Mittel nicht übertragbar sind,
     - die Mehrausgaben des Einzeltitels nicht mehr als 20 % betragen und
     - die Maßnahme wirtschaftlich zweckmäßig erscheint.
   - In besonders begründeten Fällen kann das BMF zulassen, dass Mehrausgaben bei Titeln der Gruppen 514 und 517 sowie bei dem Titel 514 02 im Kapitel 1417 bis zur Höhe von 30 % des Ansatzes durch Einsparungen anderer Ausgaben innerhalb der Hauptgruppe 5 desselben Einzelplans gedeckt werden (§ 6 Abs. 3 Nr. 2 HG 2008).
   - Mehrausgaben bei Titel 526 01 (Sachverständige, Gerichts- und andere Kosten) einschließlich der entsprechenden Titel in Titelgruppen können gegen Einsparungen bei anderen Ausgaben der OGr 51 bis 54 desselben Einzelplans gedeckt werden (§ 6 Abs. 3 Nr. 3 HG 2008).

IV. Jährlichkeit und zeitliche Bindung

1. Der Grundsatz

> Der Haushaltsplan wird für ein oder mehrere Rechnungsjahre, **nach Jahren getrennt**, vor Beginn des ersten Rechnungsjahres durch das Haushaltsgesetz festgestellt (Art. 110 Abs. 2 GG).

Damit bestimmt das Grundgesetz, dass – bei grundsätzlich bestehender Möglichkeit zur Verabschiedung mehrjähriger Haushalte – ein Haushaltsplan nur für ein Jahr gilt. Dieses Jahr ist nach § 4 Satz 1 BHO identisch mit dem Kalenderjahr. Die durch Grundgesetz gegebene Möglichkeit, Haushaltspläne für mehrere Jahre aufzustellen, präzisiert § 1 BHO, indem dort nur von ein oder **zwei** Jahren die Rede ist.

Abbildung 36: Doppelhaushalt

Die Möglichkeit, durch ein Haushaltsgesetz zwei Haushaltspläne festzustellen, ist geschaffen worden, um das **Verfahren zu vereinfachen**. Das aufwendige Aufstellungsverfahren und das Gesetzgebungsverfahren laufen damit nur einmal für zwei Haushalte ab. Außerdem ist für den zweiten Haushalt die Einhaltung des Grundsatzes der Vorherigkeit gesichert. Problematisch ist beim Doppelhaushalt, dass die Haushaltsansätze für das zweite Jahr wegen des langen Prognosezeitraums zwangsläufig ungenau sind. Die Vorteile der Arbeitsentlastung der Verwaltung und des Parlaments können durch die Notwendigkeit eines Nachtragshaushalts unter Umständen wieder zunichte gemacht werden.

Im Bereich der Bundesländer wird von der Möglichkeit des Doppelhaushalts häufig Gebrauch gemacht. Wegen der Ausgabenstruktur des Bundes und seines besonderen konjunkturpolitischen Gewichts ist dort in vollem Umfang ein Doppelhaushalt nie praktiziert worden.

> Die **zeitliche Bindung** ist eine konsequente Folge der Jährlichkeit. Ausgaben dürfen nach § 45 Abs. 1 BHO nur bis zum Schluss des Haushaltsjahrs geleistet werden. Bis dahin nicht verbrauchte Ausgabeermächtigungen dürfen grundsätzlich nicht in das nächste Jahr übernommen werden.

Abbildung 37: Jährliche Geltungsdauer der Haushaltsermächtigungen

Der Grundsatz der Jährlichkeit und zeitlichen Bindung (= **zeitliche Speziali- tät**) soll für die Haushaltsplanung übersichtliche Zeiträume schaffen, um den Finanzbedarf möglichst exakt ermitteln zu können. Zudem erleichtern die relativ kurzen Abrechnungszeiträume die Kontrolle der Haushaltswirt- schaft, unterstützen also die Rechts- und Kontrollfunktion des Haushalts- plans.

Außerdem werden die politischen Ziele für kurze Zeiträume haushaltsmä- ßig umgesetzt, was der politischen Funktion dient.

Ein **Nachteil der zeitlichen Bindung** ist darin zu sehen, dass Verwaltungsbe- hörden immer wieder dazu neigen, gegen Ende eines Haushaltsjahres nicht verbrauchte Ausgabeermächtigungen ohne Notwendigkeit unter Verstoß gegen den Haushaltsgrundsatz der Wirtschaftlichkeit und Sparsamkeit auszuschöpfen (*„Dezemberfieber"*). Dahinter steht oft die Befürchtung, ein wirtschaftliches Verhalten würde zu einer Kürzung der Mittelzuweisung in der Zukunft führen, da die zuweisende Behörde vom Ist-Ergebnis ausginge.

Der statistisch zu belegende **Ausgabenanstieg im vierten Quartal** kann aber auch ganz natürliche Ursachen haben. Viele Abrechnungen – gerade auch im Baubereich – werden erst im vierten Quartal vorgenommen. Auch die personal- bezogenen Sonderzahlungen in Gestalt des Weihnachtsgeldes fallen naturge- mäß in diese Zeit. Außerdem warten viele Mittelbewirtschafter wegen der Un- wägbarkeiten im Ablauf eines Jahres mit größeren, gleichwohl erforderlichen Anschaffungen bis zum Jahresende.

Von der jährlichen Vollzugsperiode gibt es keine Ausnahme. Wie bereits darge- stellt, gilt auch innerhalb eines Doppelhaushalts jeder Haushaltsplan nur ein Jahr.

2. Die Ausnahme: Übertragbarkeit

a) Übertragbare Ausgaben

Übertragbarkeit ist die Möglichkeit, Ausgaben, die am Ende des Haushaltsjahres noch nicht geleistet worden sind, für die jeweilige Zweckbestimmung über das Haushaltsjahr hinaus als Ausgabereste verfügbar zu halten.[75]

Abbildung 38: Übertragung der Ausgabeermächtigung

Mit dieser Möglichkeit wird auch eine sparsame Bewirtschaftung der Mittel gefördert, da der vermeintliche „Zwang", die nicht verbrauchten Mittel noch vor Jahresende auszugeben, wegfällt.

Welche Ausgaben übertragbar sind, ergibt sich aus § 19 Abs. 1 BHO. Nach dieser Vorschrift sowie nach dem Haushaltsgesetz kann man drei Ausgabengruppen unterscheiden:

Abbildung 39: Arten der Übertragbarkeit

Kraft BHO übertragbar sind gem. § 19 Abs. 1 Satz 1 BHO:

- **Ausgaben für Investitionen:** Diese sind im Haushaltsplan an ihrer Zugehörigkeit zu den Hauptgruppen 7 und 8 (Baumaßnahmen und sonstige Investitionsausgaben) erkennbar. In der Praxis heißt das: alle Titel, deren Titelnummer mit einer 7 oder 8 beginnt, beinhalten übertragbare Ausgaben.

---

75 Nr. 1 VV-BHO zu § 19.

- **Ausgaben aus zweckgebundenen Einnahmen:** Hier handelt es sich um eine Ausnahme vom Haushaltsgrundsatz der Gesamtdeckung. Durch Gesetz oder Haushaltsvermerk kann vorgesehen werden, dass bestimmte Einnahmen nur für bestimmte Ausgaben verwendet werden dürfen. Z.B. muss das Aufkommen aus der Mineralölsteuer zu einem bestimmten Prozentsatz für das Straßenwesen verwendet werden.

Zusätzlich zur BHO erklärt § 5 Abs. 4 der **Haushaltsgesetze** seit 1998 – mit geringfügigen Variationen – die folgenden Titel in den flexibilisierten Kapiteln (Teil I des Gesamtplans) für übertragbar:

- die Titel der Hauptgruppe 4 ohne Gruppe 411 sowie Titel 634.3,
- die Titel 511.1, 514.1, 517.1, 518.1, 519.1, 525.1, 526.1, 526.2, 526.3, 527.1, 527.3, 539.9, 543.1, 544.1, 545.1 und die entsprechenden Titel der Titelgruppen 55 und 56 sowie die Titel 532 55, 532 56 und 546 88.

Die Erklärung der **Übertragbarkeit** für weitere Ausgaben **durch Haushaltsvermerk** ist möglich, wenn dies ihre wirtschaftliche und sparsame Verwendung fördert (§ 19 Abs. 1 S. 2 BHO).

Beispiel für geborene und gekorene Übertragbarkeit:		
Titel	Zweckbestimmung	Soll 2008
Funktion		1 000 €
	Ausgaben	
	Haushaltsvermerk	
	Es gelten die Flexibilisierungsregelungen gem. § 5 Abs. 2 bis 4 HG 2008.	
F 511 01	Geschäftsbedarf und Kommunikation	160
532 06	Maßnahmen zur Durchführung des Gesetzes zum Schutz gegen Fluglärm	281
	Haushaltsvermerk	
	Die Ausgaben sind übertragbar.	
F 711 01	Kleine Neu-, Um- und Erweiterungsbauten	1 648

Abbildung 40: Geborene und gekorene Übertragbarkeit

- Bei Titel 511 01 besteht Übertragbarkeit, da der Titel in die Flexibilisierung nach § 5 Abs. 2 bis 4 **HG** einbezogen ist;
- bei Titel 532 06 besteht die Übertragbarkeit kraft des ausgebrachten **Vermerks;**

• bei Titel 711 01 steht kein Vermerk, da es sich hier um eine **geborene**
  Übertragbarkeit nach § 19 Abs. 1 BHO handelt (Bau-Investition).

b) Das Verfahren der Ausgabenübertragung

Unabhängig davon, ob die Übertragbarkeit kraft Gesetzes oder durch Haushaltsvermerk existiert, ist Übertragbarkeit nur die **Möglichkeit**, nicht verbrauchte Ausgabeermächtigungen in das nächste Jahr zu übernehmen. Die
Übertragung der Ausgabeermächtigungen erfolgt nicht automatisch. Vielmehr
muss in der Höhe, in der nicht verbrauchte Mittel voraussichtlich im Folgejahr
benötigt werden, ein Ausgaberest am Jahresende gebildet werden.

Die **Bildung der Ausgabereste** beim Jahresabschluss ist eine Aufgabe der/des in
jeder Bundesbehörde für die Aufstellung und Ausführung des Haushalts zuständigen **Beauftragten für den Haushalt**. Sie oder er stellt fest, in welcher Höhe
übertragbare Ausgaben des Haushaltsplans nicht geleistet worden sind und hat
zu entscheiden, **ob und in welcher Höhe** Ausgabereste gebildet werden sollen.[76]
In der Höhe, in der über nicht verbrauchte Ermächtigungen bei einem übertragbaren Titel kein Ausgaberest gebildet wird, werden die Ermächtigungen nicht in
das nächste Jahr vorgetragen. Sie verfallen gemäß dem Grundsatz der zeitlichen
Bindung.

Ausgabereste dürfen nur gebildet werden, soweit dies unbedingt notwendig ist.
Gemäß § 45 Abs. 2 BHO in Verbindung mit Nr. 3 der VV zu § 45 BHO dürfen
Ausgabereste nur gebildet werden, wenn

1. der Zweck der Ausgaben fortdauert, also das Ziel, das mit der Bewilligung
   verfolgt wurde, noch nicht erreicht ist,
2. ein wirtschaftliches oder sonstiges sachliches Bedürfnis für die Bildung besteht und
3. bei Ausgaben aus zweckgebundenen Einnahmen entsprechende Einnahmen
   eingegangen sind.

D.h. werden übertragbare Ausgabeermächtigungen im neuen Haushaltsjahr
nicht mehr benötigt oder ist die Veranschlagung der benötigten Mittel in
einem künftigen Haushaltsplan zweckmäßig, ist von der Bildung von Ausgaberesten abzusehen.

Das nachfolgende Beispiel für die Bildung eines Ausgaberestes soll auch die
haushaltsmäßigen Konsequenzen einer Übertragung verdeutlichen.

---

76 Nr. 3.3.5 VV zu § 9 BHO.

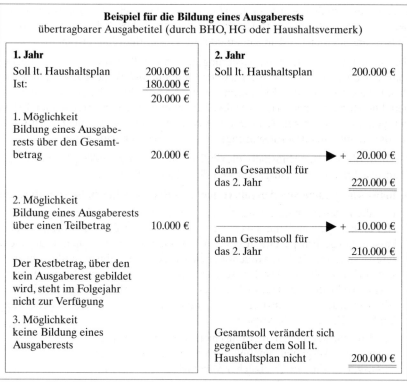

Abbildung 41: Bildung von Ausgaberesten

Das Beispiel macht deutlich, dass sich die Ausgabeermächtigungen laut Haushaltsplan durch die (schon aufgrund der Vorherigkeit nicht im Haushaltsplan des 2. Jahres enthaltenen) Übertragung von Ausgaberesten erhöhen. Es besteht ein „**Schattenhaushalt**" aus übertragenen Ausgabeermächtigungen, der wegen der nicht entsprechend mit anwachsenden Finanzierungsmittel zu einer Unausgeglichenheit des Haushaltsplans führen würde.

Nur durch gesonderte Veranschlagung von Ausgaben in Höhe der zu erwartenden Ausgabereste oder durch Einsparungen in Höhe der übernommenen Ausgabereste an anderer Stelle im Haushalt kann die Ausgeglichenheit des Plans aufrechterhalten werden. Das ist der Hintergrund der Bestimmung des § 19 Abs. 2 BHO. Auch die Erfordernis der **Einwilligung des Bundesministeriums der Finanzen für die Inanspruchnahme der Ausgabereste** (§ 45 Abs. 3 BHO) ist vor dem Hintergrund des Haushaltsausgleichs zu verstehen.

Wenn auch § 19 Abs. 2 BHO beide Optionen – gesonderte Veranschlagung von Ausgaben für Ausgabereste oder Einsparungen in Höhe der Ausgabereste im neuen Jahr – zulässt, wurde in der Haushaltspraxis doch ganz überwiegend der Weg des Sparens gegangen. Hierbei lässt es § 45 Abs. 3 BHO offen, ob die Einsparung im gleichen Einzelplan oder im Gesamthaushalt erfolgt.

Bis zur Einführung der Flexibilisierung im Jahre 1998 hat das Bundesministerium der Finanzen einer Einsparung im *Gesamthaushalt* nicht zugestimmt und damit die erforderlichen Einsparungen auf die jeweiligen *Einzelpläne* übertragen. Die Ressortminister(innen) wiederum haben durch entsprechenden Erlass geregelt, dass diejenigen *Kapitel*, die Ausgaben übertragen wollen, auch selbst für die entsprechenden Einsparungen in ihrem Bereich sorgen.

Seit Einführung der Haushalts-Flexibilisierung im Jahre 1998 gilt nun für die Inanspruchnahme von Ausgaberesten die folgende Regelung:[77]

- **Inanspruchnahme von Ausgaberesten außerhalb des flexibilisierten Bereichs**
  Bei allen übertragbaren Ausgaben, die nicht in die Flexibilisierung nach § 5 HG einbezogen sind, muss nach wie vor im gleichen Einzelplan/Kapitel eine kassenmäßige Einsparung in Höhe des Ausgaberestes bei einem (oder mehreren) anderen Titel(n) vorgenommen werden. Die Einsparauflage bezieht sich auf das Jahr, in das der Ausgaberest übertragen wird. In den Verwaltungsvorschriften zur Haushaltsführung hat der BMF seine nach § 45 Abs. 3 BHO erforderliche Einwilligung allgemein für die Fälle erteilt, in denen eine konkrete Einsparstelle feststeht.[78]

  Zur Einsparung dürfen allerdings nicht verwendet werden:
  – gesperrte Ausgaben (unabhängig vom Grund der Sperre);
  – Ausgaben, die auf gesetzlicher Verpflichtung beruhen;
  – flexibilisierte Ausgaben.
  Investitionsausgaben dürfen nur zum Ausgleich bei der Bildung von Ausgaberesten bei Investitionsausgaben herangezogen werden.[79]

- **Inanspruchnahme von Ausgaberesten im flexibilisierten Bereich**
  Ausgabereste, die im Rahmen der Anwendung der Flexibilisierungsinstrumente nach § 5 Abs. 2 HG gebildet worden sind, können gegen *Deckung im Gesamthaushalt* in Anspruch genommen werden. Das BMF verzichtet also darauf, dass die einzelplanbewirtschaftenden Stellen bzw. die jeweiligen Behörden Einsparungen erbringen. Auch hat das BMF für diese Fälle seine Einwilligung gem. § 45 Abs. 3 BHO generell erteilt.[80]

---

77 BMF, Nrn. 3.3 und 3.4 VV zur Haushaltsführung 2008 vom 20.12.2007 sowie BMF-Rundschreiben vom 10. Juli 2006 – II A-H 1200-97/06, Ziff. 2.
78 BMF, Nr. 3.4.2 VV zur Haushaltsführung 2008 vom 20.12.2008.
79 BMF, Nr. 3.4.1 VV zur Haushaltsführung 2008 vom 20.12.2008.
80 BMF-Rundschreiben vom 10. Juli 2006 – II A-H 1200-97/06, Ziff. 2b.

Auch bezüglich der **Ausgabereste bei den flexibilisierten Titeln** ist eine Bedarfsprüfung vorzunehmen, deren Ergebnis dem BMF – Referat II A 6 – schriftlich mitzuteilen ist. Von einem sachlichen Bedürfnis zur Bildung von Ausgaberesten ist nicht auszugehen, wenn

– Minderausgaben auf einem dauerhaften Wegfall von Aufgaben beruhen,
– Minderausgaben im Bereich zugestandener Sondertatbestände anfallen, die planmäßig oder außerplanmäßig für die Zukunft entfallen,
– Minderausgaben bei großen und kleinen Baumaßnahmen oder größeren Beschaffungen im Sinne des § 24 BHO darauf beruhen, dass diese ganz oder teilweise auf Dauer nicht durchgeführt oder auf unbestimmte Zeit verschoben werden.[81]

Vor der Bildung von Ausgaberesten sind außerdem Einsparauflagen und alle während der Haushaltsausführung angeordneten Deckungsfähigkeiten abzusetzen. Die Mittelbewirtschafter übertragen die Ausgabereste der flexibilisierten Haushaltsansätze mittels Solländerungen auf den Titel 993 66 – Einsparungen im Kapitel –. Nach Buchungsschluss werden die richtig gekennzeichneten Haushaltsreste in das folgende Haushaltsjahr übertragen.

Die **überjährige Verfügbarkeit** nicht in Anspruch genommener Haushaltsmittel bei gleichzeitigem **Verzicht auf Einsparungen im Einzelplan** im Falle der Inanspruchnahme ist das Kernelement der Flexibilisierung der Verwaltungsausgaben. Dadurch soll „unzweckmäßiges Handeln" zum Jahresende[82] vermieden werden. Für die **Restedeckung im Gesamthaushalt sorgt das BMF**. Da das BMF nicht sicher sein kann, dass Einsparungen im Gesamthaushalt (durch den sog. Bodensatz) immer im erforderlichen Umfang möglich sind, werden seit 1999 global Ausgabemittel für die Restedeckung im flexibilisierten Bereich gem. § 19 Abs. 2 BHO gesondert veranschlagt (Abb. 42).

Titel Funktion	Zweckbestimmung	**6002** Soll 2008 1000 €
971 02	Ausgabemittel zur Restedeckung *Erläuterungen* Vorsorge zur Deckung der Ausgabereste bei den flexibilisierten Ausgaben für die Verwaltung	250 000

Abbildung 42: Deckungsreserve bei flexibilisierten Ausgaben

---

81 BMF-Rundschreiben vom 10. Juli 2006 – II A-H 1200-97/06, Ziff. 2a.
82 Ebenda, Ziff. 1.

3. Die Geltung der Kreditermächtigung über das Jahr hinaus

Nach § 18 Abs. 3 BHO gilt die Ermächtigung zur Aufnahme von Krediten bis zum Ende des nächsten Haushaltsjahres und, wenn das Haushaltsgesetz für das zweitnächste Haushaltsjahr nicht rechtzeitig verkündet wird, bis zur Verkündung dieses Haushaltsgesetzes.

Damit gibt es im Bereich der Einnahmen aus der Aufnahme von Krediten eine Gültigkeit der Ermächtigung über das Haushaltsjahr hinaus ähnlich wie bei den übertragbaren Ausgaben.

4. Der Haushaltsvorgriff

Der Haushaltsvorgriff ist das Gegenstück zur Übertragung von Ausgaberesten. Es handelt sich beim Vorgriff um eine **überplanmäßige Ausgabe**, die bei einem übertragbaren Ausgabetitel geleistet wird. Während jedoch bei einer überplanmäßigen Ausgabe der Finanzminister seine Einwilligung nur unter der Bedingung eines haushaltsmäßigen Ausgleichs bei anderen Titeln im betreffenden Haushaltsjahr erteilt, erfolgt beim Haushaltsvorgriff der haushaltsmäßige Ausgleich im nächsten Jahr (§ 37 Abs. 6 BHO). Das heißt, das Haushaltssoll des folgenden Jahres bei dem betreffenden Titel sinkt um den als Vorgriff in Anspruch genommenen Betrag.

Abbildung 43: Haushaltsvorgriffe

Der Vorgriff setzt voraus, dass im nächsten Jahr eine Ausgabe mit gleicher Zweckbestimmung und in ausreichender Höhe vorgesehen ist.[83] Kassenmäßig – d.h. durch Einsparungen bei den Ist-Ausgaben – muss ein Ausgleich im laufenden Jahr auch beim Haushaltsvorgriff erfolgen.

Die Voraussetzungen des Haushaltvorgriffs sind nach § 37 Abs. 6 BHO dieselben, die auch bei Leistung einer über- oder außerplanmäßigen Ausgabe erfüllt sein müssen. Insoweit wird auf den Abschnitt zu über- und außerplanmäßigen Ausgaben verwiesen.

---

83 Vgl. auch Ziff. 6 der VV zu § 37 BHO.

5. Zusammenfassung

Grundsatz	**Jährlichkeit und zeitliche Bindung** (Art. 110 Abs. 2 GG; §§ 1, 12 BHO) • Der Haushaltsplan wird für ein Jahr oder für zwei Jahre, nach Jahren getrennt, aufgestellt; • Ausgaben und Verpflichtungsermächtigungen dürfen nur bis Ende des Haushaltsjahres geleistet werden. (Danach verfallen die Ausgaben und VE).

Ausnahme	**Übertragbarkeit von Ausgaben** (§§ 19, 45 BHO)

geboren (§ 19 Abs. 1 S. 1 BHO)	**gekoren** (§ 19 Abs. 1 S. 2 BHO)
durch **ständiges** Gesetz (= BHO): • Investitionen (7er, 8er Titel) und • Ausgaben aus zweckgebundenen Einnahmen	a) durch **Vermerk im Hpl.** Voraussetzung für Vermerk: sparsame Mittelbewirtschaftung wird gefördert b) durch **Haushaltsgesetz** (§ 5 Abs. 4 HG 2008)

Abbildung 44: Jährlichkeit, zeitliche Bindung und Ausnahmen

• Bei geborenen Ausnahmen vom Grundsatz der zeitlichen Bindung (Übertragbarkeit nach § 19 Abs. 1 BHO) ist kein Vermerk im Haushaltsplan auszubringen (Nr. 2 VV zu § 19 BHO);

• seit 1998 werden durch das Haushaltsgesetz (§ 5 Abs. 4 HG 2008) alle Titel der Hauptgruppen 4 (ohne Gruppe 411) und viele Titel der Hgr. 5 für übertragbar erklärt. Da die Ausgaben der Hauptgruppen 7 und 8 ohnehin geboren übertragbar sind, besteht faktisch bei sehr vielen Ausgaben Übertragbarkeit. Die Ausnahme wird also zur Regel!;

• von der Übertragbarkeit nach § 5 Abs. 4 HG 2008 ausgenommen sind die 6er Titel mit Ausnahme von Titel 634.3 (Zuweisungen an den Versorgungsfonds). In einigen Kapiteln des Bundeshaushalts wurden aber auch diese 6er-Titel vollständig oder zum Teil durch Vermerk im Haushaltsplan für übertragbar erklärt;

- übertragbare Ausgaben stehen nicht automatisch im neuen Haushaltsjahr zur Verfügung. Es müssen Ausgabereste gebildet werden;
- Verfahren der Übertragung von Ausgabebewilligungen (§ 45 Abs. 2 u. 3 BHO):
  - Ausgaberest bilden (Beauftragte(r) für den Haushalt nach Abschluss des Haushaltsjahres),
  - Einwilligung des BMF einholen,
  - Einsparungen im neuen Haushaltsjahr vornehmen;
- Einsparungen sind gem. § 45 Abs. 3 BHO im gleichen Einzelplan oder in einem anderen Einzelplan (also im Gesamthaushalt) möglich;
- wo einzusparen ist, regelt das BMF in seinem jährlichen Haushaltsführungserlass und – für den flexibilisierten Bereich – im BMF-Rundschreiben vom 10.07.2006. Es gilt:
- bei allen **nicht** in die Flexibilisierung gem. § 5 Abs. 2 HG 2008 einbezogenen Ausgabetiteln sind entsprechende kassenmäßige **Einsparungen im jeweiligen Einzelplan**/Kapitel unter Nennung der konkreten Einsparstellen erforderlich. Dabei gilt: Zur Einsparung dürfen nicht verwendet werden:
  - gesperrte Ausgaben,
  - Ausgaben, die auf gesetzlicher Verpflichtung beruhen, flexibilisierte Ausgaben,
  - Investitionsausgaben; es sei denn bei dem in Anspruch zu nehmenden Rest handelt es sich ebenfalls um Investitionen
- bei den in die **Flexibilisierung** gem. § 5 Abs. 2 HG 2008 einbezogenen Ausgabetiteln erfolgt die Einsparung im Gesamthaushalt, d.h., der Einzelplan bzw. die Behörde braucht **keine Einsparungen** vorzunehmen.
- Zugleich gilt die Einwilligung des BMF gem. § 45 Abs. 3 BHO in diesen Fällen generell als erteilt (BMF-Rundschreiben vom 10.07.2006, Ziff. 2b). *Jedoch*: Die Bildung von Ausgaberesten im flexibilisierten Bereich bedarf der **Bedarfsprüfung** (BMF-Rundschreiben vom 10.07.2006, Ziff. 2a). Ein solches sachliches Bedürfnis zur Bildung von Ausgaberesten kann regelmäßig dann *nicht* angenommen werden, wenn
  - Minderausgaben auf dauerhaften Wegfall der Aufgaben beruhen,
  - Minderausgaben im Bereich zugestandener Sondertatbestände anfallen, die planmäßig oder außerplanmäßig für die Zukunft entfallen,
  - Minderausgaben bei großen und kleinen Baumaßnahmen oder größeren Beschaffungen im Sinne des § 24 BHO darauf beruhen, dass diese ganz oder teilweise auf Dauer nicht durchgeführt oder auf unbestimmte Zeit verschoben werden.
- Die Restedeckung im Gesamthaushalt übernimmt das BMF. Vorsorglich werden im Epl 60 Reserven in Höhe von 250 Mio. € bereit gestellt.

V. Das Fälligkeitsprinzip

1. Der Grundsatz

Das **Fälligkeitsprinzip** beschränkt die Veranschlagung der Einnahmen und Ausgaben im Haushaltsplan auf die in dem betreffenden Jahr voraussichtlich kassenwirksamen Beträge. Man spricht auch vom **Kassenwirksamkeitsprinzip**.

Durch diesen Grundsatz wird eine Ausweitung des Budgets vermieden und ein Überblick über den tatsächlich benötigten Geldbedarf im Haushaltsplan gegeben.

Beispiel: Im Geschäftsbereich des Bundesministeriums des Innern ist der Neubau eines Dienstgebäudes geplant. Nach den Planungsunterlagen werden die Ausgaben für diese Maßnahme voraussichtlich wie folgt anfallen:

Im Jahr	2009	2010	2011	2012
Mio €	1	3	5	4

Bei dem betreffenden Titel dürfen im Haushaltsplan 2009 nur 1 Mio € für das Projekt veranschlagt werden und nicht etwa der Gesamtbetrag in Höhe von 13 Mio €.

Rechtsgrundlagen für das Fälligkeitsprinzip sind § 11 BHO und VV zu § 11 BHO.

2. Die Verpflichtungsermächtigung als Konsequenz des Grundsatzes der Fälligkeit

Die Ausgaben im Haushaltsplan ermächtigen die Verwaltung, Verpflichtungen einzugehen, die zu Zahlungen im laufenden Jahr, also bis zum 31.12. d.J., führen. Oft – besonders bei sich über einen längeren Zeitraum hinziehenden Investitionsvorhaben – ist es jedoch erforderlich, in einem Jahr eine Zahlungsverpflichtung einzugehen (Abschluss eines Vertrages, Bestellung usw.), die erst zu einem Zahlungsvorgang in einem oder mehreren der Folgejahre führt. Durch eine Verpflichtung, die den Bundeshaushalt in den Folgejahren belastet, wird die Handlungsfähigkeit in der Zukunft eingeschränkt. Die Verwaltung darf auch Verpflichtungen, die erst zu Zahlungen in künftigen Jahren führen, nur bei Vorliegen einer konkreten Ermächtigung im Haushaltsplan eingehen.

Auf die Verpflichtungsermächtigung wird in verschiedenen Abschnitten eingegangen.

Die Verpflichtungsermächtigung ermächtigt noch nicht zur Leistung der Zahlung in dem Folgejahr, sondern lediglich zum Eingehen der Verpflichtung. Zur Zahlung ermächtigt erst der jeweilige Haushaltsplan durch die Ausgabeermächtigung.

Im Beispiel oben müsste die Veranschlagung wie folgt aussehen:

0699
Übungsbehörde

Titel Funktion	Zweckbestimmung	Soll 2009 1000 €	Soll 2008 1000 €	Ist 2007 1000 €
712 01 -013	Neubau des Dienstgebäudes in Neustadt	1000	–	–

Verpflichtungsermächtigung	12 000 T€	
davon fällig:		
2010 bis zu	3 000 T€	
2011 bis zu	5 000 T€	
2012 bis zu	4 000 T€	

Abbildung 45: Fälligkeit und Verpflichtungsermächtigungen

VI. Gesamtdeckung

1. Der Grundsatz

Der Grundsatz der Gesamtdeckung schreibt vor, dass **alle** Einnahmen zur Deckung **aller** Ausgaben dienen. Er verbietet eine Zweckbindung bestimmter Einnahmen für bestimmte Ausgaben und wird deshalb auch „**Zweckbindungsverbot**" oder „**Non-Affektationsprinzip**" genannt.

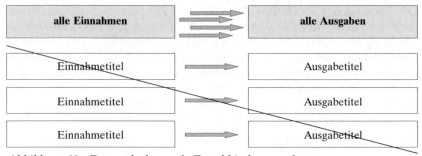

Abbildung 46: Gesamtdeckung als Zweckbindungsverbot

Mit dem Grundsatz der Gesamtdeckung soll die Entscheidungsfreiheit des Parlaments bzw. der Regierung über die Gewichtung der Ausgaben im Sinne der politischen Funktion des Haushaltsplans gesichert werden. Die Gewichtung der

Ausgaben soll nicht durch die Entwicklung bestimmter Einnahmen, sondern durch politisch zuständige Gremien erfolgen.

Die Rechtsgrundlage ist § 8 Satz 1 BHO.

2. Die Ausnahme: Zweckbindung von Einnahmen

In bestimmten Fällen kann eine Zweckbindung sinnvoll sein. So werden z.B. bestimmte Leistungen an den Staat nur für einen besonderen Zweck gewährt (Spenden). § 8 Satz 2 BHO sieht deshalb vor, dass eine Zweckbindung ausdrücklich durch *Gesetz* (geborene Zweckbindung) oder durch **Haushaltsvermerk** (gekorene Zweckbindung) zugelassen werden kann. Daneben gibt es wieder die Möglichkeit, Ausnahmen durch *Haushaltsgesetz* zuzulassen (ebenfalls gekorene Zweckbindung).

Abbildung 47: Arten der Zweckbindung

Die **Zweckbindung aufgrund eines Gesetzes** ist die einschneidendste Abweichung vom Haushaltsgrundsatz der Gesamtdeckung, da hierdurch dauergesetzliche Sonderregelungen geschaffen werden, die den Gestaltungsspielraum des Gesetzgebers bei der Budgetfeststellung einengen.

Eine dauergesetzliche (geborene) Zweckbestimmung gibt es z.B. nach Art. 1 des Straßenbaufinanzierungsgesetzes zwischen einem Teil der Einnahmen aus der Mineralölsteuer und Ausgaben für das Straßenwesen. Das Gesetz, das eine geborene Ausnahme begründet, ist also erstmals **nicht die BHO**, sondern ein Spezialgesetz. Allerdings ist diese Zweckbindung regelmäßig durch das jährliche Haushaltsgesetz (z.B. § 6 Abs. 7 HG 2008) so erweitert worden, dass der gebundene Teil der Mineralölsteuer auch für sonstige verkehrspolitische Zwecke im Bereich des Bundesministeriums für Verkehr, Bau und Stadtentwicklung zu verwenden ist. Damit findet eine gewisse „Aufweichung" des Straßenbaufinanzierungsgesetzes durch das jährliche Haushaltsgesetz statt.

Ansonsten sind gerade im Steuerbereich keine Zweckbindungen vorgenommen worden, obwohl einige Steuern unter Hinweis auf bestimmte Ausgabezwänge eingeführt wurden (so etwa der Solidaritätszuschlag oder die „Ökosteuer").

Nach dem **Haushaltsgesetz** können innerhalb eines Kapitels mit Einwilligung des Bundesministeriums der Finanzen Mehreinnahmen aus der Veräußerung von Dienstkraftfahrzeugen zur Verstärkung der Ausgaben für die Ersatzbeschaffung von Dienstkraftfahrzeugen herangezogen werden (z.B. § 6 Abs. 6 HG 2008).

Eine Zweckbindung aufgrund eines **Haushaltsvermerks im Haushaltsplan** bedeuten, dass die Behörde die entsprechenden Einnahmen nicht abzuführen braucht, sondern diese für bestimmte Zwecke verwenden darf. Solche Zweckbindungen sollen auch dazu beitragen, Anreize zum wirtschaftlichen Handeln in den Behörden zu schaffen. Dies könnte etwa dann eintreten, wenn mit höheren Einnahmen aus Veröffentlichungen eine weitere Auflage der Veröffentlichung finanziert werden darf.

Beispiel für eine gekorene (durch Haushaltsvermerk angeordnete) Zweckbindung:

119 01 -013	Einnahmen aus Veröffentlichungen	70
	Haushaltsvermerk: *Mehreinnahmen dienen zur Verstärkung der Ausgaben bei folgendem Titel: 531 01.*	
531 01 -013	Kosten für Fachveröffentlichungen	42
	Haushaltsvermerk: *Mehrausgaben dürfen bis zur Höhe der Mehreinnahmen bei folgendem Titel geleistet werden: 119 01.*	

Abbildung 48: Zweckbindungsvermerke

Der Zweckbindungsvermerk ist immer beim Einnahmetitel und beim korrespondierenden Ausgabetitel auszubringen.

Beachte: Ausgaben aus zweckgebundenen Einnahmen (geboren wie gekoren) sind nach § 19 Abs. 1 BHO immer übertragbar. Die Möglichkeit, Ausgabereste zu bilden, ist somit die haushaltsrechtliche Folge einer Zweckbindung von Haushaltseinnahmen (vgl. Grundsatz der Jährlichkeit und zeitlichen Bindung).

VII. Einheit und Vollständigkeit

1. Der Grundsatz

> Der Grundsatz der **Einheit** verlangt, dass die verschiedenen finanzwirtschaftlichen Planungen eines Verbandes in **einen einzigen** Haushaltsplan einzustellen sind. Ergänzt wird dieser Grundsatz durch das Postulat der **Vollständigkeit**, wonach in einem Haushaltsplan **alle** Einnahmen und Ausgaben lückenlos enthalten sein müssen.

Der Haushaltsplan soll eine vollständige Zusammenstellung aller Einnahmen und Ausgaben sein. Eine Zersplitterung der Haushaltswirtschaft durch die Veranschlagung öffentlicher Einnahmen und Ausgaben in mehreren Haushaltsplänen würde zu mangelnder **Transparenz** staatlichen Handelns führen. Auch kann eine Haushaltswirtschaft wohl nur dann verwaltungswirtschaftlich und organisatorisch zweckmäßig gestaltet werden, wenn nicht bestimmte Teile derselben ein „halbamtliches" oder überhaupt kein „amtliches" Dasein führen.

Ein unvollständiges Budget wiederum „verschleiert … die wahre Finanzlage und macht dem Parlament die Sicherung einer rationalen Finanzgebarung sowie die gewollte **Lenkung und Kontrollierung** der Verwaltung unmöglich."[84] Nur ein vollständiger Haushaltsplan kann widerspiegeln, was mit ihm politisch gewollt ist und tatsächlich getan wird, d.h., nur der vollständige Haushalt kann die **politische Budgetfunktion** sichern. Außerdem ist eine **ökonomische Analyse** der Wirkungen budgetärer Maßnahmen nur möglich und aussagerelevant, wenn alle diesbezüglichen Aktivitäten erfasst werden.

Die Bedeutung des Grundsatzes der Einheit und Vollständigkeit kommt schon darin zum Ausdruck, dass er eines der im Grundgesetz und in den Landesverfassungen formulierten Budgetprinzipien gehört. Aber auch die Gemeindeordnungen enthalten entsprechende Vorschriften. Für den Haushaltsplan des Bundes ist der Grundsatz in Art. 110 Abs. 1 GG normiert.

2. Die Ausnahme: Bundesbetriebe und Sondervermögen

Das Grundgesetz wie auch einige Landesverfassungen lassen Ausnahmen vom Grundsatz der Einheit und Vollständigkeit zu.

> Für den Haushaltsplan des Bundes sieht Art. 110 Abs. 1 2. Halbs. GG eine Ausnahme bei **Bundesbetrieben und Sondervermögen** vor. Bei diesen brau-

---

84 *Fritz Neumark*, Der Reichshaushaltsplan, Jena, 1929, S 126.

chen nur die Zuführungen und Ablieferungen in den Bundeshaushaltsplan eingestellt werden.

Ergänzt wird diese Verfassungsregelung durch § 26 BHO, der für Bundesbetriebe einen eigenen Wirtschaftsplan vorsieht, wenn ein Wirtschaften nach Einnahmen und Ausgaben nicht zweckmäßig erscheint. Dies ist in der Regel dann der Fall, wenn es sich um einen Betrieb handelt, der sich den Erfordernissen des freien Wettbewerbs anzupassen hat.[85] Daneben befasst sich § 26 BHO (i.V.m. den VV dazu) mit den Sondervermögen und den Zuwendungsempfängern.

Zu den Zuführungen zählen die Zuweisungen zur Deckung von Betriebsverlusten und die rückzahlbaren oder nicht rückzahlbaren Zuweisungen zur Kapitalausstattung; zu den Ablieferungen zählen die Gewinnablieferungen und die Kapitalrückzahlungen.[86]

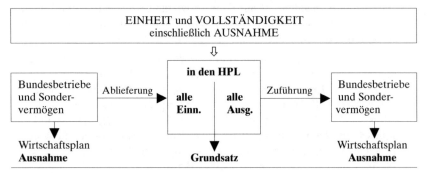

Abbildung 49: Einheit, Vollständigkeit und Sonderhaushalte

85　Nr. 1.2. VV zu § 26 BHO.
86　Nr. 1.4. VV zu § 26 BHO.

VIII. Das Bruttoprinzip

1. Der Grundsatz

Nach dem **Bruttoprinzip** sind die Einnahmen und Ausgaben **in voller Höhe und getrennt** voneinander **zu veranschlagen und zu buchen**; sie dürfen nicht miteinander aufgerechnet werden. Es gilt das Saldierungsverbot (§§ 15, 35 BHO).

Konkret beinhaltet das Bruttoprinzip, dass

* weder Einnahmen von Ausgaben vorweg abgezogen werden (Einnahmeminderung),
* noch Einnahmen auf Ausgaben vorweg angerechnet werden (Ausgabeminderung),
* noch gleich hohe Einnahmen mit gleich hohen Ausgaben in der Weise verrechnet werden, dass eine Veranschlagung und Buchung unterbleibt (vollständige Verrechnung).

Die Ziele dieses Haushaltsgrundsatzes sind identisch mit denen des Vollständigkeitsprinzips (Art. 110 Abs. 1 GG), denn ein Nettobudget zeigt nie ein vollständiges Bild der Haushaltswirtschaft. Eine vollständige Verrechnung gleich hoher Einnahmen und Ausgaben würde Finanzvorgänge völlig unsichtbar machen. Solange in einem vordergründig vollständigen Budget sich Nettoveranschlagungen befinden und solange netto gebucht werden darf, kann man nicht von einem wirklich vollständigen Haushalt sprechen. Teile der Einnahmen und Ausgaben werden der Volksvertretung vorenthalten und verfälschen das Bild des Haushaltsplans bei der Verabschiedung und bei der Kontrolle. Bruttoprinzip und Vollständigkeitspostulat sind demnach untrennbar miteinander verbunden. *Patzig* bezeichnet das Bruttoprinzip als „Bruder des Vollständigkeitsprinzips".[87]

Beispiel:
Kauf eines Kopiergerätes für 3000 € und Inzahlungnahme des alten Gerätes durch die Lieferfirma für 500 €.

Haushaltsplan	Einnahmetitel 500 €
	Ausgabetitel 3000 €

---

87 *Patzig*, Haushaltsrecht des Bundes und der Länder, Bd. 1 RdNr. 88.

Nicht zulässig wäre nach dem Bruttoprinzip die Veranschlagung eines Saldos von 2500 € in dem Ausgabetitel.

Was für die Veranschlagung im Haushaltsplan gilt, ist auch bei der Ausführung des Haushaltsplans zu beachten. Einnahme und Ausgabe müssen getrennt gebucht werden (Bruttonachweis), eine Verrechnung ist unzulässig.

Rechtsgrundlage für die Bruttoveranschlagung ist § 15 Abs. 1 Satz 1 BHO, für den Bruttonachweis ist § 35 Abs. 1 BHO relevant.

2. Die Ausnahme: Nettoveranschlagung und Nettonachweis

Ausnahmen vom Bruttoprinzip sind durch Gesetz unmittelbar (=geborene Ausnahme) oder aber durch Haushaltsgesetz bzw. durch Haushaltsvermerk im Haushaltsplan zugelassen (=gekorene Ausnahmen).

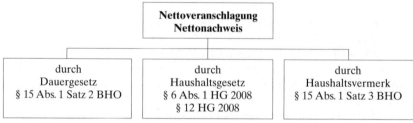

Abbildung 50: Ausnahmen vom Bruttoprinzip

Nach § 15 Abs. 1 Satz 2 BHO gilt das Bruttoprinzip nicht für die Veranschlagung der Einnahmen aus **Krediten** vom Kreditmarkt und der damit zusammenhängenden Tilgungsausgaben. Im Einzelplan 32 (Bundesschuld) wird nur die **Netto**kreditaufnahme veranschlagt, die auch dem in § 2 des jeweiligen Haushaltsgesetzes genannten Betrag entspricht.

Während Kredite im Einzelplan nur netto veranschlagt werden, ist der Gesamtzusammenhang aus dem *Gesamtplan* ersichtlich. Sowohl in der *Finanzierungsübersicht* als auch ausführlicher im *Kreditfinanzierungsplan* zeigt der Haushaltsplan die Beträge der Bruttokreditaufnahme und der Tilgung in dem betreffenden Jahr.

Mit der Nettoveranschlagung der Krediteinnahmen soll ein unnötiges **Aufblähen des Haushaltsvolumens vermieden** werden. Würde man die Kredite brutto

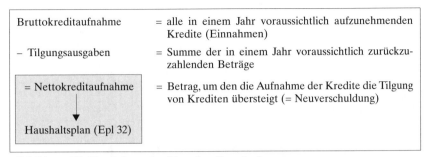

Bruttokreditaufnahme   = alle in einem Jahr voraussichtlich aufzunehmenden
                                      Kredite (Einnahmen)

– Tilgungsausgaben   = Summe der in einem Jahr voraussichtlich zurückzu-
                                      zahlenden Beträge

= Nettokreditaufnahme   = Betrag, um den die Aufnahme der Kredite die Tilgung
                                      von Krediten übersteigt (= Neuverschuldung)

Haushaltsplan (Epl 32)

Abbildung 51: Ermittlung der Nettokreditaufnahme

veranschlagen, würde auf der einen Seite das Ausgabevolumen um die Tilgungsausgaben und auf der anderen Seite die Einnahmen um die Kredite zur Bedie-
nung der Tilgungsausgaben erhöht. Bei Nettoveranschlagung der Kredite zeigt
der Haushaltsplan klar und übersichtlich nur die Neuverschuldung, die auch für
die Analyse **gesamtwirtschaftlicher Effekte** der Staatstätigkeit von größerer
Bedeutung ist. Dies gilt nicht nur für die Beurteilung staatlicher Nachfragewirkungen, sondern auch für den monetären Bereich. Nur in Höhe der Nettokreditaufnahme erfolgt eine Beanspruchung des Kapitalmarktes. Werden Kredite
aufgenommen, um fällig werdende Kredite zu tilgen, werden dem Kapitalmarkt
Mittel entzogen, die ihm gleichzeitig wieder zugeführt werden.

Die Bundesländer veranschlagen ihre Kredite und ihre Tilgungsausgaben allerdings im Gegensatz zum Bund brutto. Das Haushaltsgrundsätzegesetz gibt hierzu in § 12 den gesetzlichen Spielraum.

Die Bundes-Haushaltsgesetze seit 1998 enthalten globale Haushaltsvermerke
für Ausnahmen vom Bruttoprinzip. Zur Zeit gelten die, sich aus dem Haushaltsgesetz (§§ 6 und 12 HG 2008) ergebende Ausnahmen (*s. Abbildung 52 S. 144*).

Das jährliche Haushaltsgesetz (z.B. § 12 HG 2008) lässt weiterhin folgende
Ausgabebuchungen bei Einnahmetiteln bzw. Einnahmebuchungen bei Ausgabetiteln zu:

• Die Rückzahlung zuviel erhobener Einnahmen ist stets beim jeweiligen Einnahmetitel abzusetzen.

• Bei Unrichtigkeit einer Zahlung, bei Doppelzahlungen oder Überzahlungen
  darf die Rückzahlung von der Ausgabe abgesetzt werden
  – soweit die Flexibilisierung nach § 5 HG gilt, stets,
  – im Übrigen nur, wenn die Bücher noch nicht abgeschlossen sind. (Sind die
    Bücher abgeschlossen, sind Rückzahlungen von nicht in § 5 HG genannten
    Ausgaben als Einnahmen („vermischte Einnahmen") zu verbuchen).

• Die Rückzahlung zu viel geleisteter Personalausgaben ist stets beim jeweiligen Ausgabetitel abzusetzen.

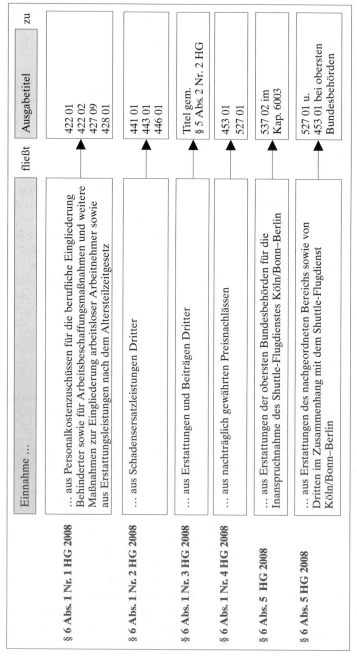

Einnahme ...	fließt	Ausgabetitel	zu
§ 6 Abs. 1 Nr. 1 HG 2008	... aus Personalkostenzuschüssen für die berufliche Eingliederung Behinderter sowie für Arbeitsbeschaffungsmaßnahmen und weitere Maßnahmen zur Eingliederung arbeitsloser Arbeitnehmer sowie aus Erstattungsleistungen nach dem Altersteilzeitgesetz	▲	422 01 422 02 427 09 428 01
§ 6 Abs. 1 Nr. 2 HG 2008	... aus Schadensersatzleistungen Dritter	▲	441 01 443 01 446 01
§ 6 Abs. 1 Nr. 3 HG 2008	... aus Erstattungen und Beiträgen Dritter	▲	Titel gem. § 5 Abs. 2 Nr. 2 HG
§ 6 Abs. 1 Nr. 4 HG 2008	... aus nachträglich gewährten Preisnachlässen	▲	453 01 527 01
§ 6 Abs. 5 HG 2008	... aus Erstattungen der obersten Bundesbehörden für die Inanspruchnahme des Shuttle-Flugdienstes Köln/Bonn–Berlin	▲	537 02 im Kap. 6003
§ 6 Abs. 5 HG 2008	... aus Erstattungen des nachgeordneten Bereichs sowie von Dritten im Zusammenhang mit dem Shuttle-Flugdienst Köln/Bonn–Berlin	▲	527 01 u. 453 01 bei obersten Bundesbehörden

Abbildung 52: Ausnahmen vom Bruttoprinzip nach HG 2008

Ausnahmen vom Bruttoprinzip können im Einzelfall auch durch **Haushalts-vermerk im Haushaltsplan** zugelassen werden. Derartige Vermerke sind stets nötig, wenn es zu verhindern gilt, dass Ausgabebewilligungen für amtliche Zwe-cke durch entgeltliche Inanspruchnahme Dritter belastet werden. Das wäre etwa der Fall, wenn dienstliche Telefonanlagen, Kopiergeräte und dergl. gegen Entgelt für private Zwecke genutzt werden. Für solche Fälle wäre ein soge-nannter **Rückeinnahmevermerk** bei den betroffenen Ausgabetiteln anzubrin-gen. Der Rückeinnahmevermerk hat folgenden Wortlaut:

„Beiträge (Erstattungen) Dritter fließen den Ausgaben zu".

Beispiel: Ein Amt schickt regelmäßig auch Sachverständige zu anderen Dienststellen. Üblich ist in solchen Fällen, dass die Ausgaben für die Dienstreisen der Sachverständigen vom Amt vorgestreckt und später von der die Leistungen beanspruchenden Dienststelle zurückerstattet werden. Die folgende Veranschlagung ist möglich:

Titel Funktion	Zweckbestimmung	Soll 2008 1 000 €	...
527 01	Dienstreisen	120	
	Haushaltsvermerk		
	Erstattungen Dritter fließen den Ausgaben zu.		

Abbildung 53: Ausnahme vom Bruttoprinzip durch Haushaltsvermerk

Die Einschränkung der Ausnahmen vom Bruttoprinzip auf Nebenkosten und Nebenerlöse in § 15 Abs. 1 Satz 3 BHO ist so zu verstehen, dass ein enger Zusammenhang zwischen der aufzurechnenden Einnahme und Aus-gabe bestehen und es sich um geringfügige Beträge (*Neben…*) handeln muss. Eine Verschleierung von Finanzvorgängen wird dadurch vermieden, dass im Fall der durch Haushaltsvermerk zugelassenen Aufrechnung nach § 15 Abs. 1 Satz 4 BHO die Berechnung des veranschlagten Betrages dem Haushaltsplan als Anlage beizufügen oder in die Erläuterungen aufzuneh-men ist.

Außerdem fließen bei „**Selbstbewirtschaftungsmitteln**" (§ 15 Abs. 2 BHO) die bei der Bewirtschaftung aufkommenden Einnahmen den Ausgaben zu. Bei der Rechnungslegung ist nur die Zuweisung der Mittel an die beteiligten Stellen als Ausgabe nachzuweisen.

3. Zusammenfassung

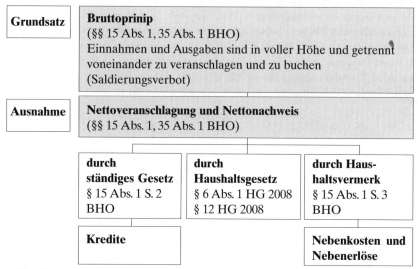

Grundsatz	**Bruttoprinip** (§§ 15 Abs. 1, 35 Abs. 1 BHO) Einnahmen und Ausgaben sind in voller Höhe und getrennt voneinander zu veranschlagen und zu buchen (Saldierungsverbot)

Ausnahme	**Nettoveranschlagung und Nettonachweis** (§§ 15 Abs. 1, 35 Abs. 1 BHO)

durch ständiges Gesetz § 15 Abs. 1 S. 2 BHO	**durch Haushaltsgesetz** § 6 Abs. 1 HG 2008 § 12 HG 2008	**durch Haus- haltsvermerk** § 15 Abs. 1 S. 3 BHO
Kredite		**Nebenkosten und Nebenerlöse**

Abbildung 54: Bruttoprinzip, Nettoveranschlagung und Nettonachweis

---

Beachte:

- **Bruttoprinzip und Vollständigkeit:**
  - Ohne Bruttoveranschlagung ist ein Haushaltsplan immer auch unvoll-
    ständig, da bei Saldierung von Einnahmen und Ausgaben nur noch eine
    Nettoeinnahme bzw. Nettoausgabe erscheint, die einen Rückschluss
    auf die tatsächlichen Einnahmen und Ausgabenströme nicht mehr zu-
    lassen;
  - umgekehrt sichert ein Bruttohaushalt nicht zugleich die Vollständig-
    keit.
- **Bruttoprinzip und Gesamtdeckung:**
  - Der Grundsatz der Gesamtdeckung will die Zweckbindung von Ein-
    nahmen für bestimmte Ausgaben verhindern, während das Bruttoprin-
    zip die Verschleierung von Zweckbindungen verhindert:
    - bei der *Nettoveranschlagung*, der Saldierung, *verschwindet* immer *ein
      Titel*, entweder der Einnahmetitel, da die Einnahmen dem Ausgabe-
      titel zufließen oder der Ausgabetitel, da – wie bei der Nettokredit-
      aufnahme – die Ausgaben von den Einnahmen abgezogen werden;
    - bei der *Zweckbindung*, als Ausnahme vom Grundsatz der Gesamt-
      deckung, wird *ein Einnahmetitel und ein Ausgabetitel ausgebracht*.
      Die Zweckbindung wird durch einen Vermerk sichtbar gemacht.

IX. Haushaltsausgleich

> Der Haushaltsplan des Bundes ist in Einnahme und Ausgabe auszugleichen.

Dieser Ausgleich ist formal zu verstehen, d.h., unter Einbeziehung von Kreditaufnahmen und Zuführungen zu Rücklagen.

Das Ausgleichsgebot ist eine Folge der Bedarfsdeckungsfunktion des Haushaltsplans. Da der öffentliche Haushalt auf die Deckung des Finanzbedarfs zur Erfüllung öffentlicher Aufgaben und nicht auf den Nachweis von Gewinn oder Verlust angelegt ist, muss er zwangsläufig ausgeglichen sein.

Rechtsgrundlage ist Art. 110 Abs. 1 Satz 2 GG.

Ein Haushalt, der sich an der gesamtwirtschaftlichen Funktion ausrichtet, bleibt mit seinen Ausgaben je nach Konjunkturlage entweder hinter dem sich aus der staatlichen Aufgabenerfüllung ergebenden Finanzbedarf zurück oder geht über diesen hinaus. Da bei einer stabilisierenden oder gar antizyklischen Gestaltung des Haushalts die **Einnahme- und Ausgabeentwicklung gegenläufig** ist, ist der Haushalt zwangsläufig materiell unausgeglichen. Ein sich ausschließlich am Finanzbedarf zur Erfüllung staatlicher Aufgaben orientierender Haushalt wäre jedoch immer ausgeglichen. Daraus folgt, dass die Forderung des Grundgesetzes nach einem ausgeglichenen Haushalt nur formal verstanden werden kann. Eine Kreditfinanzierung des Haushalts – in den Grenzen des Art. 115 GG – verstößt nicht gegen die Ausgeglichenheit.

Die Herbeiführung eines Haushaltsausgleichs ist bei der Aufstellung des Haushalts manchmal nur mit Hilfe sogenannter **„Haushaltssicherungsgesetze"**, „Haushaltsstrukturgesetze" oder „Haushaltsbegleitgesetze" möglich, die – gemeinsam mit dem Haushaltsgesetz verabschiedet – entweder Einschnitte in Leistungsgesetze oder Abgabenerhöhungen oder beides beinhalten.

Bei der Ausführung des Haushaltsplans gibt es zur Sicherung des Haushaltsausgleichs durch das Bundesministerium der Finanzen das Instrument der haushaltswirtschaftlichen Sperre. Nach § 41 BHO kann das Bundesministerium der Finanzen es von seiner Einwilligung abhängig machen, ob Verpflichtungen eingegangen oder Ausgaben geleistet werden.

Reichen die hiermit erzielten Einsparungen nicht aus, hat das Bundesministerium der Finanzen die Möglichkeit, den Entwurf eines Nachtragshaushalts auszuarbeiten und ihn der Bundesregierung zur Beschlussfassung vorzulegen. Der Nachtragshaushalt wird danach in einem förmlichen Gesetzgebungsverfahren vom Parlament verabschiedet.

X. Haushaltswahrheit und Haushaltsklarheit

Aus dem Vollständigkeitsgebot leiten sich auch die Gebote der Haushaltswahrheit und -klarheit ab. Die **Wahrheit (Genauigkeit)** des Haushaltsplans erfordert es, dass Einnahmen und Ausgaben – soweit möglich – genau berechnet bzw. auf der Basis möglichst verlässlicher Grundlagen geschätzt werden. Die so ermittelten Werte müssen im Haushaltsplan übersichtlich und transparent (**Klarheit**) dargestellt werden.

„Der Haushaltsplan darf nicht lückenhaft sein und nichts verschleiern. Er muss transparent machen, wo und in welcher Höhe veranschlagte Einnahmen ihren Entstehungsgrund haben, aber auch, in welcher Höhe Ausgaben für welchen Zweck voraussichtlich anfallen. In diesen Grundsätzen bewährt sich das Haushaltsbewilligungsrecht des Parlaments als das wesentliche Instrument der Regierungskontrolle."[88] Haushaltswahrheit stellt die inhaltliche Seite einer genauen Ermittlung der Haushaltsansätze dar, Haushaltsklarheit die formale.

Das Gebot der **Haushaltswahrheit** ist den VV Nr. 2.3 zu § 9 BHO und Nr. 1.2 zu § 11 BHO zu entnehmen. Dieses Gebot führt z. B. dazu, dass im Verfahren der Aufstellung des Haushaltsplans die Behörden ihre Voranschläge insbesondere bei Änderungen im Mittelbedarf gegenüber dem Vorjahr ausführlich begründen müssen.

Die **Haushaltsklarheit** findet ihren Niederschlag in umfangreichen Vorschriften über die Gestaltung des Haushaltsplans. Der Haushaltsklarheit dient die Haushaltssystematik, wie sie sich aus den §§ 13 und 14 BHO ableiten lässt. Darüber hinaus sollen die Haushaltstechnischen Richtlinien des Bundes (HRB) eine einheitliche, transparente Gestaltung des Haushaltsplans durch alle beteiligten Stellen gewährleisten.

XI. Öffentlichkeit

1. Der Grundsatz

Nach dem Grundsatz der Öffentlichkeit ist das Budgetleben in allen Phasen des Haushaltskreislaufs in seinen wesentlichen Punkten der Allgemeinheit zugänglich zu machen.

---

88 VerfGH Rh.-Pf., DVBl. 1997, 491 (492) , in: DÖV – Die Öffentliche Verwaltung, 50. Jg., 1997,
    S. 246.

Es handelt sich dabei um keine Besonderheit der Haushaltswirtschaft, sondern um einen Ausdruck des Demokratieverständnisses. Dies kommt auch darin zum Ausdruck, dass vor allem die Phasen des Haushaltskreislaufs, die Ausdruck des parlamentarischen Budgetrechts sind, von der Öffentlichkeit verfolgt werden. Das gesamte Haushaltsgesetzgebungsverfahren nimmt in der Berichterstattung der Medien einen breiten Raum ein. Die wesentlichen Prüfungsergebnisse des Bundesrechnungshofs werden vom Präsidenten des Bundesrechnungshofs in einer Pressekonferenz vorgestellt und sind der Öffentlichkeit zugänglich (Bundestagsdrucksache). Ein selbstverständlicher Ausdruck der Öffentlichkeit ist die Veröffentlichung des Haushaltsgesetzes und des Haushaltsplans.

Der Grundsatz der Öffentlichkeit ist nach Auslegung des Bundesverfassungsgerichts ein Verfassungsgrundsatz, der aus dem allgemeinen Öffentlichkeitsprinzip nach demokratischem Staatsverständnis folgt.

2. Die Ausnahme: Geheimhaltungsbedürftige Haushaltsmittel

Aus ausschlaggebenden Gründen des Staatswohls kann es unvermeidlich sein, die Offenlegung von Detailangaben bestimmter der Geheimhaltung unterliegender Fonds zu unterlassen.

Beispiele:

Kapitel 0404 Bundesnachrichtendienst

Kapitel 0609 Bundesamt für Verfassungsschutz

Der Bundestag kann in Ausnahmefällen nach § 10a BHO die Bewilligung von Ausgaben, die nach geheimzuhaltenden Wirtschaftsplänen bewirtschaftet werden sollen, im Haushaltsgesetzgebungsverfahren von der Billigung der Wirtschaftspläne durch ein Gremium von Mitgliedern des Haushaltsausschusses (Vertrauensgremium) abhängig machen, das vom Bundestag für die Dauer der Wahlperiode gewählt wird. Die Mitglieder des Vertrauensgremiums sind zur Geheimhaltung aller Angelegenheiten verpflichtet, die ihnen bei ihrer Tätigkeit bekannt geworden sind.

Der Bundesrechnungshof prüft in diesen Fällen nach § 19 Satz 1 Nr. 1 Bundesrechnungshofgesetzes durch ein dafür zuständiges Kollegium (ohne Einbeziehung der Senate) und unterrichtet das Vertrauensgremium sowie die zuständige oberste Bundesbehörde und den Bundesminister der Finanzen über das Ergebnis seiner Prüfung der Jahresrechnung sowie der Haushalts- und Wirtschaftsführung.

XII. Die Haushaltsgrundsätze (Kurzfassung)

Übersicht 9: Haushaltgrundsätze im Überblick

Grundsatz	Erläuterungen	Ausnahmen
Wirtschaftlichkeit und Sparsamkeit § 7 BHO, insbes. VV zu § 7 BHO	Bei allen Maßnahmen ist die günstigste Zweck-Mittel-Relation anzuwenden (Minimal- und Maximalprinzip) zu prüfen: – Ausgliederung – Entstaatlichung – Privatisierung	Keine
Vorherigkeit Art. 110 Abs. 2 GG	Der Haushaltsplan ist **vor Beginn** des jeweiligen Haushaltsjahres durch das Haushaltsgesetz festzustellen	**Vorläufige Haushaltsführung** (Nothaushaltsrecht) nach Art. 111 GG: *Ausgabeermächtigung* (Art. 111 Abs. 1 GG): • für die Erfüllung von Gesetzen • für die Erfüllung von Verträgen • für Fortsetzungsmaß- nahmen *Kreditermächtigung* (Art. 111 Abs. 2 GG): • bis zu einem Viertel der Haushaltssumme des abge- alaufenen Haushaltsplans
Einzelver- anschlagung und sachliche Bindung §§ 17, 45 BHO	Im Haushaltsplan sind die Einnah- men nach dem Entstehungsgrund und die Ausgaben nach Zwecken getrennt zu veranschlagen (Einzelveranschlagung) Die Verwaltung ist im Haushalts- vollzug an den vorgegebenen Zweck gebunden (sachliche Bindung)	**Deckungsfähigkeit** • **geboren** (= durch Gesetz: § 20 BHO): → nur Personalausgaben • **gekoren** (HG oder Haushaltsvermerk) – § 20 Abs. 2 BHO und – § 5 Abs. 2 u. 3 HG 2008 (Flexibilisierung) – § 6 Abs. 3 HG 2008
Jährlichkeit und zeitliche Bindung Art. 110 Abs. 2 GG, §§ 1, 11, 12, 45 BHO	Der Haushaltsplan wird für ein oder zwei Rechnungsjahre nach Jahren getrennt aufgestellt (Jährlichkeit) Ausgaben und Verpflichtungs- ermächtigungen dürfen nur bis zum Ende des Haushaltsjahres geleistet bzw. in Anspruch	**Übertragbarkeit** • **geboren** (= durch Gesetz: § 19 BHO): → Investitionen (7er und 8er Titel) → Ausgaben aus zweckge- bundenen Einnahmen • **gekoren** (HG oder Haushaltsvermerk)

Grundsatz	Erläuterungen	Ausnahmen
	genommen werden (zeitliche Bindung)	– § 19 Abs. 1 S. 2 BHO und – § 5 Abs. 4 HG 2008 (Flexibilisierung)
Fälligkeit § 11 Abs. 2 BHO und VV zu § 11 BHO	Es dürfen nur die Einnahmen und Ausgaben in den Haushaltsplan eingestellt werden, die im Haushaltsjahr voraussichtlich kassenwirksam werden	**Keine** (Bei mehrjährigen Maßnahmen werden als Konsequenz des Fälligkeitspostulats Verpflichtungsermächtigungen ausgebracht)
Gesamtdeckung § 8 BHO	**Alle** Einnahmen dienen als Deckungsmittel für **alle** Ausgaben (Zweckbindungsverbot, Non-Affektationsprinzip)	**Zweckbindung** von Einnahmen • **geboren** (= durch ständiges Gesetz, z.B. Straßenbaufinanzierungsgesetz) • **gekoren** (HG oder Haushaltsvermerk) – z.B. § 6 Abs. 6 HG 2008
Einheit und Vollständigkeit Art. 110 GG, § 11 BHO	**Alle** Einnahmen und Ausgaben sind in **den** (**einen** einzigen) Haushaltsplan einzustellen	**Bundesbetriebe und Sondervermögen** haben eine eigene Wirtschaftsführung. Hier sind nur die Zuführungen und Ablieferungen in den Haushaltsplan einzustellen (Art. 110 GG, § 26 BHO)
Bruttoprinzip §§ 15 Abs. 1, 35 Abs. 1 BHO	Die Einnahmen und Ausgaben sind in voller Höhe und getrennt voneinander – zu veranschlagen – und zu buchen	**Nettoveranschlagung und Nettonachweis** • **geboren** (= durch Gesetz: § 15 Abs. 1 BHO) → nur Kredite • **gekoren** (HG oder Haushaltsvermerk) – § 6 Abs. 1 HG 2008 – § 12 HG 2008 – Rückeinnahmevermerke
Haushaltsausgleich Art. 110 Abs. 1 S. 2 GG	Der Haushaltsplan ist in Einnahmen und Ausgaben auszugleichen (formaler Ausgleich über Kredite)	**Keine**
Haushaltswahrheit und Haushaltsklarheit	Alle Einnahmen und Ausgaben sind mit der größten Genauigkeit zu errechnen und zu schätzen; es dürfen keine Sachverhalte verschleiert werden (Wahrheit) Der Haushaltsplan ist übersichtlich zu gliedern (Klarheit)	**Keine**

Grundsatz	Erläuterungen	Ausnahmen
Öffentlichkeit §§ 1 S. 2, 10 Abs. 2, 37 Abs. 4, 97 BHO	Das Budgetleben soll in allen Phasen des Haushaltskreislaufs in seinen wesentlichen Punkten der Allgemeinheit zugänglich sein.	**Geheime Fonds** (BND, MAD, Verfassungsschutz) §§ 10, 10a, 97 Abs. 4 BHO und § 19 BRHG

G. Der Haushaltskreislauf

I. Überblick

Der Haushaltsplan als Grundlage für die Haushalts- und Wirtschaftsführung erfährt in seinem „Leben" einen Ablauf, der – in vier Phasen eingeteilt – als **Haushaltskreislauf** bezeichnet wird. Jeder Haushaltskreislauf beginnt mit dem Aufstellungsverfahren zu einem bestimmten Zeitpunkt, unabhängig davon, ob ein früherer Haushaltskreislauf abgeschlossen ist.

Der Haushaltskreislauf orientiert sich ähnlich wie der Controlling-Kreislauf am Entscheidungsprozess, wobei die entscheidende Management-Ebene hier das Parlament darstellt. Im Rahmen seiner Budgethoheit entscheidet das Parlament über die Verteilung der Mittel und kontrolliert deren zweckentsprechende Verwendung. Im Haushaltskreislauf werden die Planungsphase (Aufstellung des Plans), die Entscheidungsphase (Feststellung des Plans), die Phase der Ausführung des Plans und die Phase der Kontrolle des Plans unterschieden. Diese Phasen geben nicht unbedingt eine zeitliche Abfolge wieder; so wird die Kontrollinstanz Bundesrechnungshof etwa bereits bei der Aufstellung und Feststellung des Haushaltsplans eingebunden und die Rechnungskontrolle setzt – möglichst zeitnah – bereits in der Ausführungsphase an.

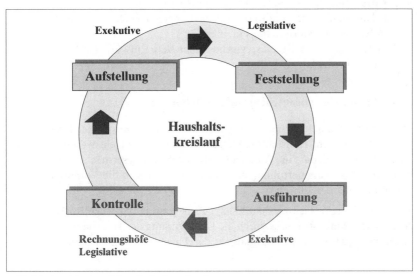

Abbildung 55: Der Haushaltskreislauf

Die **Phasen** des Haushaltskreislaufs sind durch die unterschiedlichen Rollen von Exekutive und Legislative gekennzeichnet. Die Bundesregierung stellt den Haushaltsplan nach ihren politischen und strategischen Zielen auf, operativ unterstützt durch die gesamte Bundesverwaltung. Das Parlament diskutiert, ändert und beschließt ihn in einem auch in der Öffentlichkeit viel beachteten Gesetzgebungsverfahren. Der vom Bundestag als Anlage zum Haushaltsgesetz beschlossene Haushaltsplan wird dann unter Koordination des Bundesministers der Finanzen dezentral in den einzelnen Ressorts durch die Bundesbehörden ausgeführt. Bereits während der Ausführung des Plans setzt der Bundesrechnungshof mit der Prüfung der Wirtschaftlichkeit und Ordnungsmäßigkeit ein, ist der Plan ausgeführt, erfolgt die Rechnungsprüfung. Der Bundesrechnungshof unterstützt damit sowohl die Bundesregierung als auch das Parlament.[89] Beendet wird der Haushaltskreislauf durch den Entlastungsbeschluss von Bundestag und Bundesrat.

Die folgende Darstellung wird sich an den Phasen des Haushaltskreislaufs orientieren.

II. Die Aufstellung des Bundeshaushaltsplans

Die Aufstellungsphase besteht aus drei Abschnitten:
* der Erstellung der Voranschläge in den Ressorts
* den Haushalts- und Streitpunktverhandlungen zwischen den Ressorts und dem Bundesministerium der Finanzen
* dem Beschluss der Bundesregierung über den Entwurf des Haushaltplans und des Finanzplans

1. Erstellung des Voranschlags in den Behörden

Unabhängig von den aktuellen Vorgaben des Bundesminister der Finanzen, die jedes Jahr mit dem Haushaltsaufstellungsschreiben gemacht werden, gilt nach § 6 BHO generell, dass die Ausgaben und Verpflichtungsermächtigungen nur in dem für die Aufgabenerfüllung notwendigen Umfang in die Voranschläge aufgenommen werden dürfen.

Die Aufstellung des Bundeshaushaltsplans beginnt in der Regel **13 Monate vor Beginn des Haushaltsjahres** durch die Übersendung des Haushaltsaufstellungsschreibens durch den Bundesminister der Finanzen an die Fachminister. Der

---

89 § 1 des Gesetzes über den Bundesrechnungshof (Bundesrechnungshofgesetz – BRHG) vom 11. Juli 1985 (BGBl I S. 1445).

Inhalt des Haushaltsaufstellungsrundschreibens besteht im Wesentlichen aus der Aufforderung an die Fachminister, dem Finanzminister bis Anfang März des Folgejahres die Voranschläge zu den Einzelplänen vorzulegen. Außerdem beinhaltet das Aufstellungsschreiben regelmäßig Richtwerte über die finanzpolitisch gewünschte Entwicklung und Daten zur Vereinheitlichung der Voranschläge. Das Fachministerium leitet eine Kopie des Haushaltsaufstellungsrundschreibens als Anlage zu einem Haushaltsaufstellungserlass an die unmittelbar nachgeordneten Behörden. Der Haushaltsaufstellungserlass beinhaltet ressortspezifische Ergänzungen zum Haushaltsaufstellungsschreiben. Die obersten Bundesbehörden bestimmen unter Hinweis auf das Aufstellungsrundschreiben des BMF ihrerseits Form und Anzahl sowie Zeitpunkt der ihnen zu liefernden Beiträge.

Die **Voranschläge** sind von den Bundesbehörden hinsichtlich der Darstellungsform und der typografischen Gestaltung grundsätzlich entsprechend den Verwaltungsvorschriften zur Haushaltssystematik des Bundes (VV-HB) zu erstellen. Die Ansätze der Voranschläge haben sich im Rahmen des geltenden Finanzplans des Bundes zu bewegen.

Nach Eingang des **Haushaltsaufstellungserlasses** fordert in jeder Bundesbehörde die oder der Beauftragte für den Haushalt die Titelverwalterinnen und Titelverwalter durch Hausverfügung zur Abgabe der Beiträge zum Voranschlag der Behörde auf. Die Verwaltungseinnahmen sind von den Titelverwaltern unter Berücksichtigung der Ist-Einnahmen des Vorvorjahres und der voraussehbaren Entwicklung zu ermitteln. Bei den Ausgaben sind die Einzelansätze der Haushaltsvoranschläge auf der Basis der Vorjahresansätze nach dem voraussichtlichen kassenmäßigen Bedarf festzustellen. Es gilt der Haushaltsgrundsatz der Haushaltswahrheit, d.h., Ansätze dürfen nicht allgemein geschätzt sondern müssen in jedem Einzelfall möglichst exakt und mit genauer Begründung nachvollziehbar ermittelt werden. Die Geldansätze bei Einnahmen und Ausgaben, Ist-Ergebnisse sowie Beträge der Verpflichtungsermächtigungen sind auf volle Tausend € zu runden.

Die oder der Beauftragte für den Haushalt prüft die Beiträge der Titelverwalterinnen und Titelverwalter und leitet den Voranschlag der Behörde zu dem gesetzten Termin an die nächsthöhere Behörde. Soweit Kapitel Behörden zum Gegenstand haben, sind in den Vorbemerkungen zu den Kapiteln die Rechtsgrundlagen für die Errichtung sowie Aufbau und Aufgaben der jeweiligen Behörden in den Grundzügen darzustellen. Auf politisch bedeutsame Änderungen gegenüber den Vorjahren ist hinzuweisen.

Die nächsthöhere Behörde prüft, ändert und ergänzt die Beiträge der unteren Instanzen, fasst sie unter Berücksichtigung der eigenen Bedürfnisse zu einem Gesamtbeitrag zusammen und legt diesen der übergeordneten Behörde vor. Dieser Vorgang wiederholt sich auf jeder Ebene bis zum Fachressort.

In den jeweiligen Ministerien finden zu den Kapitel-Voranschlägen an jeweils festgesetzten Terminen Verhandlungen statt. Nach diesen Verhandlungen können in den Haushaltsreferaten (bzw. -abteilungen) der Ministerien die Voranschläge zu den Einzelplänen endgültig aufgestellt und dem Bundesministerium der Finanzen vorgelegt werden. In den Vorworten zu den Einzelplänen sind Aufgaben und Aufbau der jeweiligen Ressorts unter Berücksichtigung politisch bedeutsamer Änderungen gegenüber den Vorjahren in den Grundzügen darzustellen. Neben den Voranschlägen zu den Einzelplänen werden dem Bundesminister der Finanzen auch die Voranschläge für die Fortschreibung des Finanzplans des Bundes übersandt.

Zugleich werden die Voranschläge zu den Einzelplänen auch dem Bundesrechnungshof (BRH) vorgelegt. Der BRH kann sich zu den Voranschlägen schriftlich oder mündlich äußern.[90] Er gibt seine Stellungnahmen sowohl gegenüber dem BMF als auch gegenüber der Stelle ab, die den Voranschlag erstellt hat. Der BRH beteiligt sich auch an den nachfolgenden Haushalts- und Streitpunktverhandlungen und wird auch bei den Berichterstattergesprächen und im Haushaltsausschuss beteiligt.

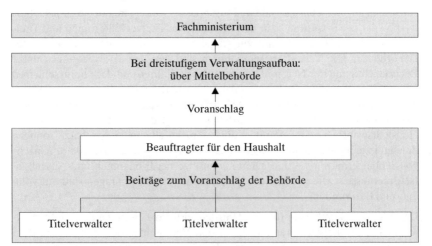

Abbildung 56: Erstellung eines Voranschlages

---

90 § 27 Abs. 2 BHO.

2. Haushalts- und Streitpunktverhandlungen

Das Bundesministerium der Finanzen hat nun die Aufgabe, aus den von den Fachministerien angemeldeten Ausgaben und den zu erwartenden Einnahmen aus Steuern, den sonstigen Einnahmen und den volkswirtschaftlich und finanzwirtschaftlich vertretbaren Einnahmen aus der Aufnahme von Krediten den Entwurf eines ausgeglichenen Haushaltsplans zu erstellen. Die Einnahmen aus Steuern, die die Haupteinnahmequelle bilden, sind wesentlich von der gesamtwirtschaftlichen Entwicklung abhängig und sind ohne Steuerrechtsänderungen kaum zu beeinflussen; ermittelt werden sie vom „Arbeitskreis Steuerschätzung", der zwei Mal im Jahr (Mai und Oktober) Steuerschätzungen vorlegt. Den zu erwartenden Einnahmen stehen regelmäßig zu hoch angemeldete Ausgaben gegenüber. Die notwendige Korrektur und Anpassung der Voranschläge zu den Einzelplänen geschieht innerhalb des Bundesministeriums der Finanzen in den zur Haushaltsabteilung gehörenden „**Spiegelreferaten**". Für jeden Einzelplan besteht ein solches Referat, dass sich speziell mit den Einzelheiten dieses Einzelplans befasst. Allerdings darf eine Korrektur durch das Bundesministerium der Finanzen nur im Benehmen mit dem Fachministerium erfolgen.[91]

Im Bundesministerium der Finanzen werden in den sogenannten „Spiegelreferaten" die Voranschläge zu den Einzelplänen gemäß der politischen Vorgaben des Ministers geprüft.[92]

Die in jeweils einer Ebene nicht geklärten Streitpunkte werden in der nächsten Ebene weiterverhandelt. Streitpunkte von erheblicher Bedeutung werden schließlich in der Chefebene zwischen den Staatssekretären bzw. den Ministern persönlich verhandelt.

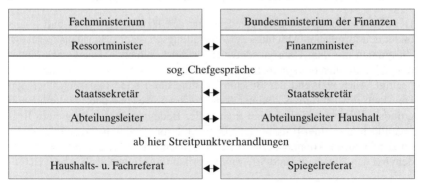

Abbildung 57: Haushalts- und Streitpunktverhandlungen

---

91 § 28 Abs. 1 BHO.
92 Zu den Haushalts- und Streitpunktverhandlungen s. *Piduch*, a.a.O., RdNrn. 1 und 2 zu § 28 BHO.

Da das „**ins Benehmen Setzen**" nach § 28 Abs. 1 Satz 2 BHO eine schwache Form der Beteiligung ist, hat bis zuletzt das Finanzministerium eine stärkere Position. Nach einem kontroversen Ergebnis der Verhandlungen bleibt es bei der Entscheidung des Bundesministeriums der Finanzen. Entsprechend Art. 65 Satz 3 GG hat nach § 28 Abs. 2 BHO der Fachminister die Möglichkeit, bei Angelegenheiten von grundsätzlicher oder erheblicher finanzieller Bedeutung die Entscheidung der Bundesregierung einzuholen. Fällt diese mit einfacher Mehrheit zu treffende Entscheidung der Bundesregierung gegen den Bundes-minister der Finanzen aus, hat dieser – als einziger Minister im Bundeskabi-nett – die Möglichkeit des **Widerspruchs gegen die Kabinettsentscheidung**. Der Widerspruch des BMF führt zu einer erneuten Abstimmung in der Bundesre-gierung. In dieser Abstimmung kann sich der Fachminister nur durchsetzen, wenn er die Mehrheit der Minister auf seiner Seite hat *und* sich die Stimme des Bundeskanzlers bei dieser Mehrheit befindet.[93]

Da jede andere Konstellation den Finanzminister begünstigt, wird seine Stel-lung im Kabinett durch die Möglichkeit des Widerspruchs entscheidend ge-stärkt. Ein Bundesfinanzminister, dessen Finanzpolitik die Unterstützung der Bundeskanzlerin oder des Bundeskanzlers findet, kann seine Entscheidungen auch gegen Mehrheiten im Kabinett durchsetzen. Allerdings darf auch nicht davon ausgegangen werden, dass die Konflikte zwischen den Ministern bis in diese Ebene hinein getragen werden. In der Praxis werden Meinungsverschie-denheiten bereits vor der Einschaltung des Kabinetts durch Kompromisse aus-geräumt.

3. Kabinettsbeschluss über des Entwurf des Haushaltsplans

Der Kabinettsbeschluss über den Entwurf des Haushaltsgesetzes und -plans bildet den förmlichen Abschluss der Aufstellungsphase des Haushaltskreislaufs. Zusammen mit dem Haushaltsentwurf für das kommende Jahr verabschiedet das Kabinett auch den Finanzplan, dessen Planungszeitraum im laufenden Jahr beginnt. Auch während der Beschlussfassung der Bundesregierung über den Haushaltsentwurf für das kommende Jahr kann es wegen Angelegenheiten von grundsätzlicher oder erheblicher finanzieller Bedeutung auf Antrag eines Res-sortministers zu einer Entscheidung über Änderungen durch den Bundesminis-ter der Finanzen kommen. Das Verfahren (nach § 29 Abs. 2 BHO) entspricht dem bei den Haushalts- und Streitpunktverhandlungen nach § 28 Abs. 2 BHO.

---

93 § 26 GO-BReg.

III. Die Feststellung des Haushaltsplans

1. Die Besonderheiten des Haushaltsgesetzgebungsverfahrens

Das Haushaltsgesetz ist ein **Einspruchsgesetz**. Das heißt, der Bundesrat hat die Möglichkeit, nach Durchführung des Vermittlungsverfahrens gegen ein vom Bundestage beschlossenes Gesetz binnen zwei Wochen Einspruch einzulegen.[94] Anders als beim zustimmungspflichtigen Gesetz kann dieser Einspruch durch Beschluss einer entsprechenden Mehrheit der Mitglieder des Bundestages zurückgewiesen werden.[95]

Von dem üblichen Gesetzgebungsverfahren weicht das Haushaltsgesetzgebungsverfahren jedoch in drei Punkten ab.

Das Recht, den Entwurf des Haushaltsgesetzes und des Haushaltsplans in das Gesetzgebungsverfahren einzubringen – das **Gesetzesinitiativrecht** – hat beim Haushaltsgesetzgebungsverfahren nur die Bundesregierung. Beim üblichen Gesetzgebungsverfahren des Bundes können Gesetzesvorlagen auch aus der Mitte des Bundestages und durch den Bundesrat eingebracht werden.[96]

Die Besonderheit des Haushaltsgesetzgebungsverfahrens wird hergeleitet aus Art. 110 Abs. 3 (*„Die Gesetzesvorlage nach Absatz 2 Satz 1 sowie Vorlagen zur Änderung des Haushaltsgesetzes und des Haushaltsplanes* **werden** *gleichzeitig* **mit der Zuleitung an den Bundesrat beim Bundestage eingebracht.**" *Wer außer dem dritten verfassungsmäßig in Frage kommenden Organ sollte dies tun?)* und 113 Abs. 1 S. 1 GG (*„Gesetze, welche die* **von der Bundesregierung vorgeschlagenen** *Ausgaben des Haushaltsplanes erhöhen oder neue Ausgaben in sich schließen …*). Der Grund ist darin zu suchen, dass nur die Bundesregierung mit ihrem Verwaltungsapparat einen vollständigen Haushaltsplan sicherstellen kann, der alle Einnahmen und Ausgaben sämtlicher Bundesbehörden beinhaltet. Außerdem ist die Bundesregierung das Organ, dass – unterstützt durch die Parlamentsmehrheit – das im Haushaltsplan zum Ausdruck kommende politische Programm für die Legislaturperiode bestimmt.

Die Entwürfe des Haushaltsgesetzes und des Haushaltsplans werden gleichzeitig mit der Zuleitung an den Bundesrat beim Bundestag eingebracht.[97] Ansonsten sind Vorlagen der Bundesregierung zunächst dem Bundesrat zuzuleiten und erst nach dessen Stellungnahme dem Bundestag.[98]

---

94 Art. 77 Abs. 3 GG.
95 Art. 77 Abs. 4 GG.
96 Art. 76 Abs. 1 GG.
97 Art. 110 Abs. 3 GG.
98 Art. 76 Abs. 2 GG.

Mit der gleichzeitigen Zuleitung und dem anschließenden parallel im Bundestag und im Bundesrat ablaufenden Gesetzgebungsverfahren soll eine Beschleunigung im Interesse des Haushaltsgrundsatzes der Vorherigkeit erreicht werden. Nach Art. 82 Abs. 1 GG werden die nach den Vorschriften des GG zustande gekommenen Gesetze im Bundesgesetzblatt verkündet. Diese Veröffentlichungspflicht gilt für Gesetze mit allen Anlagen. Im Haushaltsgesetzgebungsverfahren wird jedoch zusammen mit dem Haushaltsgesetz nur der Gesamtplan, nicht auch die Einzelpläne verkündet.

Die Verkündung der Einzelpläne würde zu einer übermäßigen Belastung des Bundesgesetzblattes (Teil I) führen. Im übrigen ist der Verkündungspflicht des Grundgesetzes dadurch genügt, dass Haushaltsgesetz und Gesamtplan auf die Einzelpläne verweisen und die Einzelpläne auch ohne Veröffentlichung im BGBl. I der Öffentlichkeit zugänglich sind.[99]

2. Das Haushaltsgesetzgebungsverfahren

Das Haushaltsgesetzgebungsverfahren beginnt mit der Einbringung des Entwurfs des Haushaltsgesetzes und des Haushaltsplans beim Bundestag und der gleichzeitigen Zuleitung der Entwürfe an den Bundesrat[100] durch die Bundesregierung, die das alleinige Gesetzesinitiativrecht im Haushaltsverfahren hat. Die Zuleitung an den Bundesrat und die Einbringung beim Bundestag soll in der Regel spätestens in der ersten Sitzungswoche des Bundestages nach dem 1. September erfolgen.[101]

Während sich bereits – eingeleitet durch die erste Lesung mit der Etatrede des Bundesministers der Finanzen – der Bundestag mit dem Haushaltsentwurf befasst, hat der **Bundesrat** zunächst das Recht zur Stellungnahme. Hierzu hat er eine Frist von sechs Wochen.[102] Die Stellungnahme des Bundesrats wird von der Bundesregierung mit einer Gegenäußerung versehen und an den Bundestag weitergeleitet. Dort muss sie noch vor der zweiten Lesung in die Beratungen des Haushaltsausschusses einfließen.

Im Deutschen Bundestag wird der Entwurf des Haushaltsgesetzes und des Haushaltsplans – wie auch bei anderen Gesetzen üblich – in drei Lesungen beraten.

Die erste Lesung beginnt mit der Etatrede des Bundesfinanzministers, an die sich eine durch die finanzpolitischen Sprecher der Bundestagsfraktionen eingeleitete Debatte anschließt. Hierfür werden im allgemeinen drei bis vier Tage benötigt.

---

99   Vgl. dazu im Einzelnen BVerfGE 20, 90.
100 Art. 110 Abs. 2 GG.
101 § 30 BHO.
102 Art. 110 Abs. 3 GG.

Im Anschluss an die **erste Lesung** befasst sich der Haushaltsausschuss des Deutschen Bundestages mit dem Haushaltsentwurf.[103] Der Haushaltsausschuss ist ein ständiger Ausschuss des Bundestages, dessen Zusammensetzung aus den Fraktionen den Stärkeverhältnissen im Plenum des Bundestages entspricht. Mit 41 Mitgliedern ist er der größte aller 22 ständigen Ausschüsse des Deutschen Bundestags. Der Vorsitz liegt traditionell bei der Opposition. Im Haushaltsausschuss befasst sich je Einzelplan ein Abgeordneter als Berichterstatter und weitere als Mitberichterstatter mit dem Haushaltsplan. In Zusammenarbeit mit den weiteren Fachausschüssen des Bundestags, mit Vertretern der jeweiligen einzelplanbewirtschaftenden Stelle, des Bundesfinanzministeriums und des Bundesrechnungshofs werden die Titel des Einzelplanentwurfs geprüft. Nicht selten werden bis zu 50 % aller Titel des Haushaltsentwurfs im Haushaltsausschuss geändert. Die Sitzungen des Haushaltsausschusses sind nicht öffentlich, was der Sachlichkeit bei der Beratung des Haushaltsentwurfs über Fraktionsgrenzen hinweg durchaus dient.

Nach der Prüfung durch den Haushaltsausschuss kann die **zweite Lesung** stattfinden. Allerdings muss hierzu bereits die Stellungnahme des Bundesrats vorliegen oder es müssen mindestens sechs Wochen (Frist für die Stellungnahme) nach Art. 110 Abs. 3 GG seit der Einbringung vergangen sein. In der Zweiten Lesung stellt jeder Berichterstatter des Haushaltsausschusses den von ihm verantwortlich geänderten Einzelplan dem Plenum des Bundestages vor. Danach wird über jeden Einzelplan debattiert und abgestimmt. Es ist Parlamentstradition, dass dabei eine sogenannte „Generalabrechnung" der Opposition mit der Bundesregierung anhand des Einzelplans 04 (Bundeskanzlerin und Bundeskanzleramt) stattfindet. Insgesamt dauert die zweite Lesung drei bis vier Tage.

In der sich unmittelbar anschließenden **dritten Lesung** findet nach einer kurzen Aussprache die Schlussabstimmung über das Haushaltsgesetz und den Haushaltsplan statt. Nach der Schlussabstimmung leitet der Präsident des Bundestages dem Bundesrat den Beschluss des Bundestages zu.

Ist der Bundesrat mit dem vom Bundestag verabschiedeten Haushaltentwurf einverstanden, kann der Beschluss des Bundestages an die Bundeskanzlerin zur Gegenzeichnung und an den Bundespräsidenten zur Ausfertigung weitergeleitet werden. Hat der Bundesrat jedoch Einwendungen gegen den Haushaltsbeschluss, kann er zunächst die Einberufung des Vermittlungsausschusses verlangen.

Der **Vermittlungsausschuss** ist ein aus 16 Abgeordneten des Bundestages und 16 Vertretern des Bundesrates bestehendes Gremium mit der Aufgabe, einen Kompromissvorschlag auszuarbeiten, der in beiden Häusern eine Mehrheit fin-

---

103 Zu den Mitgliedern und Tagesordnungen des Haushaltsausschusses: http://www.bundestag.de/ausschuesse/a08/index.html.

den kann.[104] Die in den Vermittlungsausschuss entsandten Vertreter des Bundesrates sind an Weisungen nicht gebunden.[105]

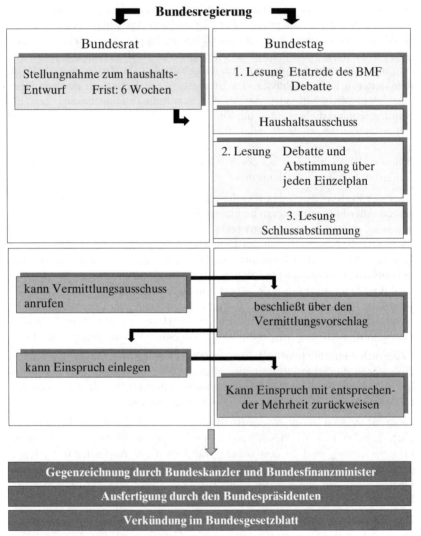

Abbildung 58: Haushaltsgesetzgebungsverfahren

---

104 Zum Vermittlungsausschuss s. http://www.bundestag.de/ausschuese/verma/index.html.
105 Art. 77 Abs. 2 Satz 3 GG.

Über den Vermittlungsvorschlag des Vermittlungsausschusses muss der Bundestag erneut Beschluss fassen. Jetzt hat der Bundesrat die Möglichkeit, gegen den Beschluss des Bundestages Einspruch zu erheben.

Ein Einspruch des **Bundesrates** führt aber nicht unbedingt zum Scheitern des Gesetzes. Der Bundestag kann den Einspruch vielmehr zurückweisen. Wird der Einspruch mit der Mehrheit der Stimmen des Bundesrates beschlossen, so bedarf es zur Zurückweisung durch den Bundestag eines Beschlusses der Mehrheit der gesetzlichen Mitglieder des Bundestages. Ist der Einspruch gar mit der Mehrheit von mindestens zwei Dritteln der Stimmen des Bundesrates beschlossen worden, so bedarf es zur Zurückweisung durch den Bundestag ebenfalls einer 2/3-Mehrheit (bezogen auf die Anwesenden), mindestens jedoch der Mehrheit der Mitglieder des Bundestages (gesetzliche Mitgliederzahl).[106]

Damit ist das **Gesetz zustande gekommen.** Es muss noch von der Bundeskanzlerin und vom Bundesfinanzminister gegengezeichnet werden, womit der Bundesfinanzminister die fachliche und die Bundeskanzlerin die politische Verantwortung gegenüber dem Bundespräsidenten übernehmen. Dieser fertigt das Gesetz aus, d.h., er überprüft es auf seine Vereinbarkeit mit der Verfassung. Nach der Gegenzeichnung und Ausfertigung wird das Haushaltsgesetz und der Gesamtplan im Bundesgesetzblatt Teil I veröffentlicht. Wegen ihres Umfangs werden die Einzelpläne nicht im Bundesgesetzblatt veröffentlicht, stehen aber der Öffentlichkeit ebenfalls zur Verfügung.[107]

3. Der Ergänzungshaushalt

Eine Änderung der Entwürfe des Haushaltsgesetzes und des Haushaltsplans während der parlamentarischen Behandlung ist unter Anwendung der gleichen Verfahrensregeln möglich, die auch für die Entwürfe selbst gelten.[108] Eine Ergänzungsvorlage zum Entwurf des Haushaltsgesetzes und des Haushaltsplans kann nur eingebracht werden, solange der Bundestag seine Beratungen noch nicht abgeschlossen hat, also spätestens bis zur Beschlussfassung über Haushaltsgesetz und -plan in der dritten Lesung. Da die Ergänzungsvorlage in den Haushaltsentwurf eingearbeitet wird, unterliegt sie grundsätzlich nicht dem Ausgleichsgebot.

---

106 Art. 77 Abs. 4 GG.
107 Fundstelle des Bundeshaushaltsplans im Internet: http://www.bundesfinanzministerium.de/bundeshaushalt2008/index.html.
108 § 32 BHO.

Zusätzlich zu den Besonderheiten des Haushaltsgesetzgebungsverfahrens gilt:

- Die Ergänzungsvorlage wird von der Bundesregierung über den Präsidenten des Deutschen Bundestages grundsätzlich **direkt** in den Haushaltsausschuss eingebracht,[109]
- der Bundesrat hat nur eine **3-Wochen-Frist** zur Stellungnahme, nicht die 6-Wochen-Frist wie beim ursprünglichen Haushaltsentwurf.[110]

Anstelle einer förmlichen Ergänzungsvorlage der Bundesregierung sind sog. „**Nachschiebelisten**" eine gebräuchliche Erscheinung, um eine Aktualisierung der Haushaltsvorlage infolge zwischenzeitlicher Entwicklungen während der Beratungen des Haushaltsausschusses des Bundestages zu veranlassen. Im Einvernehmen mit dem BMF regen die Bundesministerien jeweils für ihren Einzelplan bei den Berichterstattern im Haushaltsausschuss des Bundestages bestimmte Initiativen zur Korrektur der Regierungsvorlage an. Dieses Verfahren dient der Beschleunigung und Vereinfachung des Verfahrens, eine Ergänzungsvorlage kann vermieden werden.

4. Der Nachtragshaushalt

Ist der Haushaltsplan bereits durch das Haushaltsgesetz festgestellt, so sind erforderliche Änderungen durch einen Nachtragshaushaltsplan vorzunehmen. Ziel des Nachtragshaushalts ist es, zur Deckung eines nachträglichen Mehrbedarfs eine parlamentarische Bewilligung einzuholen. Es handelt sich um ein neues Gesetzgebungsverfahren mit den Besonderheiten des Haushaltsgesetzgebungsverfahrens. Hierdurch wird insbesondere dem Haushaltsgrundsätzen der Ausgeglichenheit und der Vollständigkeit Rechnung getragen. Der Nachtragshaushalt ist in Einnahme und Ausgabe auszugleichen. Die Besonderheiten des Haushaltsgesetzgebungsverfahrens gelten auch für den Nachtragshaushalt.[111]

Zusätzlich gilt:

- wie bei der Ergänzungsvorlage hat auch beim Nachtragshaushalt der Bundesrat nur eine **3-Wochen-Frist** zur Stellungnahme, nicht die 6-Wochen-Frist wie beim ursprünglichen Haushaltsentwurf,[112]
- Nachtragshaushaltsvorlagen können ohne erste Beratung in den Haushaltsausschuss eingebracht werden und in **nur einer Beratung** abschließend behandelt werden.[113]

---

109   § 95 Abs. 1 GO-BT.
110   Art. 110 Abs. 3 GG.
111   § 33 BHO.
112   Art. 110 Abs. 3 GG.
113   § 95 Abs. 1 GO-BT.

Gem. § 33 BHO ist der Entwurf eines Nachtragshaushalts ist bis zum Ende des Haushaltsjahres einzubringen. In der Praxis heißt das, dass wegen des Zeitbedarfs von 2 bis 3 Monaten für den Nachtragshaushalt die Einbringung nur bis etwa Ende Oktober erfolgen kann.

IV. Die Ausführung des Bundeshaushaltsplans

Die Ausführung des Haushaltsplans besteht in der **Bewirtschaftung der Haushaltsmittel**. Haushaltsmittel sind

* Einnahmen,
* Ausgaben,
* Verpflichtungsermächtigungen und
* Planstellen und Stellen.[114]

Die Bewirtschaftung erfolgt dezentral, d.h., in den Bundesministerien und deren nachgeordneten Behörden. Eine institutionell orientierte Darstellung der Haushaltsausführung konzentriert sich auf die Frage, wer in den Bundesbehörden für die Bewirtschaftung zuständig ist und untersucht das Zusammenspiel der Beteiligten. Eine eher am Prozess der Ausführung orientierte Betrachtung fragt nach dem Ablauf der Tätigkeiten bei der Bewirtschaftung. Wir werden im Folgenden beide Aspekte betrachten und einen Schwerpunkt auf die Buchführung legen, die den gesamten Bewirtschaftungsprozess dokumentiert.

Die Bewirtschaftung der Planstellen und Stellen wird gesondert behandelt. Wegen der Fülle des damit verbundenen Lernstoffs werden die Vergabe öffentlicher Aufträge und die Bewirtschaftung von Zuwendungen nur skizziert.

Nach der Darstellung des planmäßigen Verlaufs der Bewirtschaftung werden die Planabweichungen bei Einnahmen, Ausgaben und Verpflichtungsermächtigungen thematisiert.

1. Personen, die Haushaltsmittel bewirtschaften: Beauftragter für den Haushalt und Titelverwalter

Seit der Haushaltsreform von 1969 gibt es im Bereich des Bundes und der Länder die Beauftragte oder den Beauftragten für den Haushalt (B.f.d.H.). Gegenüber dem Sachbearbeiter des Haushalts nach den Reichswirtschaftsbestimmungen sollte die gesetzliche Regelung der Berufung und Stellung sowie seiner wichtigsten Aufgaben in § 9 BHO eine Aufwertung dieser Institution bewirken. Die **Aufgaben** der oder des Beauftragten für den Haushalt sind in § 9 Abs. 2 BHO sehr pauschal skizziert: Aufstellung der Voranschläge, Ausführung des Haushalts-

---

114 Zum Begriff „Haushaltsmittel" s. Nr. 1 VV-BHO zu § 34.

plans, Beteiligung bei allen Maßnahmen von finanzieller Bedeutung. Genauere Bestimmungen enthalten für den Bundesbereich die Verwaltungsvorschriften zu § 9 BHO, die unter anderem einen genauen Aufgabenkatalog einschließen.

Bezüglich der **Bestellung** der oder des Beauftragten für den Haushalt wird nach Nr. 1 der Verwaltungsvorschriften (VV) zu § 9 BHO zunächst systematisch unterschieden zwischen obersten Bundesbehörden und den sonstigen Behörden im Geschäftsbereich der obersten Bundesbehörden. Bei den obersten Bundesbehörden ist die oder der Beauftragte für den Haushalt die Haushaltsreferentin oder der Haushaltsreferent oder, wenn nach den Erfordernissen des Geschäftsumfanges eine Haushaltsabteilung, -unterabteilung oder -gruppe gebildet worden ist, deren Leiterinnen oder Leiter und zugehörige Referatsleiterinnen und Referatsleiter für das ihnen zugewiesene Sachgebiet.

Bei den Dienststellen innerhalb der Geschäftsbereiche der obersten Bundesbehörden ist in den Fällen, in denen nach Bestimmung der obersten Bundesbehörde die Leiterin oder der Leiter der Behörde die Aufgaben des Beauftragten für den Haushalt nicht selbst wahrnimmt, die oder der für Haushaltsangelegenheiten zuständige Bedienstete oder eine bzw. einer der Vorgesetzten vom Behördenleiter zum Beauftragten für den Haushalt zu bestellen.

Die bis auf den Bereich der obersten Bundesbehörden nach Nr. 1.3 der VV zu § 9 BHO zwingend vorgeschriebene unmittelbare Unterstellung der oder des Beauftragten für den Haushalt unter die Behördenleiterin oder den Behördenleiter soll verdeutlichen, dass es sich um eine Querschnittsaufgabe handelt, die der Leitungsebene zuzurechnen ist. Damit soll eine gewisse Selbständigkeit der oder des B.f.d.H. garantiert werden.

Bei einer **Querschnittsaufgabe** werden Aufgaben der gesamten Behörde wahrgenommen. Ebenso wie die Aufgabenbereiche Organisation und Personalwesen wirkt auch der Aufgabenbereich Haushalt in alle Gliederungen der Behörde ein. Die institutionalisierten Beziehungen zwischen der oder dem Beauftragten für den Haushalt und den haushaltsmittelbewirtschaftenden Referaten werden allgemein zunächst gekennzeichnet durch Beteiligungs-, Mitwirkungs-, Auskunfts- und Vorlagerechte. In der bei Querschnittsaufgaben häufig anzutreffenden Art gilt bei der Stellung der oder des Beauftragten für den Haushalt gegenüber den einzelnen Titelverwalterinnen oder Titelverwaltern und Anordnungsberechtigten in dem Fall, dass die Behördenleiterin oder der Behördenleiter diese Funktion nicht selbst wahrnimmt nicht das Einliniensystem, sondern das den Dienstweg je nach Angelegenheit auffächernde Mehrliniensystem. In fachlicher Hinsicht ist die oder der Beauftragte für den Haushalt Vorgesetzte bzw. Vorgesetzter der Amtswalter, die von den ihm nach § 9 Abs. 2 BHO zugewiesenen Aufgaben abgeleitete Befugnisse wahrnehmen. Sie oder er kann diese Befugnisse ganz oder teilweise an sich ziehen und bleibt letztlich für die Erfüllung der von ihr oder ihm delegierten Aufgabe verantwortlich. Im Übrigen ist in allen Angelegenheiten von finanzieller Bedeutung der Dienstweg über die Beauftragte oder den Beauftragten für den Haushalt einzuhalten. Schriftverkehr, Verhandlungen und Besprechungen mit dem Bundesminister der Finanzen und dem Bundesrechnungshof sind durch die Beauftragte oder den Beauftragten für den Haushalt zu führen, soweit sie oder er nicht darauf verzichtet. Die Tatsache, dass verschiedene Aufgaben und Befugnisse der oder des Beauftragten für den Haushalt der Organisationsgewalt der Behördenleiterin oder des Behördenleiters entzogen sind, schließt die letzte Weisungsbefugnis der Leiterin oder des Leiters der Behörde auch in dem Aufgabenbereich der oder des Beauftragten für den Haushalt nicht aus. Allerdings wird die Stellung des Beauftragten für den Haushalt gegenüber der Leiterin oder dem Leiter der Behörde durch das für den hierarchischen Behördenaufbau durchaus unübliche Widerspruchsrecht bei der Ausführung des Haushaltsplans oder Maßnahmen von finanzieller Bedeutung gestärkt.

Nach Nr. 5.4 der VV zu § 9 BHO hat die oder der Beauftragte für den Haushalt ein **Widerspruchsrecht**. Die Wirkungen des Widerspruchs richten sich danach, ob die oder der Beauftragte für den Haushalt bei einer obersten Bundesbehörde oder bei einer anderen Dienststelle Widerspruch erhebt. Bei einer obersten Bundesbehörde darf ein Vorhaben, dem die oder der Beauftragte für den Haushalt widersprochen hat, nur auf ausdrückliche Weisung der Leiterin oder des Leiters der Behörde oder ihrer ständigen Vertreterin oder ihres ständigen Vertreters bzw. seiner ständigen Vertreterin oder Vertreters weiter verfolgt werden. Bei einer anderen Dienststelle ist die Entscheidung der nächsthöheren Dienststelle einzuholen, wenn die Dienststellenleiterin oder der Dienststellenleiter der oder dem Beauftragten für den Haushalt nicht beitritt.

Die oder der Beauftragte für den Haushalt kann nach Nr. 3.1.1 VV zu § 9 BHO die Einnahmen, Ausgaben, Verpflichtungsermächtigungen, Planstellen und anderen Stellen des von ihm bewirtschafteten Einzelplans anderen Bediensteten der Behörde zur Bewirtschaftung **übertragen**. Diese Titelverwalterinnen oder Titelverwalter können von der oder dem Beauftragten für den Haushalt ermächtigt werden, ihre Bewirtschaftungsbefugnis weiter zu übertragen. Die Titelverwalterinnen oder Titelverwalter sind mithin Behördenbedienstete in unterschiedlichen Hierarchieebenen, die vom Beauftragten für den Haushalt übertragene Bewirtschaftungsbefugnisse bezüglich eines oder einiger Titel des Bundeshaushaltsplans wahrnehmen.

Der **Behördenleiterin** oder der **Behördenleiter** hat – auch wenn sie oder er die Aufgaben der oder des Beauftragten für den Haushalt nicht selbst wahrnimmt – immer auch selbst die Bewirtschaftungs- und Anordnungsbefugnis bezüglich aller Titel, die von der Behörde bewirtschaftet werden. Auf das Widerspruchsrecht der oder des Beauftragten für den Haushalt sei in diesem Zusammenhang nochmals ausdrücklich hingewiesen.

**2. Die Befugnisse bei der Bewirtschaftung der Haushaltsmittel:
Bewirtschaftungsbefugnis und Anordnungsbefugnis**

Mit der später genauer zu beschreibenden Zuweisung der Haushaltsmittel ist
den Bundesbehörden die Ermächtigung zur Bewirtschaftung dieser Mittel erteilt. **Mittel zu bewirtschaften** heißt, innerhalb der durch den Haushaltsplan
vorgegebenen Zweckbestimmung im Einzelfall über die Verwendung der Mittel verantwortlich zu verfügen bzw. die Erhebung von Einnahmen im Einzelfall
zu veranlassen.

§ 70 BHO regelt, dass die Bundeskassen zur Entgegennahme oder Auszahlung
von Beträgen nur aufgrund von **Kassenanordnungen**, die auf schriftlichem oder
elektronischem Weg erteilt werden können, berechtigt sind. Die Bewirtschaftungsbefugnis wird praktisch nur umsetzbar durch die Anordnungsbefugnis.
Beide Befugnisse werden in einer Behörde originär durch die oder den Beauftragten für den Haushalt ausgeübt. Sie oder er kann jedoch beide Befugnisse
delegieren und sich selbst lediglich die Überwachung vorbehalten.

Die oder der Beauftragte für den Haushalt teilt der zuständigen Kasse und
Zahlstelle die Namen und Unterschriftsproben der Anordnungsbefugten mit;
dies gilt auch für sie oder ihn selbst.[115]

Die förmliche Kassenanordnung ist vom Anordnungsbefugten zu unterschrei-
ben. **In eigener Sache** oder der eines Angehörigen darf die Anordnungsbefugnis
nicht ausgeübt werden. Die oder der Anordnungsbefugte hat sich vor der Un-

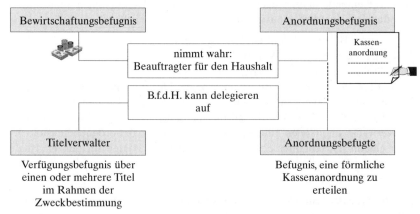

Abbildung 59: Bewirtschaftungs- und Anordnungsbefugnis

---

115 Nr. 2.2.4.3 der Anlage zu Nr. 9.2 der Verwaltungsvorschriften für Zahlung, Buchführung
und Rechnungslegung.

terzeichnung der förmlichen Kassenanordnung davon zu überzeugen, dass Ausgabemittel und – soweit erforderlich – Betriebsmittel zur Verfügung stehen und bei der angegebenen Buchungsstelle verausgabt werden dürfen. Sie oder er ist dafür verantwortlich, dass

- die sachliche und die rechnerische Richtigkeit von den dazu befugten Bediensteten bescheinigt wurde und
- in der Anordnung keine offensichtlich erkennbaren Fehler enthalten sind[116].

3. Die Phasen der Bewirtschaftung der Haushaltsmittel

Es ist sinnvoll, die Bewirtschaftung der Haushaltsmittel in fünf Abschnitten darzustellen:

Die ersten beiden Abschnitte versetzen die Bewirtschafterin oder den Bewirtschafter in die Lage, über die Mittel des Titels Verfügungen zu treffen. Die letzten drei Abschnitte beziehen sich auf die Abfolge bei den einzelnen Bewirtschaftungsvorgängen. Die einzelnen Abschnitte werden erst im Überblick gezeigt und danach näher erläutert.

Mit der Bereitstellung der Mittel werden die Haushaltsmittel vom Bundesminister der Finanzen den mittelbewirtschaftenden Bundesorganen und Ressorts zur Verfügung gestellt. Das geschieht folgendermaßen:

Nach der Feststellung des Haushaltsplans durch das Haushaltsgesetz übersendet das Bundesministerium der Finanzen den für den Einzelplan zuständigen Stellen je einen Abdruck des für sie maßgebenden **Einzelplans**. Es teilt ihnen außerdem mit, welche Teile von Einzelplänen, die bestimmte Gruppen von Einnahmen, Ausgaben, Verpflichtungsermächtigungen, Planstellen und andere Stellen für mehrere Geschäftsbereiche enthalten, auf sie entfallen. Das Bundesministerium der Finanzen eröffnet rechtzeitig den für den Einzelplan zuständigen Stellen die auf sie entfallenden Titelkonten in den Büchern des Bundes.[117] Die für den Einzelplan zuständigen Stellen verteilen die veranschlagten Einnahmen, Ausgaben, Verpflichtungsermächtigungen, Planstellen und anderen Stellen, soweit sie diese nicht selbst bewirtschaften, auf die ihnen unmittelbar nachgeordneten Dienststellen, indem sie an diese die für sie maßgebenden Einnahmen, Ausgaben und Verpflichtungsermächtigungen durch Kassenanweisungen an die zuständige Kasse des Bundes, sowie die für sie bestimmten Planstellen und anderen Stellen durch besondere Verfügung verteilen. Zusätzlich können die entsprechenden Teile des Einzelplans übersandt werden.[118]

---

116 Nr. 2.2.4.1 der Anlage zu Nr. 9.2 der Verwaltungsvorschriften für Zahlung, Buchführung und Rechnungslegung.
117 Nr. 1.1 VV zu § 34 BHO.
118 Nr. 1.2 VV zu § 34 BHO.

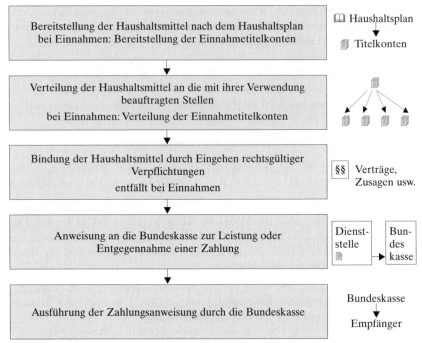

Abbildung 60: Phasen der Bewirtschaftung von Haushaltsmitteln

Die Einnahmen, Ausgaben, Verpflichtungsermächtigungen, Planstellen und anderen Stellen können vom Beauftragten für den Haushalt Titelverwalterinnen bzw. Titelverwaltern seiner Dienststelle oder anderen Dienststellen zur Bewirtschaftung übertragen werden.[119]

Eine **Ausgabe** wird im Allgemeinen zivilrechtlich durch einen Vertragsabschluss und öffentlich-rechtlich durch einen Leistungsbescheid begründet. Obwohl zu diesem Zeitpunkt noch kein Mittelabfluss stattfindet, muss der Bewirtschafter die Verfügung über die Mittel festhalten, damit nicht wiederholt über diese Mittel verfügt wird. Diese Phase gibt es nur bei Haushaltsausgaben.

Zahlungen dürfen nur von Kassen und Zahlstellen angenommen oder geleistet werden. Dazu muss diesen Stellen eine schriftlich oder auf elektronischem Wege erteilte Kassenanordnung vorliegen (§ 70 BHO).

Die bewirtschaftende Dienststelle bewirkt mithin eine Zahlung und entsprechende Buchung durch eine der zuständigen Kasse erteilten Kassenanordnung.

---

119   Nr. 3.1 VV zu § 9 BHO.

Beendet wird ein Bewirtschaftungsvorgang im Bereich der Einnahmen und Ausgaben durch die **Entgegennahme** der Einnahme bzw. der Leistung der Ausgabe durch die zuständige Kasse des Bundes.

Von diesen Abschnitten gehören die Verteilung der Mittel, die Mittelbindung und die Erteilung von Kassenanweisungen zur Bewirtschaftung im engeren Sinn.

4. Die Buchführung als Nachweis der Bewirtschaftung

a) Rechnungswesen und Buchführungssysteme

In einem Unternehmen hat das **Rechnungswesen** folgende Aufgaben:

- die Erfassung aller Geld- und Gütertransaktionen zwischen Unternehmen und Umwelt,
- die Erfassung der betrieblichen Abläufe und Wertflüsse mittels Zahlen sowie
- die Aufbereitung dieses Datenmaterials als Entscheidungsgrundlage für die Unternehmensführung.

Es ist damit Dokumentations- und Führungsinstrument. Das in Unternehmen angewandte Buchführungssystem ist die doppelte Buchführung.

Im System der **doppelten Buchführung** werden alle Geschäftsvorfälle einer Rechnungsperiode lückenlos erfasst sowie sachlich und zeitlich geordnet aufgezeichnet. Zum Zweck der Selbst- und Fremdinformation über die wirtschaftliche Lage werden die Vermögenslage sowie der Schuldenstand durch die periodische Feststellung des Vermögens und der Schulden im Rahmen der Inventur und die Aufzeichnung dieser Positionen im Inventar und in der Schlussbilanz dargestellt. Außerdem werden im Rahmen der doppelten Buchführung Aussagen über den durch die geschäftliche Aktivitäten entstandenen Erfolg gemacht. Die Informationen über den positiven oder negativen Erfolg bzw. den Gewinn oder Verlust einer Periode können der Gewinn- und Verlustrechnung entnommen werden. Schließlich liefert die doppelte Buchführung nicht nur Informationen über die Höhe des Erfolgs, sondern kann auch die Entstehung des Erfolgs im einzelnen darstellen.

Die **Rechnungsziele der klassischen öffentlichen Finanzwirtschaft** lassen sich grob in folgende Komplexe einteilen:

- Das zentrale Rechnungsziel ist der Deckungserfolg, indem das laufende Soll der Einnahmen mit dem laufenden Soll der Ausgaben verglichen wird.
- Der parlamentarischen Lenkung und Kontrolle dient die Bindung der Exekutive an einen parlamentarisch beschlossenen Haushalt und die Pflicht der Exekutive zur Rechenschaftslegung über die Einhaltung der Budgetansätze.
- Der gesamtwirtschaftlichen Bedeutung öffentlicher Haushalte entsprechend zeigt der Haushaltsplan die Verteilung der Ausgaben auf Konsum und Investition.

Diesen Rechnungszielen dient eine **kameralistische** Buchführung, die die Zahlen für den Vergleich zwischen Haushaltsplan und Haushaltsvollzug bereitstellt, im Rahmen des Haushaltsvollzugs die Abstimmung zwischen Zahlungsanordnung und Zahlungsausführung sowie die Kontrolle der Kassenbestände und ihrer Veränderungen erlaubt und schließlich das finanzwirtschaftliche Ergebnis offenbart.

Was den Adressatenkreis angeht, hat das Rechnungswesen sowohl im Unternehmensbereich als auch im öffentlichen Bereich zum einen *externe* und zum anderen *interne* Interessenten.

Die **Finanzbuchhaltung** liefert Informationen über den Betrieb, die für Außenstehende von Interesse sind: Kapitalanleger, Gläubiger, Finanzbehörden. Dieses externe Rechnungswesen der Unternehmungen ist weitgehend normiert in Vorschriften des HGB, des AktG und den Regeln ordnungsgemäßer Buchführung. Im öffentlichen Bereich ist das Parlament (letztlich der Bürger) der Adressat der Finanzbuchhaltung, und die Vorschriften sind im Haushaltsrecht festgelegt.

Neben der Finanzbuchhaltung gibt es noch ein **internes Rechnungswesen**, dessen Adressat das Unternehmen selbst ist. Zum internen Rechnungswesen gehört als Hauptbestandteil die Kosten- und Leistungsrechnung, die die betriebsinternen Abläufe und Zusammenhänge in Geldwerten erkennbar macht.

Für die Gestaltung der **Kosten- und Leistungsrechnung** gibt es keine gesetzlichen Vorgaben. Nur im Fall öffentlicher Ausschreibungen auf Selbstkostenbasis sowie bei Zuwendungen in Form der Projektförderung auf Kostenbasis gibt es Regelungen über den Nachweis der Kosten auf der Grundlage der Verordnung über Preise bei öffentlichen Aufträgen und der Leitsätze über die Preisermittlung bei öffentlichen Aufträgen.[120] Für die Kosten- und Leistungsrechnung in Bundesbehörden wurde ein methodischer und inhaltlicher Rahmen durch das Standard-KLR-Handbuch geschaffen.

Die **Kameralistik** ist ein Buchführungsverfahren, das auf die Erfassung finanzwirtschaftlicher Vorgänge ausgerichtet ist. In einem jährlich vom Parlament verabschiedeten Haushaltsplan werden die Einnahmen und Ausgaben in Haushaltsstellen/Titeln festgelegt. Dabei sind die in den nach Zweckbestimmungen getrennten Ausgabetiteln genannten Beträge Höchstbeträge. Mit Hilfe der kameralistischen Buchführung können Haushaltsansätze, tatsächliche Zahlungen und noch verfügbare Finanzmittel umfassend und genau dokumentiert werden. Sie dient in erster Linie der laufenden Kontrolle der Geldbewegungen und der Ermittlung des finanzwirtschaftlichen Ergebnisses. Da dieses Buchführungsverfahren ausschließlich Einnahmen und Ausgaben erfasst, bietet es keinen

---

120 Anlage zur Verordnung PR Nr. 30/53 über die Preise bei öffentlichen Aufträgen vom 21. November 1953 (BAnz. Nr. 244), zuletzt geändert durch Verordnung PR Nr. 1/89 vom 13. Juni 1989 (BGBl. I S. 1094).

direkten Ansatz, die Kosten der öffentlichen Aufgabenerfüllung abzulesen. Darüber hinaus bleibt die Leistungssphäre der Verwaltung außer Betracht. Es ist somit nicht möglich, einen – wie auch immer definierten – wirtschaftlichen Erfolg zu ermitteln.

Über alle Zahlungen ist nach der Zeitfolge und nach der Ordnung des Haushaltsplans Buch zu führen.[121] Die kameralistische Buchführung hält damit für jeden Titel des Bundeshaushaltsplans die bewilligten Mittel (Soll) bzw. bei Einnahmetiteln das Einnahmesoll sowie die tatsächlich abgeflossenen Mittel (Ist) bzw. bei Einnahmetiteln die tatsächlich eingegangenen Zahlungen fest. Damit ermöglicht die Kameralistik die Prüfung, ob sich die Exekutive an die Vorgaben des Parlaments gehalten hat und die Deckung des Haushaltsplans gewährleistet ist.

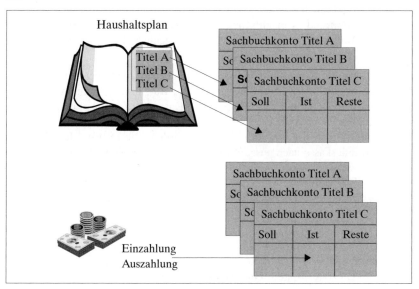

Abbildung 61: Kameralistische Buchführung

In den Bundesländern sowie im internationalen Bereich ist das Rechnungswesen der öffentlichen Hand Gegenstand weitgehender Reformbestrebungen. Diese reichen von einer umfassenden Erweiterung der Kameralistik bis hin zum vollständigen Umstieg auf eine doppelte Buchführung. Wegen der systembedingten Defizite der Kameralistik besteht in der Wissenschaft inzwischen weitgehend Konsens, dass eine **grundlegende Neuordnung des öffentlichen**

---

121 § 71 Abs. 1 BHO.

Haushalts- und Rechnungswesens erforderlich ist. Aus Sicht des Bundesrechnungshofes sollten weitergehende Ansätze zur Modernisierung bis hin zur Einführung der doppelten Buchführung geprüft werden, um einen umfassenden Reformprozess möglichst zügig in Gang zu setzen. Dies erfordert eine grundlegende Analyse unter Berücksichtigung der Besonderheiten des Bundeshaushalts[122].

Das Bundesministerium der Finanzen hat im Oktober 2006 eine Projektgruppe gegründet, um in- und ausländische Reformmodelle des Haushalts- und Rechnungswesens zu prüfen und Reformoptionen für den Bund zu konzipieren. Auf Basis der bisherigen Ergebnisse der Projektgruppe hat sich der Bund entschieden, das Modell einer **Erweiterten Kameralistik** weiter zu verfolgen. Dabei wird der weiterhin führende kamerale Haushaltsteil jeweils um Daten zum Ressourcenverbrauch ergänzt. Die kameralen Daten werden deutlich verkürzt dargestellt, während in produktorientierten Ergänzungen der einzelnen Ressort-Etats Aufwands- und Ertragsdaten sowie fachliche Indikatoren und Kennzahlen die Beratungsgrundlagen verbessern.[123]

Aus Gründen der Kontrolle gibt es im staatlichen Bereich den Grundsatz der **Trennung** von Bewirtschaftung einerseits und Buchführung/Zahlung andererseits. Nach § 70 BHO und § 77 BHO dürfen Kassenanordnungen nur von einer dazu befugten Dienststelle erteilt werden, während Buchungen und Zahlungen nur von den Bundeskassen vorgenommen werden. Die Dienststellen erhalten von der Bundeskasse nach ausgeführter Zahlung einen Kontoauszug.

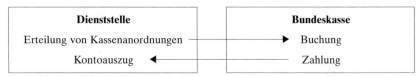

Abbildung 62: Trennung von Bewirtschaftung und Zahlung

Nach § 79 (2) BHO besteht eine **Zentralkasse**, die seit dem 1. Januar 2006 im Kompetenzzentrum für das Kassen- und Rechnungswesen bei der Oberfinanzdirektion Köln eingerichtet ist und vier Bundeskassen bei Oberfinanzdirektionen.

---

122   Bericht des Bundesrechnungshofs nach § 99 BHO über die Modernisierung des staatlichen
      Haushalts- und Rechnungswesens vom 17. August 2006, http://www.bundesrechnungshof.de/
      veroeffentlichungen/sonderberichte/bericht_modernisierung_haushalts-rechnungswesen.
      pdf.
123   Der Bund modernisiert sein Haushalts- und Rechnungswesen, Publikation des BMF
      unter http://www.bundesfinanzministerium.de/lang_de/nn_4318/nsc_true/DE/Finanz_und
      _ Wirtschaftspolitik/Neue_Steuerungsinstrumente/001_1,templateId=raw,property=
      publicationFile.pdf

Die Zentralkasse ist Inhaber der Zentralkonten des Bundes und der Sondervermögen bei der Deutschen Bundesbank. Die Zentralkasse führt Zahlungsgeschäfte für den Bund und die Sondervermögen „Erblastentilgungsfonds", „Kinderbetreuungsausbau" und „Fonds Deutscher Einheit" aus, soweit diese nicht von den Bundeskassen wahrgenommen werden. Zahlungsgeschäfte der Zentralkasse sind die Annahme oder Leistung von Zahlungen aufgrund schriftlich oder auf elektronischem Wege erteilter Anordnungen der anordnenden Stellen, der Abrechnungsverkehr mit den Bundeskassen und die Abwicklung des automatisierten Zahlungsverkehrs für die Bundeskassen. Der Zentralkasse obliegt die Systempflege des automatisierten Haushalts-, Kassen- und Rechnungswesens.

Die **Bundeskassen** führen Zahlungsgeschäfte für den Bund aus. Zahlungsgeschäfte der Bundeskassen sind die Annahme oder Leistung von Zahlungen aufgrund schriftlich oder auf elektronischem Wege erteilter Anordnungen der anordnenden Stellen und der Abrechnungsverkehr mit der Bundeshauptkasse und den angeschlossenen Zahlstellen. Die Bundeskassen führen die Bücher des Bundes, legen Rechnung über die in den Büchern aufgezeichneten Buchungen und sind für die Annahme, Verwaltung und Auslieferun von Wertgegenständen zuständig.

Die Anzahl der Bundeskassen ist erheblich reduziert worden. Die gesamten Kassenaufgaben des Bundes werden von vier Bundeskassen (Halle/Saale, Kiel, Weiden und Trier) wahrgenommen. Der örtliche Zuständigkeitsbereich der Bundeskassen und deren Außenstellen entspricht zurzeit grundsätzlich dem örtlichen Zuständigkeitsbereich der Oberfinanzdirektion, bei der sie errichtet sind. Das BMF kann einer Bundeskasse die Wahrnehmung von Kassenaufgaben für die Bezirke oder Teile von Bezirken anderer Dienststellen sowie die Wahrnehmung von Kassenaufgaben für die Bezirke oder Teile von Bezirken anderer Dienststellen sowie die Wahrnehmung bestimmter Kassenaufgaben zentral übertragen.

Die **Aufgaben** der Kassen im Bundesbereich sowie ihre Aufbau- und Ablauforganisation sind gem. § 79 Abs. 4 BHO vom Bundesministerium der Finanzen in den Kassenbestimmungen für die Bundesverwaltung (KBestB) festgelegt worden.

b) Das erweiterte kameralistische Sachbuchkonto

Ein **Sachbuchkonto**, das – wie oben skizziert – nur die Rubriken Soll – Ist – Reste aufweist, reicht für die Verbuchung der laufenden Geschäftsvorfälle nicht aus. Zu berücksichtigen ist zum einen, dass Behörden von ihrer übergeordneten Dienststelle nicht immer das volle Haushaltssoll, sondern nur einen Teil davon zugewiesen bekommen; sie haben damit zunächst einen geringeren Verfügungsrahmen. Zum anderen ist bei der Bewirtschaftung der Haushaltsmittel stets zu beachten, dass auch eingegangene Verpflichtungen (Festlegungen), die erst zu einem späteren Zeitpunkt im laufenden Haushaltsjahr zu Auszahlungen führen, die Verfügungsmasse (Reste) reduzieren. Das Gleiche gilt für angeordnete Beträge, über die ein Kontoauszug der Bundeskasse über eine erfolgte Auszahlung noch nicht vorliegt.

Ein Sachbuchkonto, unabhängig davon, ob es sich um das Haupttitelkonto oder um Titelkonten oder um Objektkonten handelt, hat in dem beim Bund angewandten Buchführungsverfahren folgenden schematischen Aufbau:

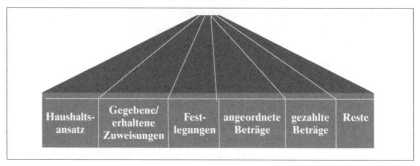

| Haushalts-ansatz | Gegebene/erhaltene Zuweisungen | Fest-legungen | angeordnete Beträge | gezahlte Beträge | Reste |

Abbildung 63: Aufbau eines Sachbuchkontos

Das Sachbuchkonto ist demnach ein Spiegelbild der Phasen des Haushaltsvollzugs. Man spricht auch von einer Phasenbuchführung.

c) Das automatisierte HKR-Verfahren des Bundes

(1) Aufgaben und Ziele des HKR-Verfahrens

Die kameralistische Buchführung des Bundes wird mit einem vom Bundesfinanzministerium entwickelten Softwaresystem, dem automatisierten HKR–Verfahren des Bundes, durchgeführt. Die Buchstaben „HKR" stehen für **„Haushalts-, Kassen- und Rechnungswesen".**

Das HKR-Verfahren hat die Aufgabe, alle Bewirtschaftungsmaßnahmen über ein System von miteinander verknüpften Konten abzuwickeln und in allen Stufen sichtbar zumachen. In den Konten werden alle Maßnahmen von der Bereitstellung der Haushaltsmittel bzw. der Einnahmetitelkonten bis zur Leistung oder Annahme von Zahlungen dargestellt. Als Ziele werden eine Verbesserung der Informationsversorgung sowie eine Arbeitsunterstützung und -entlastung der Beteiligten angestrebt.

Zur **Verbesserung der Informationsversorgung** zählen folgende Teilziele:

- zeitnähere Information durch das Berücksichtigen jedes Geschäftsvorfalles der Mittelverwendung auf allen Buchungsebenen (auf höheren Ebenen in kumulierter Form);

- mehr Information durch das zusätzliche Buchen der verteilten und festgelegten Mittel und nicht nur der Ist-Ergebnisse (Zahlungen);
- detaillierte Informationen durch beliebige Untergliederungen von Sachbuchkonten und spezielle Auswertungsmöglichkeiten;
- Berücksichtigung aller Bedarfsträger, d.h. nicht nur Ressorts auf oberster und Mittelverwender auf unterster Ebene erhalten Informationen, auch in der Hierarchie dazwischenliegende Institutionen (z.B. Länderministerien, oberste Straßenbaubehörden, Bundesämter, Oberfinanzdirektionen) werden mit den zu ihrer Ebene gehörenden Informationen versorgt.

Bezüglich der **Arbeitsunterstützung und -entlastung** der Beteiligten werden folgende Ziele verfolgt:

- durch Auswertungsmöglichkeiten der gespeicherten Informationen erfolgt eine Entlastung von speziellen Aufzeichnungen ebenso wie von bestimmten Berichtsdiensten;
- die Verfügbarkeit der Informationen wird durch die Speicherung aller Einzelbuchungsvorgänge über längere Zeiträume erhöht (Speicherbuchführung);
- die vor der Zahlung liegende maschinelle Verfügbarkeitsprüfung im zentralen Zahlungsverfahren verhindert Mittelüberschreitungen;
- die Dialogisierung des Verfahrens (Direkter Zugang zu den Informationen) verkürzt die Bearbeitungszeiten und schafft größere Aktualität von Ergebnissen der Haushaltsmittelbewirtschaftung.

(2) Die zentrale Datenbank beim Bundesamt für Finanzen und die informationstechnische Infrastruktur des HKR-Verfahrens

Um die Datenmengen und Datenstrukturen im Hinblick auf die Zielsetzung des Verfahrens zu bewältigen, hat man sich für den Aufbau einer **zentralen Datenbank im Rechenzentrum des Bundesamtes für Finanzen** entschieden. Das Datenbanksystem besteht auf der Ebene der Datenbasis aus einer Vielzahl von Dateien, die durch verschiedenartige Zuordnungshinweise miteinander verknüpft sind (Adressverkettung). Die übergeordnete Ebene der Datenbankverwaltung ermöglicht es, über die Adresshinweise Informationen vieler Dateien zu verbinden, zu bearbeiten und auszuwerten. Bei der Datenbankverwaltung muss man unterscheiden zwischen interner und anwenderorientierter Verwaltung. Die interne Datenbankverwaltung wird – wie der Name erahnen lässt – nach außen für den Bewirtschafter nicht sichtbar, sie steuert z.B. die Verwaltung freier Datenbereiche. Die anwenderorientierte Datenbankverwaltung ist Schnittstelle zum Bewirtschafter, der hier den Zugang zur Datenbank für seine Konten erhält.

Für diesen Zugang bietet das System dem Bewirtschafter zwei Möglichkeiten: das Belegverfahren und das Dialogverfahren.

Im **Belegverfahren** hat der Bewirtschafter Zugang zur Datenbank beim Bundesamt für Finanzen über die Bundeskassen. Die übersandten Belege des Bewirtschafters werden bei den Bundeskassen über deren Datenvorverarbeitungssysteme erfasst und per Datenfernübertragung täglich dem Rechenzentrum des Bundesamtes für Finanzen übermittelt.

Im Nachtbetrieb erfolgt die Verarbeitung. Da die Daten nicht einzeln und sofort bei Eingang, sondern in „Stapel" gesammelt und dann verarbeitet werden, bezeichnet man diese Art der Verarbeitung Stapelbetrieb oder Batchbetrieb. Am folgenden Morgen liegen die druckaufbereiteten Verarbeitungsergebnisse vor, die von den Bundeskassen per Datenfernübertragung abgerufen werden.

In Form von Kontoauszügen, Stammblättern (z.B. Bewirtschafterstammdatenblatt, siehe Abschnitt Bewirtschafterstrukturen), Listen (auch Fehlerlisten), Titel- und Objektübersichten sowie den verschiedensten Auswertungen, die bei den Bundeskassen ausgedruckt werden, wird der Bewirtschafter über den Stand seiner Haushaltsmittelbewirtschaftung informiert.

Im **Dialogverfahren** (Anwendungsprogramm HICO – Haushalt – Information – Communication – Online) hat der Bewirtschafter ebenfalls Zugang zur Datenbank beim Bundesamt für Finanzen. Bei dieser Art des Zugangs hat er einen direkten Zugriff auf seine Bewirtschaftungsdaten über sein Dialoggerät.

Bei diesen Zugriffen auf die Datenbank im Dialogverfahren kann der Bewirtschafter je nach benötigter Anwendung zwischen zwei Möglichkeiten wählen. Einerseits kann er Auskünfte über seine Konten erhalten und andererseits Daten für bestimmte Geschäftsvorfälle eingeben, die dann gemeinsam mit den übersandten Daten der Bundeskassen verarbeitet werden (Dialog-Eingabe und Batch-Verarbeitung).

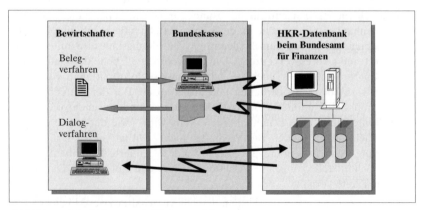

Abbildung 64: Beleg- und Dialogverfahren

Beim Dialogbildschirmgerät des Bewirtschafters ist auch ein Arbeitsplatzdrucker vorhanden. Damit hat er die Möglichkeit, Bildschirmausdrucke (Hard-Copies) zu erstellen.

Es können sowohl Ausdrucke der angesprochenen Konten oder ausgewählter Buchungssätze als auch Ausdrucke seiner eingegebenen Geschäftsvorfälle – auch in zusammengefasster Form – erstellt werden.

(3) Die Bewirtschafterstrukturen: Stufen – Kennzeichnung – Rollen

Für die Abwicklung aller Bewirtschaftungsvorgänge über ein System miteinander verknüpfter Konten ist es erforderlich, die Stufen der Haushaltsmittelverteilung von der Obersten Bundesbehörde bis zum Titelverwalter in der zentralen Datenbank abzubilden.

Im HKR-Verfahren bezeichnet man den **Mittelverteiler** der obersten Stufe abgekürzt mit MV 1. Die nachfolgenden, nachgeordneten Bewirtschafter werden dann entsprechend ihrer Stufe mit MV 2, MV 3, MV 4, …, MV n bezeichnet. Auf der untersten Stufe in dieser Verteilerkette gelangen wir zum **Titelverwalter**, der in der Terminologie des Automatisierten HKR-Verfahrens auch als Mittelverwender bezeichnet wird. In der Praxis gibt es unterschiedlich lange und unterschiedlich verzweigte Verteilerketten.

Bei Bereitstellung der Haushaltsmittel werden im HKR-Verfahren die Konten auf MV 1-Ebene automatisch angelegt. Automatisch bedeutet, dass die Konten auf dieser obersten Ebene (lt. Haushaltsplan) über eine vorgegebene Zuordnungsdatei aufgebaut werden.

Um die Konten der nachgeordneten Bewirtschafter anlegen zu können, müssen zunächst die Verteilerstufen der Bewirtschafter in der Datenbank abgebildet und analog zu ihrer hierarchischen Struktur verknüpft werden.

Zu beachten ist, dass die Bewirtschafterstruktur die primäre Struktur ist. Die Kontenstruktur ist die sekundäre Struktur; sie kann erst eingerichtet werden, wenn die Bewirtschafterstruktur besteht.

Der **Einstieg in das HKR-Verfahren** für die nachgeordneten Bewirtschafter geschieht in folgender Weise: Der unmittelbar übergeordnete Bewirtschafter lässt über die Systempflege unter Angabe der Bezeichnung, der Anschrift und sonstiger Daten (z.B. zuständiger Bundeskassenbereich, Angabe MV oder TV) seines nachgeordneten Bewirtschafters diesen in die bestehende Bewirtschafterstruktur einbinden. Damit wird er in der Datenbank an den übergeordneten Bewirtschafter per Adressverkettung angebunden und es wird eine Bewirtschafternummer durch das System vergeben.

Diese im HKR-Verfahren jedem Bewirtschafter zugeordnete **achtstellige Bewirtschafternummer**, kennzeichnet auch seine Funktion:

Mittelverteiler (MV)   **01** n n n n n n
Titelverwalter (TV)   **03** n n n n n n

Die beiden ersten Stellen der Bewirtschafternummer (z.Z. nur 01 oder 03) bilden den klassifizierenden, die Stellen drei bis sieben den identifizierenden Teil der Nummer. Diese Ziffern entsprechen bei der Vergabe der Nummer dem jeweils nächsten freien Platz in der Bewirtschafter-Strukturdatei der Datenbank. Der identifizierende Teil der Nummer ist somit gleich der Adresse in der Datei; er ermöglicht einen schnellen, direkten Zugriff auf die Informationen. Die Ziffernpositionen 1 bis 7 werden einer speziellen Prüfziffernrechnung unterworfen; das Ergebnis ist die Prüfziffer, die die Ziffernposition 8 der Bewirtschafternummer bildet.

Bewirtschafternummer (8-stellig):

01 03 Klassifizierender Teil	n n n n n Identifizierender Teil = Adresse der Strukturdatei	P Prüfziffer

Ist ein Bewirtschafter **zugleich Mittelverteiler und Titelverwalter** (Doppelfunktion), so werden ihm zwei Bewirtschafternummern zugeteilt. Eine solche Doppelfunktion liegt dann vor, wenn der Bewirtschafter zum einen an nachgeordnete Bewirtschafter Haushaltmittel verteilt, zum anderen für den eigenen internen Verwaltungsbereich Zahlungen und Verpflichtungen anordnet.

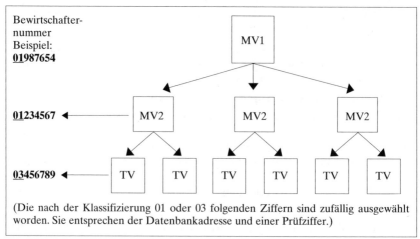

Bewirtschafter-
nummer
Beispiel:
01987654

01234567

03456789

(Die nach der Klassifizierung 01 oder 03 folgenden Ziffern sind zufällig ausgewählt worden. Sie entsprechen der Datenbankadresse und einer Prüfziffer.)

Abbildung 65: Bewirtschafterstrukturen: Mittelverteiler und Mittelverwender

Die Bewirtschafternummer ist generell nicht eindeutig einer Dienststelle zuzuordnen.

Aufgrund der fachlichen Aufgliederung in einer Dienststelle können mehrere Bewirtschafternummern vergeben werden.

Ein Bewirtschafter kann außerdem als Element in verschiedenen Bewirtschafterstrukturen vertreten sein, mitunter auch auf verschiedenen Stufen.

In der Datenbank werden für jeden Bewirtschafter die Strukturdaten eingetragen, d.h. es werden die Nummern der nachgeordneten Bewirtschafter, die Nummer des zuständigen Bundeskassenbereichs, seine Dienststellenbezeichnung, seine postalische Adresse etc. vermerkt.

Wird ein nachgeordneter Bewirtschafter an eine bestehende Verteilerstruktur angefügt, so wird er darüber durch das **„Stammdatenblatt für Mittelbewirtschafter"** informiert, das ihm von der Systempflege übersandt wird.

Der übergeordnete Bewirtschafter erhält ebenfalls ein Stammdatenblatt („Verzeichnis der nachgeordneten Mittelbewirtschafter"), das ihm in Listenform alle seine nachgeordneten Bewirtschafter, einschließlich des neu angefügten, anzeigt. Sobald ein Bewirtschafter im HKR-Verfahren installiert ist, können für ihn Sachbuchkonten eröffnet werden.

(4) Die Kontenstrukturen

Alle Maßnahmen der Haushaltsausführung werden im HKR-Verfahren in den **Sachbuchkonten** dokumentiert.

Die eingerichteten Sachbuchkonten können nach zwei unterschiedlichen Kriterien eingeteilt werden: nach Kontenfunktion oder nach Kontenstruktur.

Die **funktionalen** Kriterien sind die der Mittelverteilung und der Mittelverwendung. Folglich unterscheidet man nach Verteiler- und Verwenderkonten. Verwenderkonten befinden sich auf unterster Kontenebene. Auf den Konten können lt. Definition nur die jeweils entsprechenden Geschäftsvorfälle der Mittelverwendung gebucht werden.

Bei Einteilung der Konten des automatisierten HKR-Verfahrens nach ihrer **Struktur** unterscheidet man 3 Kontenarten:

1. Das Titelkonto	
	Sachbuchkonten
2. Das Objektkonto	
3. Das Deckungsausgleichskonto	

Abbildung 66: Kontenarten im HKR-Verfahren

Das Titel- und das Objektkonto sind unabhängig von der Funktion der Mittelverteilung und der Mittelverwendung zu sehen. Sie können sowohl bei Mit-
telverteilern als auch bei Titelverwaltern angelegt sein. Mittelverteilerkonten
eines Titelverwalters sind die Konten, die er unterteilt hat.

Das Deckungsausgleichskonto gibt es nur in der Funktion als Verwenderkonto
beim Titelverwalter, d.h., nur auf Titelverwalterebene können solche, im Folgenden gleich näher beschriebenen, Konten eingerichtet werden.

* **Das Titelkonto**

Das Titelkonto ist Ausführungs-, Buchungs- und Nachweisstelle für alle Maßnahmen zur Bewirtschaftung eines Titels. Es zeigt den aktuellen Stand in allen
Phasen des Haushaltsvollzuges. Die durch den Bewirtschafter bewirkten Geschäftsvorfälle werden in ihrer betragsmäßigen Auswirkung festgehalten und
im Kontoauszug dargestellt. Im HKR-Verfahren wird das Titelkonto durch eine
18-stellige Sachbuchkontonummer gekennzeichnet. Diese Nummer setzt sich
zusammen aus

* der 8-stelligen Bewirtschafternummer
* der 9-stelligen Haushaltsstelle und
* einer einstelligen Prüfziffer (errechnet aus der Haushaltsstelle)

Beispiel:

01001889	0699 514 01	9
Bewirtschafter- Nummer	Haushaltsstelle (Kapitel- und Titelnr.)	Prüfziffer

* **Das Objektkonto**

Im HKR-Verfahren kann der Bewirtschafter ein Titelkonto nach seinem Ermessen in weitere Teileinheiten, die Objektkonten, untergliedern. Dies ist auf
allen Stufen der Mittelbewirtschaftung möglich. Wird ein Titelkonto bereits auf
der Mittelverteilungsebene untergliedert, so erhält die nachgeordnete Ebene
nicht das Titelkonto, sondern die untergliederte Form. Unterteilte Konten können nur in unterteilter Form weitergegeben werden.

Die Objektkonten sind ihrerseits wieder in **Unterobjektkonten** aufteilbar ohne
Beschränkung hinsichtlich der Tiefe der Untergliederung. Der Bewirtschafter
veranlasst die Kontenuntergliederung schriftlich mit dem Beleg oder durch
Eingaben auf der Bildschirmmaske zur Einrichtung von Sachbuchkonten bei
der zuständigen Bundeskasse.

Das Verfahren vergibt mit der Einrichtung des Objektkontos eine Objektkontonummer. Die Objektkontonummer, bei der es sich ebenfalls um eine Sachbuchkontonummer handelt, setzt sich zusammen aus

* der 8-stelligen Bewirtschafternummer,

Beispiel für eine Objektkontenbildung

Abbildung 67: Kontenstruktur: Titelkonten und Objektkonten

- zwei Nullen,
- der 8-stelligen Objektnummer.

Bei der unbegrenzten Untergliederungsmöglichkeit von Konten sollte der Bewirtschafter sorgfältig zwischen sachlicher Notwendigkeit und Überschaubarkeit der entstehenden Kontenstruktur wählen, d.h. **so viele Konten wie nötig und so wenig wie möglich bilden.**

Die Kontengliederung ist u.a. abhängig von vorgegebenen Gliederungen des Haushaltsplanes, verbindlichen Kontenplänen des übergeordneten Bewirtschafters oder z.B. von gesetzlichen Bestimmungen über die Buchung von Baumaßnahmen.

- **Das Deckungsausgleichskonto**

Sachbuchkonten gegenseitig deckungsfähiger Titel eines Titelverwalters, auch in ihrer untergliederten Form – den Objektkonten –, können in einem Deckungskreis vereinigt werden. Für jeden Deckungskreis wird vom System ein Deckungsausgleichskonto eingerichtet, das die Bewirtschaftungsfälle aller beteiligten Sachbuchkonten (= Mitglieder des Deckungskreises) summarisch aufnimmt. Das Deckungsausgleichskonto hat die Funktion eines Summenkontos für alle Elemente eines Deckungskreises. Es erleichtert und beschleunigt die Bewirtschaftung der beteiligten Sachbuchkonten durch eine kontenübergreifende Verfügbarkeitskontrolle.

Das Deckungsausgleichskonto ist **kein Sachbuchkonto**; denn es kann durch keinen Bewirtschaftungsvorgang direkt angesprochen werden, d.h. eine Auszahlungsanordnung mit Angabe der Deckungsausgleichskontonummer wird nicht ausgeführt.

Zur Kennzeichnung wird ihm aber doch eine Sachbuchkontonummer zugeteilt. Sie setzt sich zusammen aus

- der 8-stelligen Bewirtschafternummer,
- zwei Nullen,
- der 8-stelligen Deckungsausgleichskontonummer

Beispiel:

030 01 918	00	99000790
Bewirtschafter-Nummer	Ergänzende Nullen (Kapitel- und Titelnr.)	Deckungsausgleichskontonummer (99 = klassifizierender Teil)

Objektkonten, die Mitglieder eines Deckungskreises werden sollen, müssen bei ihrer Einrichtung durch den Titelverwalter für gegenseitig deckungsfähig erklärt werden.

Ein **Deckungskreis** kann entweder nur Titelkonten oder nur Objektkonten oder aber eine Mischung beider Kontenarten aufnehmen. Entscheidend für die Mitgliedschaft eines Sachbuchkontos im Deckungskreis ist neben der gegenseitigen Deckungsfähigkeit mit anderen Sachbuchkonten die Funktion als Mittelverwenderkonto, d.h. ein Mitgliedskonto eines Deckungskreises muss ein Konto auf unterster Ebene des Titelverwalters sein.

Wie wir bei der Darstellung der Haushaltsgrundsätze aufgezeigt haben, ist die Deckungsfähigkeit von Haushaltstiteln als Ausnahme vom Grundsatz der sachliche Bindung im Rahmen der Flexibilisierung erheblich ausgeweitet worden. Wir wollen nun darlegen, wie die Möglichkeiten der ein- oder gegenseitigen Deckungsfähigkeit, aber darüber hinaus auch Zweckbindungen von Einnahmen (als Ausnahme vom Grundsatz der Gesamtdeckung), im automatisierten HKR-Verfahren umgesetzt werden.

Generelle Beispiele für die Bildung von Deckungskreisen:

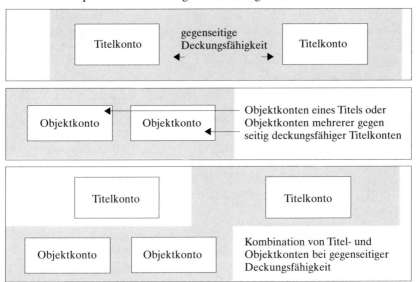

Abbildung 68: Deckungskreise bei Deckungsfähigkeiten

Wird ein Titelkonto in Objektkonten untergliedert, die anschließend in einen Deckungskreis eingebunden werden, so sind zumeist die für die einzelnen Objektkonten benötigten Mittel nicht genau betragsmäßig abzugrenzen. Der Gesamtverfügungsbetrag des Titelkontos steht aber fest.

Von dieser Ausgangslage her bietet sich folgende Lösung der **Kontenstrukturierung im Deckungskreis** an: Es wird ein zusätzliches Objektkonto eingerichtet, das die gesamten Haushaltsmittelzuweisungen erhält. Man bezeichnet es daher auch wegen seiner besonderen Funktion als Zuweisungskonto, die übrigen Konten sind die eigentlichen Sachkonten.

Das HKR-Verfahren erlaubt aber auch weitere Variationen der Kontenkombinationen in einem Deckungskreis.

Dürfen lt. Haushaltsvermerk **Ausgaben** bei einem Ausgabetitel **bis zur Höhe der Einnahmen** bei einem Einnahmetitel geleistet werden, so kann die Kombination dieser korrespondierenden Haushaltsstellen in einem Deckungskreis die Mittelbewirtschaftung erleichtern. Das System prüft in diesem Falle automatisch, ob bei einer Auszahlung aus dem Ausgabetitel genügend Einnahmen aus dem Einnahmetitel in dem Summenfeld des Deckungsausgleichskontos zur Verfügung stehen.

Beispiel: Deckungskreis Haushaltseinnahmen/Haushaltsausgaben

0612
Fachhochschule des Bundes
für öffentliche Verwaltung

Titel	Zweckbestimmung	Soll
		2008
Funktion		1 000 €

381 01   Leistungen durch Bundesbehörden zur Durchführung   –
          von Aufträgen

          Haushaltsvermerk
          Ist-Einnahmen sind zweckgebunden. Sie dienen nur zur
          Leistung der Ausgaben bei folgenden Titeln: Titelgrp. 01

Tgr. 01   Durchführung von Aufträgen anderer Bundesbehörden
          und Dritter   (–)

          Haushaltsvermerk
          Ausgaben dürfen bis zur Höhe der zweckgebundenen
          Ist-Einnahmen bei folgenden Titeln geleistet werden:
          381 01.

Kontenstruktur:

TV	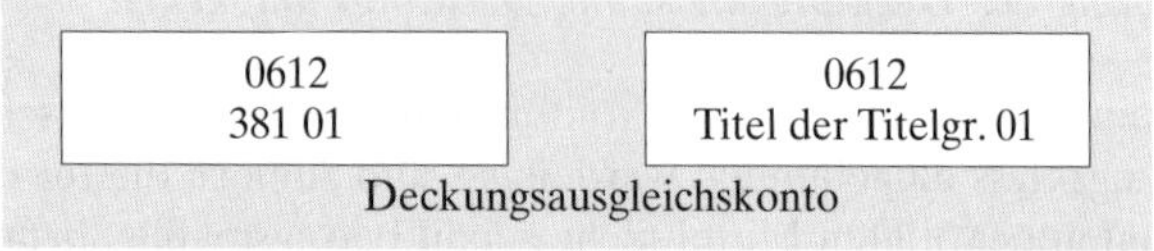 0612	0612
	381 01	Titel der Titelgr. 01

Deckungsausgleichskonto

Abbildung 69: Deckungskreis bei Zweckbindung

Dürfen lt. Haushaltsvermerk **Mehr**einnahmen bei einem Einnahmetitel **zur Verstärkung der Ausgaben** bei einem Ausgabetitel verwandt werden, so kann eine Kombination von Kontenuntergliederungen und Bildung eines Deckungskreises die Mittelbewirtschaftung unterstützen.

Nach Untergliederung des Einnahmetitelkontos in zwei Objektkonten (Objektkonto 1 = „Bis Sollbetrag", Objektkonto 2 = „Mehreinnahmen") wird das Konto „Mehreinnahmen" mit dem Ausgabetitelkonto in einem Deckungskreis vereinigt. Sobald das Objektkonto „Bis Sollbetrag" (als Einzelkonto) gefüllt ist, wird das Objektkonto „Mehreinnahmen" mit den Einzahlungen bedient, die den Sollbetrag übersteigen, und verstärkt somit automatisch das Ausgabetitelkonto.

Beispiel: Deckungskreis Haushaltseinnahmen (Mehreinnahmen)

0501
Auswärtiges Amt

Titel / Funktion	Zweckbestimmung	Soll 2008 1 000 €
111 01	Gebühren, sonstige Entgelte	385

Haushaltsvermerk
Mehreinnahmen aus dem Betrieb der Kindertagesstätte
dienen zur Deckung der Mehrausgaben bei folgendem
Titel: 539 99.

Anmerkung:
als Gebühreneinnahmen der Kindertagesstätte sind 105 000 €
veranschlagt

539 99	Vermischte Verwaltungsausgaben	600

Haushaltsvermerk
Mehrausgaben zu Nr. 4 der Erläuterungen dürfen bis zur
Höhe der Mehreinnahmen bei folgendem Titel geleistet
werden: 111 01.

Erläuterungen

...

4. Ausgaben für die Kindertagesstätte .... 30 T€

Kontenstruktur

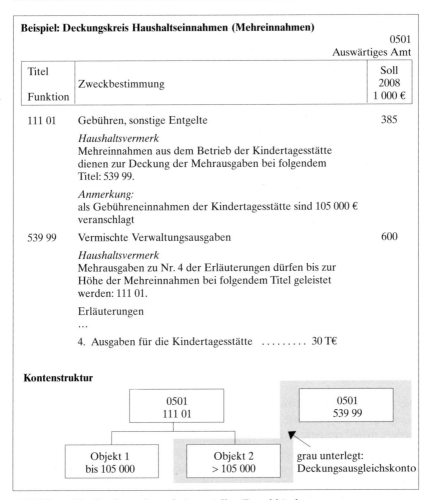

Abbildung 70: Deckungskreis bei partieller Zweckbindung

Die o.g. Kontenkonstruktion kann aber nur eingesetzt werden, wenn **ein** Titelverwalter diese Kontenkonstellation bewirtschaftet!

5. Die Phasen des Haushaltsvollzugs im Einzelnen

a) *Bereitstellung und Verteilung von Haushaltsmitteln*

Die Bereitstellung und Verteilung der Haushaltsmittel ist in den VV zu § 34 BHO geregelt. Nach der Feststellung des Haushaltsplans durch das Haushaltsgesetz[124] übersendet das BMF den für den Einzelplan zuständigen Stellen je einen beglaubigten Abdruck des für sie maßgebenden Einzelplans. Er teilt ihnen außerdem mit, welche Teile von Einzelplänen, die bestimmte Gruppen von Einnahmen, Ausgaben, Verpflichtungsermächtigungen, Planstellen und anderen Stellen für mehrere Geschäftsbereiche enthalten, auf sie entfallen. Zugleich eröffnet das BMF den für den Einzelplan zuständigen Stellen die auf sie entfallenden Titelkonten in den Büchern des Bundes.

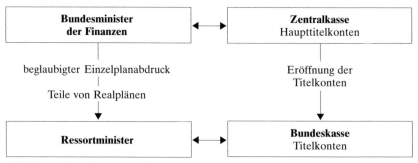

Abbildung 71: Verteilung der Haushaltsmittel BMF-Ressorts

Die für den Einzelplan zuständigen Stellen verteilen die veranschlagten Einnahmen, Ausgaben, Verpflichtungsermächtigungen, Planstellen und anderen Stellen, soweit sie diese nicht selbst bewirtschaften, auf die ihnen für das Verfahren nach § 27 unmittelbar nachgeordneten Dienststellen, indem sie an diese

- die für sie maßgebenden Einnahmen, Ausgaben und Verpflichtungsermächtigungen durch Kassenanweisungen an die zuständige Kasse des Bundes
- sowie die für sie bestimmten Planstellen und anderen Stellen durch besondere Verfügung verteilen.

Zusätzlich können die entsprechenden Teile des Einzelplans (Kapitel) in beglaubigter Form übersandt werden.[125]

---

124   § 1 Satz 1 des jeweiligen Haushaltsgesetzes.
125   Nr. 1.2 VV zu § 34 BHO.

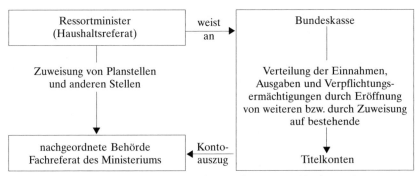

Abbildung 72: Verteilung der Haushaltsmittel Ressort – Nachgeordneter Bereich

Mit der **Übersendung des Haushaltsplans** durch den BMF und der Verteilung ist die Ermächtigung zur Bewirtschaftung erteilt.

Der Beauftragte für den Haushalt verteilt die Einnahmen, Ausgaben, Verpflichtungsermächtigungen, Planstellen und anderen Stellen auf die Titelverwalter der eigenen Behörde sowie auf andere Dienststellen (z.B. Außenstelle der Behörde, Forschungseinrichtungen als Projektträger). Er kann auch Titelverwalter zur weiteren Verteilung der Mittel ermächtigen. Die Verteilung der Einnahmen, Ausgaben und Verpflichtungsermächtigungen erfolgt durch Kassenanweisungen an die zuständige Kasse des Bundes.[126] Die Ausgaben sollen grundsätzlich nicht sogleich in voller Höhe verteilt werden, ein Teil soll für etwaige Nachforderungen zurück behalten werden.

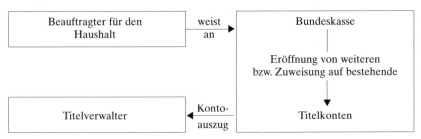

Abbildung 73: Verteilung der Haushaltsmittel auf die Titelverwalter

Die Kasse unterrichtet die Beauftragte oder den Beauftragten für den Haushalt und die nach Nr. 3.1.1 VV zu § 9 BHO Beauftragten durch Kontoauszüge über

---

126 Nr. 3.2 VV zu § 9 BHO.

die erfolgte Verteilung. Über die verteilten Planstellen und Stellen ist ein besonderer Nachweis zu führen.

Bei der Verteilung von Ausgaben sind die Ausgabereste und die Vorgriffe in der Weise zu berücksichtigen, dass die Ausgabereste den Ausgaben zugesetzt, die Vorgriffe von ihnen vorweg abgesetzt werden. Einsparungsauflagen nach § 45 Abs. 3 BHO sind zu beachten.

Über die verteilten Einnahmen, Ausgaben und Verpflichtungsermächtigungen, Planstellen und anderen Stellen ist ein Nachweis zu führen.[127]

b) Auftragsvergabe und Festlegung von Haushaltsmitteln

§ 55 Abs. 1 BHO schreibt als Regelfall der Vergabe öffentlicher Aufträge die öffentliche Ausschreibung vor, damit die verfügbaren Haushaltsmittel im Rahmen des Wettbewerbs wirtschaftlich verwendet werden.[128] Auch nach § 101 des Gesetzes gegen Wettbewerbsbeschränkungen (GWB)[129] haben Öffentliche Auftraggeber das offene Verfahren (entspricht der öffentlichen Ausschreibung) anzuwenden, es sei denn, das GWB lässt etwas anderes zu.

Nach der Verdingungsordnung für Leistungen Teil A (VOL/A)[130] sowie nach § 101 GWB sind folgende mögliche Arten der Auftragsvergabe zu unterscheiden:

*   **öffentliche Ausschreibung** oder **offenes Verfahren:**
    die öffentliche Aufforderung an eine **unbeschränkte Zahl von Unternehmern**, im vorgeschriebenen Verfahren ein Angebot abzugeben.[131]
*   **beschränkte Ausschreibung** oder **nicht offenes Verfahren:**
    die Aufforderung an eine **von vornherein begrenzte Zahl möglicher Anbieter** (mindestens drei), ein Angebot abzugeben.[132]
*   **freihändige Vergabe** oder **Verhandlungsverfahren**:
    der Vertragspartner wird **ohne ein förmliches Verfahren** ausgesucht.[133]

Die Begriffe öffentliche Ausschreibung, beschränkte Ausschreibung und freihändige Vergabe kommen aus dem „klassischen" deutschen Vergaberecht, die Begriffe offenes Verfahren, nicht offenes Verfahren und Verhandlungsverfahren entstammen europäischen Richtlinien und sind über das Gesetz gegen Wettbewerbsbeschränkungen, die Vergabeverordnung und die Verdingungsordnungen oberhalb noch zu nennender Betragsgrenzen anzuwenden.

---

127   VV Nr. 3.2 zu § 9 BHO.
128   Nr. 2.1 VV zu § 55 BHO.
129   Vom 26. August 1998 (BGBl I 1998, 2521), neugefasst durch Bek. v. 15.7.2005 (BGBl I S. 2114), zuletzt geändert durch Art. 7 Abs. 11 G. v. 26.3.2007 (BGBl I S. 358).
130   Neufassung der Verdingungsordnung für Leistungen (VOL) Ausgabe 2006 vom 6. April 2006, BAnz Nr. 100a v. 30. Mai 2006.
131   § 3 Nr. 1 Abs. 1 VOL/A, VV Nr. 2.1.1 zu § 55 BHO.
132   § 3 Nr. 1 Abs. 2 u. § 7 Nr. 2 Abs. 2 VOL/A.
133   § 3 Nr. 1 Abs. 1 VOL/A.

Die **Rechtsetzungstätigkeit der EU** hat das deutsche Vergaberecht gravierend verändert. Zur Öffnung des Marktes der Auftragsvergabe, in dem die öffentlichen Aufträge in der Regel nur an nationale Unternehmen vergeben wurden und zur Durchsetzung der Warenverkehrs- und Dienstleistungsfreiheit im Binnenmarkt, hat die EU Richtlinien erlassen, um das Verfahren der öffentlichen Auftragsvergabe europaweit zu harmonisieren.

Am 30. April 2004 sind im Amtsblatt der EU Nr. L 134 die neuen EU-Vergaberichtlinien veröffentlicht worden:

- Richtlinie 2004/17/EG des Europäischen Parlaments und des Rates vom 31. März 2004 zur Koordinierung der Zuschlagserteilung durch Auftraggeber im Bereich der Wasser-, Energie- und Verkehrsversorgung sowie der Postdienste (Sektorenrichtlinie),
- Richtlinie 2004/18/EG des Europäischen Parlaments und des Rates vom 31. März 2004 über die Koordinierung der Verfahren zur Vergabe öffentlicher Bauaufträge, Lieferaufträge und Dienstleistungsaufträge (klassische Richtlinie).

Mit der Verordnung (EG) 1442/2007 änderte die Kommission die Schwellenwerte der novellierten EU-Vergaberichtlinien 2004/17/EG und 2004/18/EG. Diese Verordnung trat am 1. Januar 2008 in Kraft.

Ziel der Überwachungsrichtlinien ist es, dem Bieter einen **subjektiven, gerichtlich einklagbaren Anspruch** auf Einhaltung der Vergabevorschriften zu geben, der dem traditionellen deutschen Vergaberecht fremd ist. Zudem erstreckt das EU-Recht den Anwendungsbereich über den bisher vom deutschen Recht nur erfassten Bereich der öffentlich-rechtlichen Körperschaften hinaus auf öffentliche und kommunale Unternehmen sowie auf private Auftraggeber, sofern diese in den Bereichen Wasser-, Energie- und Verkehrsversorgung sowie Telekommunikation tätig und mit besonderen Vorrechten ausgestattet sind.

Die europäischen Richtlinien greifen erst ab gewissen **Schwellengrenzen**:
1. für Liefer- und Dienstleistungsaufträge im Bereich der Trinkwasser- oder Energieversorgung oder im Verkehrsbereich: 412 000 EUR,
2. für Liefer- und Dienstleistungsaufträge der obersten oder oberen Bundesbehörden sowie vergleichbarer Bundeseinrichtungen außer Forschungs- und Entwicklungs-Dienstleistungen: 133 000 EUR,
3. für alle anderen Liefer- und Dienstleistungsaufträge: 206 000 EUR,
4. für Bauaufträge: 5 150 000 EUR.[134]

Oberhalb dieser Grenzen sind die Mitgliedstaaten zur Umsetzung der Richtlinien verpflichtet; darunter können sie weiterhin eigene Regelungen erlassen.

---

134 Schwellenwerte s. § 2 Vergabeverordnung (VgV) vom 9. Januar 2001 (BGBl. I S. 110) in der Fassung der Bekanntmachung vom 11. Februar 2003 (BGBl. I S. 168), zuletzt geändert durch Art. 1 und 2 der Verordnung vom 23. Oktober 2006 (BGBl. I S. 2334).

Der deutsche Gesetzgeber hat sich für ein **doppelspuriges System** entschieden: unterhalb der EG-Schwellenwerte bleibt das traditionelle System des deutschen Vergaberechts (sog. haushaltsrechtliche Lösung) unangetastet. Ausgangspunkt ist hier der § 55 BHO. Nach dem Willen der Bundesregierung soll das auch in Zukunft so bleiben. Im Haushaltsrecht soll jedoch künftig im Liefer- und Dienstleistungsbereich nicht mehr auf ein separates Regelwerk („Verdingungsordnung") Bezug genommen werden, sondern auf die Vergabeverordnung (mit Modifikation für Kleinaufträge); im Baubereich wird die erheblich zu verschlankende VOB/A herangezogen[135].

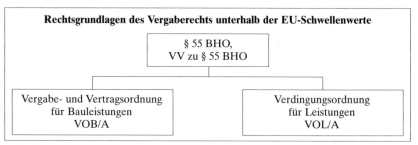

Abbildung 74: Auftragsvergabe unterhalb des EU-Schwellenwertes

Für Aufträge oberhalb der EG-Schwellenwerte gelten ab dem 1. Januar 1999 die §§ 97 bis 129 des Gesetzes gegen Wettbewerbsbeschränkungen (GWB) und die aufgrund der §§ 97 Abs. 6, 127 GWB erlassene **Vergabeverordnung**[136] der Bundesregierung. Damit ist für diesen Bereich die bisherige sog. „haushaltsrechtliche Lösung" des Vergaberechts durch eine „kartellrechtliche Lösung" ersetzt worden. Der Bieter erhält das einklagbare Bieterrecht gegenüber dem Auftraggeber, dass dieser die Vergabevorschriften einhält (§ 97 Nr. 7 GWB) (*s. Abb. 74*).

Die Verdingungsordnungen sind der materielle Kern des Vergaberechts. Es gibt drei verschiedene Verdingungsordnungen: Die Vergabe- und Vertragsordnung für Bauleistungen (VOB), die Verdingungsordnung für Leistungen, ausgenommen Bauleistungen (VOL) und die Verdingungsordnung für freiberufliche Leistungen (VOF).[137] Da die VOF nur für Aufträge ab einem Wert von 206 000 EUR anwendbar ist, hat sie im Anwendungsbereich der unterhalb dieser Grenze geltenden „haushaltsrechtlichen Lösung" keine Bedeutung.

---

135 Eckpunkte für eine Verschlankung des Vergaberechts, Stand 12. Mai 2004, http://www.bmi. de/BMWi/Redaktion/PDF/Eckpunkte-fuer-eine-verschlankung-des-vergaberechts,property =pdf,bereich=bmwi,sprache=de,rwb=true.pdf.
136 Fundstellen s.o.
137 Verdingungsordnung für Leistungen Tei A (VOL/A), Ausgabe 2006 vom 6. April 2006, BAnz Nr. 100a vom 30. Mai 2006; Vergabe- und Vertragsordnung für Bauleistungen Teil A vom 20. März 2006, BAnz Nr. 94a vom 18. Mai 2006; Verdingungsordnung für freiberufliche Leistungen (VOF) Ausgabe 2006 vom 16.3.2006, BAnz Nr. 91a.

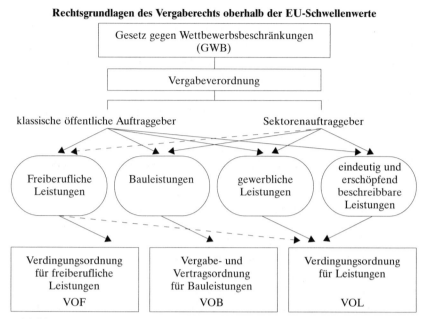

Abbildung 75: Auftragsvergabe oberhalb des EU-Schwellenwertes

Die Verdingungsordnungen besitzen **keine Rechtsnormqualität**, sofern sie **Aufträge unterhalb der EG-Schwellenwerte** betreffen. Die VOB und VOL sind in diesem Bereich lediglich Musterbedingungen, die von nichtstaatlichen Fachgremien, den sog. Verdingungsausschüssen erarbeitet und verabschiedet werden. Die Verdingungsausschüsse setzen sich aus Vertretern von Bund, Ländern, Gemeinden und kommunalen Spitzenverbände sowie Vertretern der Wirtschaftsverbände und Gewerkschaften zusammen.

Da die VOL keine Rechtsnormqualität besitzt, begründen Verstöße gegen das vorgeschriebene Vergabeverfahren **kein klagbares Recht des Vertragspartners oder Bieters**. Nach Nr. 3 der VV zu § 55 BHO ist in den Bewerbungsbedingungen ausdrücklich darauf hinzuweisen, dass die Teile A der VOL/VOB nicht Vertragsbestandteil werden und den Bietern kein klagbares Recht auf Anwendung dieser Bestimmungen geben. Sie beziehen sich nur auf den Geschehensablauf bis zum Abschluss eines Bau- oder Liefervertrages, treffen somit Regelungen im vorvertraglichen Raum, die ausschließlich für den Auftraggeber gelten. Das Hauptgewicht liegt auf der Regelung eines geordneten Verfahrens mit dem Ziel, die Vergabe von Aufträgen dem Wettbewerb zu unterwerfen. Es handelt sich also um Regelungen, die einseitig und intern, ohne Rechtswirkung nach außen, den Auftraggeber binden. Sie tragen deshalb lediglich den Charakter von Dienstanweisungen an die Beschaffungsstellen.

Verstöße gegen die VOL/A können allerdings **haftungsrechtliche Ansprüche des Dienstherrn** bzw. **disziplinarische Folgen** auslösen. Nach außen, d.h. im Verhältnis zum Vertragspartner oder Bieter, bleiben Verstöße insoweit folgenlos, als aus einer nicht sachgerechten Anwendung der VOL/A selbst keine Ansprüche Dritter hergeleitet werden können.

Bei der VOB und der VOL ist zwischen den Teilen A und B zu unterscheiden; die VOB enthält zusätzlich noch einen Teil C. Dagegen ist die VOF nicht in verschiedene Teile unterteilt.

In den Teilen A der VOB und VOL und in der VOF sind die Regeln enthalten, die die Auftraggeber bei der Anbahnung und Abschluss eines Vergabeverfahrens zu beachten haben: Hier finden sich Vorschriften über die Grundsätze der Vergabe, über die Vergabeverfahren, über Veröffentlichungspflichten und Fristen, über die Anforderungen an eine ordnungsgemäße Leistungsbeschreibung, über die Prüfung und Wertung von Angeboten, über den Zuschlag und die Benachrichtigung der unterlegenen Bieter.

Für Aufträge **oberhalb der EG-Schwellenwerte** verweist die von der Bundesregierung erlassene Vergabeverordnung auf den zweiten, dritten und vierten Abschnitt der VOB/A und VOL/A sowie auf die VOF, so dass diese Abschnitte bzw. die VOF aufgrund der Verweisung in die Vergabeverordnung inkorporiert sind und daher die Qualität einer Rechtsverordnung besitzen.[138]

Der erste Abschnitt der VOB/A und VOL/A gilt für die Vergabe von Aufträgen unterhalb der EG-Schwellenwerte, der zweite Abschnitt für Aufträge oberhalb der Schwellenwerte und die Abschnitte drei und vier für die Sektorenauftraggeber, d.h. für Unternehmen, die im Bereich der Energie-, Wasser- und Verkehrsversorgung sowie im Bereich der Telekommunikation tätig sind. Die zweiten, dritten und vierten Abschnitte der VOB/A und VOL/A sowie die VOF sind aufgrund der Umsetzung von EG-Richtlinien zur öffentlichen Auftragsvergabe erlassen worden.

	Abschnitt 1	Basisparagraphen
VOL/A	Abschnitt 2	Bestimmungen für Aufträge oberhalb der EU-Schwellenwerte
	Abschnitt 3 Abschnitt 4	Bestimmungen für Sektorenauftraggeber

---

138 §§ 4 Abs. 1, 5, 6, 7 Vergabeverordnung (VgV).

Die VOL findet auf **alle Lieferungen und Leistungen** Anwendung. Ausgenommen sind Bauleistungen, auf die die VOB Anwendung finden, und Leistungen, die im Rahmen einer freiberuflichen Tätigkeit erbracht (also die Dienstleistungen der Rechtsanwälte, Architekten, Ingenieure, Steuerberater, Wirtschaftsprüfer etc.) oder im Wettbewerb mit freiberuflich Tätigen angeboten werden. Hier findet die VOF Anwendung. Sofern die freiberufliche Leistung allerdings eindeutig und erschöpfend beschreibbar ist, gilt nach § 2 Abs. 2 S. 2 VOF allein die VOL. Anders als die VOB und die VOL, die grundsätzlich für alle Auftragsvergaben ohne Beschränkung auf einen bestimmten Wert gelten, gilt die VOF nur für Aufträge, deren Wert 206 000 € oder mehr beträgt.

Der **„Deutsche Verdingungsausschuss für Leistungen (ausgenommen Bauleistungen)"** – DVAL –, in dem neben den Ländern und Spitzenverbänden der Kommunen und der gewerblichen Wirtschaft sowie dem DGB, einige Bundesministerien sowie der Bundesrechnungshof vertreten sind, ist für den Erlass und die Fortschreibung der VOL/A zuständig.

Einige besonders herauszuhebende Punkte der VOL/A sind :

* Sie bindet den öffentlichen Auftraggeber strenger an **wettbewerbliche Vergabeformen** und erlaubt so eine wirtschaftlichere Verwendung von Haushaltsmitteln im Sinne von § 7 BHO – Grundsatz der Sparsamkeit und Wirtschaftlichkeit –.

* Sie erleichtert den Zugang kleinerer Bieter zu öffentlichen Aufträgen und bewirkt auf diese Weise eine **erweiterte Teilnahme mittelständischer Unternehmen** an staatlichen Vergaben.

* Sie berücksichtigt im Rahmen des öffentlichen Auftragswesens die **Erfordernisse technischer Neuerung** (Zulassung der funktionellen Leistungsbeschreibung) und des Umweltschutzes bei staatlichen Beschaffungen, *ohne* auf auftragsfremde Zielsetzungen zurückzugreifen.

* Sie transformiert systematisch die **Vorschriften der Europäischen Gemeinschaften zur Vergabe öffentlicher Lieferaufträge** (Richtlinie 77/62/EWG über die Koordinierung der Verfahren zur Vergabe öffentlicher Lieferungsaufträge vom 21. Dezember 1976 wurde in Form von a-Paragraphen in die VOL/A übernommen).

* Sie verpflichtet die Verwaltung, die **wesentlichen Gründe für die Ablehnung** nicht berücksichtigter Angebote mitzuteilen (sog. „Ex-post-Transparenz") .

Die komplexe, durch eine Vielzahl von Regelungen gekennzeichnete Materie des Vergaberechts erschwert nicht nur kleinen und mittelständischen Unternehmen die Durchführung von Vergabeverfahren, sondern schadet auch der Korruptionsprävention. Damit die deutschen Vergabevorschriften ihr Hauptziel, die Sicherstellung wirtschaftlichen Einkaufs am Markt durch wettbewerbliche und transparente Vergabeverfahren, wieder besser erfüllen können, hat die Bundesregierung beschlossen, das Vergaberecht zu vereinfachen und zu modernisieren[139]. Dabei soll vor allem die Transparenz bei allen Vergabeverfahren erhöht werden. Über das EU-Recht hinausgehende strengere Verpflichtungen für den Auftraggeber soll es nicht mehr geben. Die Vergaberegeln sollen auf das notwendige Maß beschränkt werden. Dabei legt die Bundesregierung auf eine mittelstandsgerechte Ausgestaltung des künftigen Vergaberechts besonderen Wert. Außerdem sollen die Rechtsschutzverfahren auf ihre Effizienz überprüft werden.

Seit 2006 sind die EU-Mitgliedstaaten gehalten, EU-weite Vergabeverfahren elektronisch abzuwickeln. Nach dem Willen der Europäischen Kommission sollen im Jahr 2010 mindestens 50 % der Verfahren mit einem Auftragswert von 50 000 € bei Dienstleistungen bzw. 6 Mio. € bei Bauleistungen elektronisch vergeben werden. Alle Schritte des Vergabeprozesses von der Bekanntmachung über den Download der Verdingungsunterlagen durch potenzielle Anbieter bis hin zur Angebotsabgabe sollen dann über das Internet vollzogen werden. Der „Öffentliche Einkauf Online" ist ein wesentlicher Bestandteil der Initiative „BundOnline 2005". Die gesamte Kommunikation zwischen Einkäufer und Wirtschaft – von der Veröffentlichung der Bekanntmachung bis zum Angebotszuschlag – kann elektronisch über die e-Vergabeplattform des Bundes abgewickelt werden. Im so genannten Kaufhaus des Bundes werden Waren und Leistungen aus Rahmenvereinbarungen zum Abruf durch die Behörden bereitgestellt. Momentan sind über 150 Rahmenvereinbarungen online. Die ca. 230 registrierten Bundesbehörden mit über 4300 Nutzern haben die Wahl zwischen rund 25 000 Produkten[140].

Sobald ein Auftrag erteilt worden ist, ist zu empfehlen, den voraussichtlich als Entgelt zu entrichtenden Betrag festzulegen. Damit werden die als Reste ausgewiesenen Beträge vermindert und es wird verhindert, dass über diesen Betrag wiederholt verfügt werden kann. Im Falle der Erteilung einer Auszahlungsanordnung wird der festgelegte Betrag bei der Verfügbarkeitsprüfung berücksichtigt. Es kann also nicht wiederholt auf diesen Betrag zurückgegriffen werden.

Bei der Veranlassung der Zahlung wird durch Angabe eines bestimmten Buchungsschlüssels auf der Auszahlungsanordnung die Festlegung wieder aufgehoben. Sollte der zu zahlende Betrag nicht dem festgelegten entsprechen, kann durch gesonderte Anordnung die Festlegung wieder aufgehoben werden.

---

139 http://www.bmwi.de/BMWi/Redaktion/PDF/B/beschluss-der-bundesregierung-ueber-schwerpunkte-zur-vereinfachung-des-vergaberechts-im-bestehenden-system.property=pdf,bereich=bmwi,sprache=de,rwb=true.pdf.
140 Beschaffungsamt des BMI, http://www.bescha.bund.de/cln_048/nn_663640/DE/OeffEinkauf/KaufhausBund/node.html?_nnn=true.

c) Die Anordnung zur Zahlung, Unterschriften

Zahlungen dürfen nach § 70 BHO nur von Kassen und Zahlstellen angenommen oder geleistet werden. Die Anordnung der Zahlung muss durch das zuständige Ministerium oder die von ihm ermächtigte Dienststelle schriftlich oder auf elektronischem Wege erteilt werden und ist das Ergebnis einer Abfolge von Entscheidungen, mit denen die Verantwortlichkeiten für die Richtigkeit der anzunehmenden Einzahlung, der zu leistenden Auszahlung oder der vorzunehmenden Buchung wahrgenommen werden.[141] An einer Anordnung, die zu einer Einzahlung oder Auszahlung führt, müssen immer mindestens zwei Personen beteiligt sein. Für alle Kassenanordnungen sind ausschließlich die in den Verfahrensrichtlinien für Mittelverteiler und Titelverwalter für das automatisierte Verfahren für das Haushalts-, Kassen- und Rechnungswesen des Bundes (VerfRiB-MV/TV – HKR) vorgeschriebenen Vordrucke zu verwenden.

Die Verantwortlichkeit im Anordnungsverfahren werden durch die Feststellung der rechnerischen Richtigkeit, die Feststellung der sachlichen Richtigkeit und die Ausübung der Anordnungsbefugnis wahrgenommen.[142]

Sachlich richtig	Rechnerisch richtig
....	
Unterschriften	
Die Anordnung ist, wie angegeben, auszuführen	
....	
Datum, Unterschrift des Anordnungsbefugten	

Abbildung 76: Auszug aus dem Vordruck F05 – Auszahlungsanordnung

Die oder der Feststeller der **rechnerischen Richtigkeit** übernimmt mit der Unterzeichnung des Feststellungsvermerks die Verantwortung, dass der anzunehmende oder auszuzahlende Betrag sowie alle auf Berechnungen beruhenden Angaben in der förmlichen Kassenanordnung und den sie begründenden Unterlagen richtig sind. Die Feststellung der rechnerischen Richtigkeit erstreckt sich mithin auch auf die Richtigkeit der den Berechnungen zugrunde liegenden Ansätze (z.B. Bestimmungen, Tarife, Verträge).[143]

---

141 Nr. 1.1.1 VV-BHO zu Teil IV.
142 Nr. 2.2.1.1 Anlage zu Nr. 9.2 der VV-BHO zu Teil IV.
143 Nr. 2.2.2.1 Anlage zu Nr. 9.2 der VV-BHO zu Teil IV.

Die Feststellerin oder der Feststeller der **sachlichen Richtigkeit** übernimmt mit der Unterzeichnung des Feststellungsvermerks die Verantwortung, dass

- die in der Anordnung und den sie begründenden Unterlagen enthaltenen, für die Zahlung und Buchung maßgebenden Angaben vollständig und richtig sind,
- nach den geltenden Vorschriften, insbesondere dem Grundsatz der Wirtschaftlichkeit, verfahren worden ist, insbesondere
- die Einnahmen vollständig und rechtzeitig erhoben werden,
- die Lieferung oder Leistung entsprechend der zugrunde liegenden Vereinbarung oder Bestellung sachgemäß und vollständig ausgeführt worden ist,
- die übrigen haushaltsrechtlichen Voraussetzungen für die Zahlung vorliegen (z.B. Mittelverfügbarkeit),
- die angeforderte Zahlung nach Rechtsgrund und Höhe richtig ermittelt worden ist[144].

Sind an der Feststellung der sachlichen Richtigkeit neben der Feststellerin oder dem Feststeller noch andere Bedienstete beteiligt, die z.B. die vollständige Lieferung einer Ware bescheinigen oder über die zur Feststellung erforderlichen Fachkenntnisse z.B. auf rechtlichem, medizinischem oder technischem Gebiet verfügen, so muss aus deren Bescheinigungen (Teilbescheinigungen) der Umfang der Verantwortung ersichtlich sein.

Die Bewirtschaftungsbefugnis wird praktisch nur umsetzbar durch die **Anordnungsbefugnis**. Die Anordnungsbefugnis wird durch Unterschrift unter Angabe des Datums auf der Kassenanordnung ausgeübt und umfasst die Verantwortung dafür, dass in der Kassenanordnung offensichtlich erkennbare Fehler nicht enthalten sind und die Bescheinigungen der sachlichen und rechnerischen Richtigkeit von den dazu Befugten abgegeben worden sind[145]. Die Anordnungsbefugnis wird in einer Behörde originär durch die Beauftragte oder den Beauftragten für den Haushalt ausgeübt. Sie oder er kann jedoch beide Befugnisse delegieren und sich selbst lediglich die Überwachung vorbehalten. Die Namen und Unterschriftsproben der Anordnungsbefugten sind der Bundeskasse mitzuteilen.

Die Feststellung der sachlichen Richtigkeit kann auf der Kassenanordnung mit der Anordnungsbefugnis verbunden werden, sofern eine andere Person die rechnerische Richtigkeit bescheinigt. Wurde auf der Kassenanordnung nur die rechnerische Richtigkeit bescheinigt, so wird mit der Unterschrift der oder des Anordnungsbefugten auch die sachliche Richtigkeit festgestellt. Es bedarf dann keiner weiteren Unterschrift der oder des Anordnungsbefugten in dem Feld „sachliche Richtigkeit" und auch keines Vermerks, der auf die Verbindung der sachlichen Richtigkeit mit der Anordnungsbefugnis hinweist.

---

144   Nr. 2.2.3.1 Anlage zu Nr. 9.2 der VV-BHO zu Teil IV.
145   Nr. 2.2.4.1 Anlage zu Nr. 9.2 der VV-BHO zu Teil IV.

Nach § 75 BHO sind alle Buchungen zu belegen. Für die Anordnung zur Leistung oder Annahme einer Zahlung und zur Buchung sind Unterlagen notwendig, die Zweck und Anlass für die Erstellung einer Kassenanordnung oder Kassenanweisung zweifelsfrei erkennen lassen. Die Kassenanordnungen und begründenden Unterlagen sind nach den Aufbewahrungsbestimmungen für die Unterlagen für das Haushalts-, Kassen- und Rechnungswesen des Bundes (ABestB – HKR) fünf Jahre aufzubewahren.

6. Die Bewirtschaftung der Planstellen und Stellen

a) Personalwirtschaft im Haushaltsrecht des Bundes

Die personalwirtschaftlichen Bestimmungen sind in der BHO einschließlich der Verwaltungsvorschriften dazu und in den jährlichen Haushaltsgesetzen des Bundes zu finden. Da die Regelungen der BHO durch die jährlichen Haushaltsgesetze z.t. erheblich verändert (i.d.R. erweitert) werden, muss das Haushalts- wie auch das Personalreferat einer jeden Behörde die genauen Bestimmungen des jeweiligen Haushaltsgesetzes intensiv studieren.

Bei **Beamten** koppelt § 49 BHO die Verleihung eines Amtes (Ernennung) mit der Einweisung in eine **besetzbare Planstelle**. Ohne Vorliegen einer der Besoldungsgruppe entsprechenden besetzbaren Planstelle darf eine Ernennung nicht ausgesprochen werden.

Mit der Tarifeinigung für den öffentlichen Dienst vom 9. Februar 2005 und den ausfüllenden Tarifregelungen (TVöD) sind die bisherigen Vergütungs- und Lohntabellen für Angestellte und Arbeiterinnen und Arbeiter zu einer einheitlichen Entgelttabelle für Arbeitnehmerinnen und Arbeitnehmer zusammengefasst worden.

Stellen für Arbeitnehmerinnen und Arbeitnehmer werden in den Erläuterungen zu dem jeweiligen Titel ausgewiesen und sind damit grundsätzlich nicht verbindlich. Seit 1972 bestimmen jedoch die jährlichen Haushaltsgesetze, dass die in den Erläuterungen zu den entsprechenden Titeln nach Entgeltgruppen ausgewiesenen Stellen verbindlich sind.[146]

Die im Haushaltsplan verbindlich ausgewiesenen Planstellen bilden den **Stellenplan für Beamte**, die durch die Haushaltsgesetze für verbindlich erklärten Stellen für Arbeitnehmerinnen und Arbeitnehmer den Stellenplan für Tarifbeschäftigte. Mit diesen Stellenplänen nimmt das Parlament über den Haushaltsplan auf die Verwaltung lenkend und begrenzend Einfluss. Die **haushalts-**

---

146   Z.B. § 13 Abs. 1 HG 2008.

wirtschaftliche Bindung der Exekutive an diese Stellenpläne bezieht sich jeweils auf das Kapitel, das im Haushaltsplan i.d.R. für eine bestimmte Behörde eingerichtet ist.

Das Bundesministerium der Finanzen wird durch § 15 Abs. 1 HG 2008 ermächtigt, neue Planstellen auszubringen, soweit ein unabweisbarer Bedarf besteht, einen Dienstposten wiederzubesetzen, dessen bisherige Inhaberin oder bisheriger Inhaber

1. gemäß § 14 des Deutschen Richtergesetzes in der Fassung der Bekanntmachung vom 19. April 1972 (BGBl. I S. 713), das zuletzt durch Artikel 27 des Gesetzes vom 19. April 2006 (BGBl. I S. 866) geändert worden ist, in einem Land als Richterin oder Richter kraft Auftrags verwendet werden soll,
2. länger als ein Jahr im Rahmen der internationalen Zusammenarbeit ohne Wegfall der Dienstbezüge verwendet oder auf eine entsprechende Verwendung vorbereitet werden soll.

Die Planstellen sind befristet bis zur Rückkehr der bisherigen Inhaberin oder des bisherigen Inhabers des Dienstpostens und in der Wertigkeit der Besoldungsgruppe der Beamtin oder des Beamten auszubringen, die oder der als Ersatzkraft die Funktion wahrnehmen soll. Über den weiteren Verbleib der Planstellen ist im nächsten Haushaltsplan zu entscheiden.

Da ein Amt nur zusammen mit einer Planstelle verliehen werden darf, sind die Beamten, die noch kein Amt im statusrechtlichen Sinne haben, also die **Beamten auf Widerruf** und **auf Probe**, nicht auf Planstellen zu führen. Für diese Gruppe der Beamten werden gesonderte Titel im Haushaltsplan geführt. Während die Haushaltstechnischen Richtlinien des Bundes (Nr. 4.2 HRB – Festtitel) für die planmäßigen Beamten den Titel 422 01 festschreiben, ist für die Beamten auf Probe der Titel 422 02 und für die Beamten auf Widerruf im Vorbereitungsdienst der Titel 422 03 vorgeschrieben. Die Stellen der Beamten auf Probe und auf Widerruf sind Bestandteil der Erläuterungen bei den jeweiligen Titeln[147] und damit hinsichtlich der Zahl der für die einzelnen Laufbahngruppen angegebenen Stellen nicht verbindlich.

Die Planstellen sind – wie auch die Ausgabeansätze des Haushaltsplanes – **Höchstgrenzen**. Demgemäß ist in Nr. 1.3. der VV zu § 49 BHO geregelt, dass, soweit im Haushaltsplan nicht etwas anderes bestimmt oder zugelassen ist, eine Planstelle auch mit einem Beamten einer niedrigeren Besoldungsgruppe derselben Laufbahn besetzt werden darf. Außerdem kann eine Planstelle einer höheren Laufbahngruppe auch mit einem Beamten der nächstniedrigeren Laufbahngruppe besetzt werden, wenn der Beamte in die Aufgaben der neuen Laufbahn eingeführt wird oder sich nach der Einführung darin zu bewähren hat.

---

147   § 17 Abs. 6 BHO.

b) Jährliche pauschale Einsparungen nach den Haushaltsgesetzen

Wie jedes Haushaltsgesetz der vergangenen Jahre enthält auch das Haushaltsgesetz 2008 eine allerdings im Verhältnis zu den Vorjahren in der Höhe geringere Einsparauflage von 0,9 Prozent der Planstellen für Beamtinnen und Beamte und Stellen für Arbeitnehmerinnen und Arbeitnehmer. § 21 Abs. 1 HG 2008 sieht zusätzliche Stelleneinsparungen aufgrund der Veränderungen der Wochenarbeitszeit für die Beamtinnen und Beamten vor.[148]

Die auf die Einzelpläne entfallenden Einsparungen sind und waren auf die einzelnen Laufbahngruppen und die diesen vergleichbaren Entgeltgruppen entsprechend dem Anteil dieser Laufbahngruppen und Vergütungsgruppen an der Gesamtzahl der Planstellen und Stellen des Einzelplans aufzuteilen. Das Verhältnis der Wertigkeit der eingesparten Planstellen und Stellen innerhalb der Laufbahngruppen muss dem **Verhältnis der Wertigkeit der Planstellen und Stellen des jeweiligen Haushaltsplans** entsprechen. Dabei sind die oberste Bundesbehörde, die Bundesoberbehörden und die nachgeordnete Bundesverwaltung innerhalb des Einzelplans jeweils gesondert zu berücksichtigen.

Von der strengen Bindung an den Stellenkegel bei dem Verhältnis der einzusparenden Stellen zu den und innerhalb der Laufbahngruppen darf mit Zustimmung des BMF abgewichen werden, wenn ein gleichwertiger finanzieller Ausgleich durch den Wegfall anderer Planstellen oder Stellen sichergestellt ist.

Die betroffenen Planstellen und Stellen fallen am 31.12. des jeweiligen Haushaltsjahres weg.

Die auf die jeweiligen Einzelpläne hieraus entfallenden einzusparenden Planstellen/Stellen hat das BMF in den Anhängen zu seiner jeweiligen Verwaltungsvorschrift zur Haushaltsführung des betreffenden Jahres ausgewiesen.[149] Innerhalb des jeweiligen Geschäftsbereichs wird die konkrete Aufteilung der Einsparquote den Ressorts überlassen, die über die Einsparungen dem BMF Bericht zu erstatten hatten.

Die Wirkung einer solchen Stellenkürzung durch das Haushaltsgesetz kommt demzufolge der Wirkung eines Wegfallvermerkes ohne nähere Angabe im Sinne von § 47 Abs. 2 BHO gleich. „Ist eine Planstelle ohne nähere Angabe als kw bezeichnet, darf die nächste freiwerdende Planstelle derselben Besoldungsgruppe für Beamte derselben Fachrichtung nicht wieder besetzt werden" und fällt weg.[150] Entsprechendes gilt für Stellen der Arbeitnehmerinnen und Arbeitnehmer.[151]

---

148 2008: § 20 HG.
149 Anhang 1a zu Anlage 2 zum RdSchr. des BMF zur Haushaltsführung 2008 – II A 2 – H 1200/07/0010 –.
150 VV Nr. 3 Satz 1 zu § 47 BHO.
151 § 47 Abs. 4 BHO in Verbindung mit VV Nr. 5 hierzu.

Demzufolge ist der Stellenplan nicht in der im jeweiligen Haushaltsplan ausgewiesenen Form zu bewirtschaften, sondern unter Berücksichtigung der im Haushaltsgesetz enthaltenen Einsparauflage und der durch das BMF zusätzlich geregelten Einzelheiten.

c) Besetzbarkeit von Planstellen

Besetzbar ist eine Planstelle, wenn sie

- durch endgültiges **Ausscheiden des Stelleninhabers** (z.B. Eintritt in den Ruhestand, Versetzung, Entlassung) frei geworden ist,
- durch Einweisung des bisherigen Stelleninhabers **in eine andere Planstelle** (z.B. bei Beförderung) frei wird oder
- bisher überhaupt **nicht besetzt ist** (z.B. neu bewilligte Planstelle)

und keine Verfügungsbeschränkungen bestehen, wie z.B. Besetzungssperren des BMF nach § 41 BHO oder Wegfall- und Umwandlungsvermerke nach §§ 21, 47 BHO.

Eine Planstelle ist auch dann nicht besetzbar, wenn der eingewiesene Beamte ohne Dienstbezüge beurlaubt ist, wenn seine Dienstbezüge von einer anderen Dienststelle gezahlt werden oder wenn er aus anderen Gründen keine Dienstbezüge aus der Planstelle erhält.

Nach den Haushaltsgesetzen dieses und der vergangenen Jahre[152] sind freie Planstellen und Stellen vorrangig mit Bediensteten zu besetzen, die bei anderen Behörden der Bundesverwaltung wegen Aufgabenrückgangs oder wegen der Auflösung der Behörde nicht mehr benötigt werden.

Eine Planstelle darf auch mit mehreren **teilzeitbeschäftigten** Beamtinnen bzw. Beamten besetzt werden; die Gesamtarbeitszeit dieser Beamtinnen und Beamten darf die regelmäßige Gesamtarbeitszeit einer vollbeschäftigten Beamtin oder eines vollbeschäftigten Beamten nicht übersteigen. Eine Planstelle, die mit einer teilzeitbeschäftigten Beamtin oder einem teilzeitbeschäftigten Beamten besetzt ist, darf gleichzeitig für teilzeitbeschäftigte Arbeitnehmerinnen oder Arbeitnehmer der vergleichbaren oder einer niedrigeren Vergütungsgruppe in Anspruch genommen werden; die regelmäßige Gesamtarbeitszeit der Beamtin oder des Beamten und der Angestellten darf die regelmäßige Arbeitszeit einer vollbeschäftigten Beamtin oder eines vollbeschäftigten Beamten nicht übersteigen.[153]

---

152 Z.B. § 19 HG 2008.
153 Nrn. 2.2 und 4.1 VV zu § 49 BHO.

Eine Planstelle darf für eine Arbeitnehmerin oder einen Arbeitnehmer der vergleichbaren (Nr. 6 der Vorbemerkungen zu allen Vergütungsgruppen in der Anlage 1a zum BAT) oder einer niedrigeren Vergütungsgruppe in Anspruch genommen werden, solange aus ihr keine Dienstbezüge gezahlt werden. Planstellen, auf denen länger als zwei Jahre Tarifbeschäftigte geführt werden, sind in Stellen umzuwandeln. Dies gilt nicht für Planstellen, auf denen Arbeitnehmerinnen oder Arbeitnehmer geführt werden, die in das Beamtenverhältnis übernommen werden sollen oder die außertariflich vergütet werden.[154]

Die Besetzung einer Planstelle mit **mehreren teilzeitbeschäftigten** Arbeitnehmerinnen oder Arbeitnehmern ist zulässig; die arbeitsvertragliche Gesamtarbeitszeit dieser Tarifbeschäftigten darf die regelmäßige Arbeitszeit eines vollbeschäftigten Beamten nicht übersteigen.[155]

Während der Sperrvermerk die Leistung von Ausgaben vom Eintritt eines bestimmten Ereignisses abhängig macht, bewirkt der **Wegfallvermerk**[156] das Gegenteil, nämlich den Wegfall einer Bewilligung mit dem Eintritt eines bestimmten Ereignisses. Dieser Vermerk, im Haushaltsplan mit „kw" ("künftig wegfallend") abgekürzt, hat eine besondere Bedeutung bei den Planstellen und Stellen. Eine mit dem „kw"- Vermerk versehene Stelle oder Planstelle steht nach Ausscheiden des Stelleninhabers nicht mehr zur Verfügung.[157] Die „kw"- Vermerke können auch mit Zusätzen im Haushaltsplan veranschlagt werden, aus denen konkret hervorgeht, bei Eintritt welcher Bedingung (z.B. bestimmtes Datum) die Stelle/Planstelle wegfallen soll. Form und mögliche Inhalte von kw- Vermerken sind in den Haushaltstechnischen Richtlinien des Bundes (HRB) festgelegt.

Das Bundesministerium der Finanzen wird in den jährlichen Haushaltsgesetzen[158] ermächtigt zuzulassen, dass von einem kw- Vermerk mit Datumsangabe abgewichen wird, wenn die Planstelle oder Stelle weiter benötigt wird, weil sie nicht rechtzeitig frei wird; in diesem Fall fällt die nächste freiwerdende Planstelle oder Stelle der betreffenden Besoldungs- oder Vergütungsgruppe weg.

Neben dem Wegfallvermerk gibt es mit einer ähnlichen Wirkung noch den **Umwandlungsvermerk** („ku"). Dieser Vermerk bewirkt die Umwandlung einer Planstelle in eine Planstelle einer niedrigeren Besoldungsgruppe oder in eine Stelle für Arbeitnehmerinnen oder Arbeitnehmer mit Ausscheiden des Stelleninhabers.[159]

---

154 Nr. 2.4 VV-BHO zu § 49.
155 Nr. 2.1 VV zu § 49 BHO.
156 § 21 BHO.
157 § 47 Abs. 2 BHO.
158 Z.B. § 18 Abs. 1 HG 2008.
159 § 21 Abs. 2 BHO.

Die Planstellen der Beamten, denen **Altersteilzeit in Form des Blockmodells**
bewilligt worden ist, gelten auch bei Beginn der Freistellungsphase noch als
besetzt. Wenn ein unabweisbares Bedürfnis besteht, die Dienstposten dieser
Beamten neu zu besetzen, kann das Bundesministerium der Finanzen Planstellen ausbringen.[160] Diese Befugnis hat das BMF durch die jährlichen VV zur
Haushaltsführung auf die obersten Bundesbehörden übertragen.[161] Die Planstellen dürfen nur in einer um zwei Stufen geringeren Wertigkeit als die Wertigkeit der Planstellen der teilzeitbeschäftigten Beamten ausgebracht werden und
dürfen bei Altersteilzeit in Form des Blockmodells erst ab Beginn der Freistellungsphase in Anspruch genommen werden. Bei Wahl des Teilzeitmodells kann
von vornherein nur die Ausbringung von Bruchteilsersatz(plan)stellen in Betracht kommen, weil hier ein unabweisbarer Bedarf nur in dem zeitlichen Umfang angenommen werden kann, in welchem der/die Altersteilzeitnehmer/in im
Vergleich zu seiner/Ihrer bisherigen Arbeitszeit freigestellt ist.

Bei entgegenstehenden zwingenden dienstrechtlichen Regelungen kann das
BMF (bzw. die obersten Bundesbehörden, s.o.) bezüglich der Wertigkeit der
auszubringenden Planstellen Ausnahmen zulassen. Solche **Ausnahmen** sind generell gegeben

*   bei Dienstposten, denen eine Besoldungsgruppe nach dem Besoldungsgesetz
    zwingend zugeordnet ist,
*   bei Angestellten, die nach Funktionsmerkmalen (z.B. Angestellte im Bereich
    des Registraturdienstes, Vorzimmerkräfte etc.) eingruppiert sind,
*   bei Angestellten im vergleichbar einfachen bis einschließlich gehobenem
    Dienst im Umfang von 20 vH der übrigen infolge Altersteilzeit nachzube-
    setzenden Stellen oder,
*   wenn die unterwertige Ausbringung von Ersatz(plan)stellen dazu führt, dass
    das Eingangsamt der betreffenden Laufbahngruppe unterschritten wird.[162]

d) Die Umsetzung von Planstellen und Stellen

Rechtsgrundlage für eine Umsetzung von Planstellen, anderen Stellen als Planstellen und Mitteln (also von Haushaltsmitteln) von einer Verwaltung auf eine
andere Verwaltung ist § 50 BHO.

Unter „Verwaltung" i.S.v. § 50 Abs. 1, 2 und 4 BHO ist jede Organisationseinheit
des Bundes zu verstehen, für die im Bundeshaushaltsplan ein eigenes Kapitel
mit Planstellen und anderen Stellen als Planstellen eingerichtet ist. Der vom
Parlament verbindlich festgelegte Stellenplan bezieht sich regelmäßig auf das
gesamte Kapitel.

---

160 2008: § 15 Abs. 2 HG.
161 Nr. 1.4.7 RdSchr. des BMF zur Haushaltsführung 2003 – II A 2 – H 1200 – 24/03 –.
162 Nr. 1.4.8 RdSchr. des BMF zur Haushaltsführung 2008 – II A 2 – H 1200/07/0010 –.

Eine tiefergehende Zuordnung, etwa von Stellen zu Abteilungen oder Referaten, wird vom Parlament in der Regel nicht vorgenommen.

§ 50 BHO regelt zwei unterschiedliche Anwendungsfälle von Umsetzungen:

• § 50 Abs. 1 BHO gilt für den Fall, dass eine Umsetzung von einem Kapitel auf ein anderes Kapitel **mit Aufgabenübergang** vorgenommen wird.

Abbildung 77: Umsetzung von Planstellen und Stellen mit Aufgabenübergang

Diese Umsetzung setzt im Regelfall nur die Einigung zwischen den beteiligten Bundesministern und dem BMF voraus. Im Streitfall bedarf es eines Beschlusses der Bundesregierung. Die tatsächliche Umsetzung erfolgt binnen des Haushaltsjahres durch ein gesondertes Schreiben des BMF an die beteiligten Verwaltungen (Ressorts).

• § 50 Abs. 2 BHO gilt für den Fall, dass eine Umsetzung von einem Kapitel auf ein anderes Kapitel **ohne Aufgabenübergang** vorgenommen wird.

Abbildung 78: Umsetzung von Planstellen und Stellen ohne Aufgabenübergang

Hier ist die Einwilligung des BMF von der Erfüllung zusätzlicher Voraussetzungen abhängig. Die Umsetzung muss auf einem Personalbedarf bei der empfangenden Verwaltung beruhen, der gegenüber der abgebenden Verwaltung

• unvorhergesehen und
• unabweisbar vordringlich ist.

Mit den Merkmalen **„unvorhergesehen"** und **„unabweisbar"** werden die gleichen strengen Voraussetzungen für eine Umsetzung gem. § 50 Abs. 2 BHO genannt wie für eine über- oder außerplanmäßigen Ausgabe nach § 37 Abs. 1 BHO.

§ 50 Abs. 2 BHO lässt üblicherweise lediglich die Umsetzung von freien Planstellen/Stellen zu. Eine besetzte Planstelle/Stelle kann nur unter gleichzeitiger Versetzung des betreffenden Stelleninhabers umgesetzt werden.

Die **tatsächliche Umsetzung** einer Stelle im laufenden Haushaltsjahr erfolgt durch ein gesondertes Schreiben des BMF an die beteiligten Verwaltungen.

Über die evtl. Umsetzung von Mitteln ist der zuständigen Kasse des Bundes Kassenanweisung zu erteilen.[163] Die Umsetzungen von Planstellen/Stellen sind gem. VV Nr. 3.12.2 zu § 49 BHO in den Nachweisungen zur Planstellen- bzw. Stellenüberwachung nach der Zeitfolge festzuhalten.

Im Fall der Umsetzung mit Aufgabenübergang nach § 50 Abs. 1 BHO hat das Parlament bereits für eine bestimmte Aufgabe eine Planstellen-/Stellenbewilligung vorgenommen. Wenn die Aufgabe von Ressort zu Ressort bzw. von Kapitel zu Kapitel übergeht, ist es nur folgerichtig, dass die für die Aufgabe bewilligten Planstellen/Stellen mit übergehen, also umgesetzt werden. Deshalb ist hier die konstitutive Entscheidungsmöglichkeit des Parlaments im Haushaltsplan des Folgejahres im Gegensatz zu § 50 Abs. 2 Satz 2 BHO nicht in der BHO enthalten.

Nach § 50 Abs. 2 Satz 2 BHO i.V.m. § 50 Abs. 4 BHO ist im Haushaltsplan des Folgejahres über den weiteren Verbleib der umgesetzten Stelle zu entscheiden.

Aus den Formulierungen in § 50 Abs. 2 BHO („unvorhergesehener und unabweisbarer ... Personalbedarf") geht hervor, dass diese Vorschrift eine nähere Ausgestaltung des Art. 112 GG darstellt. Aus dem Grundgedanken, dass das BMF in Ausübung seiner Kompetenz gem. Art. 112 GG **das Parlament in seiner Budgethoheit nicht präjudizieren darf**, folgt, dass eine Umsetzung ohne Aufgabenübergang nach § 50 Abs. 2 BHO zunächst nur für das laufende Haushaltsjahr Geltung hat. Im nächsten Haushaltsplan bedarf die Umsetzung der ausdrücklichen Bewilligung durch das Parlament.

Aus diesem Grunde erhalten die durch das BMF gem. § 50 Abs. 2 BHO mit gesondertem Schreiben umgesetzten Planstellen/Stellen in dem empfangenden Kapitel einen kw-Vermerk. Sollte das Parlament die Umsetzung nicht nachvollziehen, so wird der kw-Vermerk zum 31.12. des Jahres wirksam, in dem die Umsetzung durch das BMF vorgenommen wurde.

e) Leerstellen

Leerstellen[164] sind für Beamte vorgesehen, die vorübergehend – insbesondere bei **Beurlaubung ohne Dienstbezüge** oder bei **Abordnung an Stellen außerhalb der Bundesverwaltung** – aus ihrer bisherigen Tätigkeit ausscheiden und deren Planstelle für einen Nachfolger freigemacht werden muss.

Nach den jährlichen Haushaltsgesetzen[165] gelten Leerstellen vom Beginn der Beurlaubung als ausgebracht für Beamte,

---

163   VV Nr. 1.1 zu § 50 BHO.
164   Siehe Nr. 4.3 VV zu § 17 BHO, Nr. 3 VV zu § 50 BHO.
165   Z.B. § 16 Abs. 1 HG 2008.

1. die nach § 72a Abs. 4 Nr. 2, § 72e Abs. 1, § 89a Abs. 2 Nr. 2 des Bundesbeamtengesetzes in der Fassung der Bekanntmachung vom 31. März 1999
   (BGBl. I S. 675), das zuletzt durch Artikel 2 Abs. 2 des Gesetzes vom 5. Dezember 2006 (BGBl. I S. 2748) geändert worden ist, sowie nach § 7 des
   Dienstrechtlichen Begleitgesetzes vom 30. Juli 1996 (BGBl. I S. 1183), das
   zuletzt durch Artikel 2 des Gesetzes vom 26. Mai 2005 (BGBl. I S. 1418)
   geändert worden ist, ohne Dienstbezüge mindestens für ein Jahr beurlaubt
   werden,

2. die nach § 1 der Elternzeitverordnung in der Fassung der Bekanntmachung
   vom 11. November 2004 (BGBl. I S. 2841), die durch Artikel 2 Abs. 22 des
   Gesetzes vom 5. Dezember 2006 (BGBl. I S. 2748) geändert worden ist, mindestens ein Jahr ohne Unterbrechung Elternzeit in Anspruch nehmen,

3. die im unmittelbaren Anschluss an eine Elternzeit nach Nummer 2 zum
   Zwecke der Fortsetzung der Kinderbetreuung ohne Dienstbezüge beurlaubt
   werden,

4. die nach § 24 des Gesetzes über den Auswärtigen Dienst vom 30. August
   1990 (BGBl. I S. 1842), das durch Artikel 8 des Gesetzes vom 19. Juli 2006
   (BGBl. I S. 1652) geändert worden ist, unter Wegfall der Besoldung für die
   Dauer der Tätigkeit der Ehepartnerin oder des Ehepartners an einer Auslandsvertretung beurlaubt werden.

Das Bundesministerium der Finanzen wird durch die jährlichen Haushaltsgesetze (z.B. § 16 Abs. 2 HG 2008) ermächtigt, für **planmäßige Beamte eine Leerstelle der bisherigen Besoldungsgruppe auszubringen**, wenn die Beamtinnen
und Beamten im dienstlichen Interesse des Bundes zu einer Verwendung

a) bei einer Fraktion oder Gruppe des Deutschen Bundestages oder eines
   Landtages,

b) bei einer juristischen Personen des öffentlichen Rechts,

c) bei einer öffentlichen zwischenstaatlichen oder überstaatlichen Einrichtung,

d) im Rahmen der entwicklungspolitischen Zusammenarbeit oder einer Tätigkeit im Rahmen der Hilfe beim Aufbau des Rechtssystems der Staaten Mit-
   tel- und Osteuropas oder der Gemeinschaft Unabhängiger Staaten, bei einer
   Auslandshandelskammer oder als Auslandskorrespondentin oder Auslandskorrespondent der Gesellschaft für Außenhandelsinformationen (GfAI)

unter Wegfall der Dienstbezüge länger als ein Jahr beurlaubt worden sind und
ein unabweisbarer Bedarf besteht, die Planstellen neu zu besetzen oder wenn
die Beamtinnen und Beamten beim Bundeskanzleramt oder beim Bundespräsident verwendet werden.

Es kann sich das Bedürfnis ergeben, **Leerstellen** während der Beurlaubung/
Abordnung **anzupassen**. Nach § 16 Abs. 6 HG 2008 wird das Bundesministerium
der Finanzen ermächtigt, Leerstellen, die nach § 16 Abs. 1 HG 2008 ausgebracht
worden sind, anzupassen, wenn die oder der Bedienstete befördert oder höher-

gruppiert werden sollen. Leerstellen, die für zum Bundeskanzleramt oder zum Bundespräsidialamt versetzte Bedienstete ausgebracht wurden, sind anzupassen, wenn die oder der Bedienstete auf einer Planstelle oder Stelle des Bundeskanzleramts oder des Bundespräsidialamts befördert oder höhergruppiert worden sind.

Die Leerstelle gibt dem Beamten die **Gewähr**, in seine Dienststelle auf eine Planstelle der seinem Amt entsprechenden Wertigkeit zurückzukehren. Steht bei Beendigung der Beurlaubung oder Abordnung eine besetzbare Planstelle der entsprechenden Besoldungsgruppe derselben Fachrichtung innerhalb desselben Kapitels zur Verfügung, ist der Beamte in diese Planstelle zu übernehmen; mit der Übernahme fällt die Leerstelle weg, wenn sie an die Person gebunden ist. Kehren mehrere Beamte gleichzeitig in den Bundesdienst zurück, kann das Bundesministerium der Finanzen mit Einwilligung des Haushaltsausschusses des Deutschen Bundestages in besonderen Fällen zulassen, dass nur jede zweite freiwerdende Planstelle für die zurückkehrenden Beamten in Anspruch zu nehmen ist. Steht bei Beendigung der Beurlaubung oder Abordnung keine besetzbare Planstelle der genannten Art zur Verfügung, wird der Beamte auf der Leerstelle weitergeführt. Er ist in die nächste innerhalb desselben Kapitels freiwerdende Planstelle derselben Besoldungsgruppe für Beamte derselben Fachrichtung zu übernehmen. Mit der Übernahme fällt die Leerstelle weg, wenn sie an die Person gebunden ist.[166]

Soweit durch die Zahlung der Dienstbezüge aus der Leerstelle die Ansätze der entsprechenden Titel überschritten werden, gilt die nach § 37 Abs. 1 erforderliche Einwilligung des BMF mit der Maßgabe als erteilt, dass ein entsprechender Betrag innerhalb des betroffenen Einzelplans eingespart wird.[167]

f) Überwachung der Planstellen/Stellen

Die obersten Bundesbehörden und die nachgeordneten Dienststellen, denen Planstellen zur Bewirtschaftung zugewiesen sind, führen **Nachweisungen zur Planstellenüberwachung**, und zwar getrennt nach einzelnen Dienststellen. Die Nachweisungen können für mehrere Haushaltsjahre geführt werden. In die Nachweisungen sind zu Beginn eines jeden Haushaltsjahres die der Dienststelle zur Bewirtschaftung zugewiesenen Planstellen getrennt nach den einzelnen Besoldungsgruppen einzutragen. Planstellen mit Amtszulage gelten hierbei als besondere Besoldungsgruppe. Während des Haushaltsjahres müssen laufend sämtliche Änderungen (z.B. Zuweisungen, Einsparungen und Umsetzungen) der Zeitfolge nach erfasst werden.

---

166 Nr. 3.2 VV zu § 50 BHO.
167 Nr. 3.2 VV zu § 50 BHO.

Außerdem führen die obersten Bundesbehörden und die nachgeordneten Dienststellen, denen Planstellen zur Bewirtschaftung zugewiesen sind, **Aufzeichnungen** über die Besetzung der von ihnen selbst bewirtschafteten Planstellen. In die Aufzeichnungen sind sämtliche Änderungen laufend aufzunehmen, so dass jederzeit die Zahl der besetzten oder in Anspruch genommenen Planstellen und der freien Planstellen festgestellt werden kann.

g) Zusammenfassung: Bewirtschaftung von Planstellen und Stellen

Die personalwirtschaftlichen Bestimmungen sind in der BHO (einschließlich VV dazu) und den jährlichen Haushaltsgesetzen zu finden. Da die Regelungen der BHO durch das jeweilige Haushaltsgesetz zum Teil recht erheblich variiert werden, sind die Bestimmungen des jährlichen Haushaltsgesetzes genau zu verfolgen.

Auch wenn das Haushaltsgesetz nur für ein Jahr gilt, so sind doch in den jeweiligen Haushaltsgesetzen der vergangenen Jahre immer wieder gleichlautende oder zumindest ähnlich lautende Bestimmungen aufgenommen worden. Die wichtigsten Regelungen von BHO und jährlichen Haushaltsgesetzen lassen sich wie folgt zusammenfassen:

- im Haushaltsplan wird unterschieden zwischen **Planstellen** für planmäßige Beamte und **Stellen** für Arbeitnehmerinnen und Arbeitnehmer und Sonstige (Beamte auf Widerruf, beamtete Hilfskräfte usw.);
- die Planstellen sind hinsichtlich Wertigkeit und Anzahl verbindlich, die Stellen hingegen werden im Stellenplan unter Erläuterungen ausgebracht und sind demgemäß grundsätzlich nicht verbindlich;
- seit 1972 bestimmen jedoch die jährlichen Haushaltsgesetze, dass auch die Stellenpläne für Arbeitnehmerinnen und Arbeitnehmer (vor 2007: Angestellte) verbindlich sind;
- die haushaltswirtschaftliche **Bindung der Exekutive** an die Stellenpläne (für Beamte und Tarifbeschäftigte) bezieht sich auf das jeweilige Kapitel (kapitelweise Bindung);
- mit Einwilligung des Bundesministeriums der Finanzen können Planstellen und Stellen von einem Kapitel auf ein anderes Kapitel **umgesetzt** werden, wenn auch die Aufgaben übergehen oder wenn bei der empfangenden Verwaltung ein unvorhergesehener und unabweisbarer vordringlicher Personalbedarf besteht (§ 50 BHO);
- Voraussetzung für die Verleihung eines Amtes (Ernennung) ist das Vorhandensein einer **besetzbaren Planstelle** (§ 49 BHO);
- **besetzbar** ist eine Planstelle, wenn sie durch Ausscheiden oder Beförderung des bisherigen Stelleninhabers frei geworden ist oder bisher überhaupt nicht besetzt war (z.B. neue Planstelle). Voraussetzung ist allerdings, dass keine Verfügungsbeschränkungen oder Wegfall- und Umwandlungsvermerke bestehen;

- Eine Planstelle darf auch mit mehreren **teilzeitbeschäftigten** Beamtinnen bzw. Beamten besetzt werden, wenn die Gesamtarbeitszeit dieser Beamtinnen und Beamten die regelmäßige Gesamtarbeitszeit einer vollbeschäftigten Beamtin oder eines vollbeschäftigten Beamten nicht übersteigt; eine Planstelle darf auch mit einer Arbeitnehmerin oder einem Arbeitnehmer der vergleichbaren oder einer niedrigeren Entgeltgruppe besetzt werden, solange aus ihr keine Dienstbezüge bezahlt werden. Die Besetzung einer Planstelle mit mehreren teilzeitbeschäftigten Arbeitnehmerinnen oder Arbeitnehmern ist zulässig;
- zusätzliche, im Haushaltsplan nicht vorgesehene Planstellen und Stellen können gemäß den jährlichen Haushaltsgesetzen durch den Bundesminister der Finanzen bewilligt werden, wenn ein unabweisbares Bedürfnis danach besteht;
- eine mit **Wegfallvermerk** versehene Planstelle oder Stelle steht nach Ausscheiden des Stelleninhabers nicht mehr zur Verfügung. Die Wegfallvermerke (kw) können auch mit Zusätzen (z.b. bestimmtes Datum) im Haushaltsplan veranschlagt werden;
- nach den jährlichen Haushaltsgesetzen wird das Bundesministerium der Finanzen ermächtigt zuzulassen, dass von einem Wegfallvermerk mit Datumsangabe abgewichen wird, wenn die Planstelle oder Stelle nicht rechtzeitig frei wird;
- ein **Umwandlungsvermerk** bewirkt die Umwandlung einer frei werdenden Planstelle in eine Planstelle einer niedrigeren Besoldungsgruppe oder in eine Stelle für Tarifbeschäftigte (§ 21 Abs. 2 BHO);
- bei **Abordnung** eines Beamten an eine andere Dienststelle verbleibt die Planstelle bei der abordnenden Dienststelle. Diese kann mit Einwilligung des Bundesministeriums der Finanzen auch die Personalausgaben für den abgeordneten Beamten bis zur Verkündung des nächsten Haushaltsgesetzes weiter zahlen (§ 50 (3)Abs. 3 BHO). Die jährlichen Haushaltsgesetze lassen in bestimmten Fällen zu, dass die Personalausgaben für die gesamte Dauer der Abordnung von der abordnenden Behörde weitergezahlt werden. Leerstellen sind für Beamte vorgesehen, die vorübergehend aus ihrer bisherigen Tätigkeit ausscheiden (Beurlaubung, Abordnung), und deren Planstelle für einen Nachfolger frei gemacht werden muss.
- Kehrt der Beamte zurück und steht eine entsprechende Planstelle innerhalb desselben Kapitels zur Verfügung, ist der Beamte in diese Planstelle zu übernehmen und die Leerstelle fällt weg,
- steht keine entsprechende Stelle zur Verfügung, wird der Beamte auf derer Leerstelle weitergeführt, bis eine entsprechende Planstelle frei wird. Erst dann fällt die Leerstelle weg.

Soweit durch die Zahlung der Dienstbezüge aus der Leerstelle die Ansätze der entsprechenden Titel überschritten werden, sind entsprechende Einsparungen im betroffenen Einzelplan vorzunehmen.

7. Die Bewirtschaftung der Verpflichtungsermächtigungen

Maßnahmen, die den Bund zur Leistung von Ausgaben in künftigen Haushaltsjahren verpflichten können, sind nur zulässig, wenn der Haushaltsplan hierzu ermächtigt.[168] Verpflichtungsermächtigungen sichern das parlamentarische Budgetrecht in Hinblick auf **Vorbelastungen künftiger Haushaltsjahre.** Das Instrument der Verpflichtungsermächtigung ist mit der Einführung des Fälligkeitsprinzips erforderlich geworden, da nach diesem Haushaltsgrundsatz nur die im Haushaltsjahr voraussichtlich kassenwirksamen Ausgaben in den Haushaltsplan aufgenommen werden dürfen.

Eine **Unterrichtungspflicht gegenüber dem Bundesminister** der Finanzen besteht bei Beginn und Verlauf von Verhandlungen in Zusammenhang mit der Inanspruchnahme von Verpflichtungsermächtigungen von grundsätzlicher oder erheblicher finanzieller Bedeutung. Von grundsätzlicher Bedeutung sind Maßnahmen, die sich über den Einzelfall hinaus auf die Haushaltswirtschaft oder die Haushaltsentwicklung auswirken können. Maßnahmen sind von erheblicher finanzieller Bedeutung, wenn sie innerhalb des Kapitels einen maßgeblichen Anteil an den veranschlagten Verpflichtungsermächtigungen oder an den Ausgaben für die Jahre haben, in denen die Verpflichtungen fällig werden sollen. Das BMF hat bisher keine Wertgrenze für diesen „maßgeblichen Anteil" festgelegt, jedoch könnten sich aus der Betragsgrenze des Haushaltsgesetzes nach § 38 Abs. 1 Satz 3 BHO für über-/außerplanmäßige Verpflichtungsermächtigungen Anhaltspunkte für die Beurteilung ergeben.

Ohne Verpflichtungsermächtigungen dürfen in folgenden Fällen **Verpflichtungen für künftige Jahre** eingegangen werden:

1. zu Lasten **übertragbarer Ausgaben,** wenn diese Verpflichtungen im folgenden Haushaltsjahr zu Ausgaben führen. (§ 38 Abs. 4 Satz 2 BHO,

2. für **laufende Geschäfte** (§ 38 Abs. 4 BHO), das sind die Titel der Hauptgruppen 4 und 5 mit Ausnahme der Gruppen 551 und 554 bis 559 und Höchstgrenzen bei Miet- und Pachtverträgen sowie Verträgen mit Gutachtern und Sachverständigen (Nr. 5 VV zu § 38 BHO). Damit wird verwaltungspraktischen Erfordernissen Rechnung getragen,

3. für den **Abschluss völkerrechtlicher Verträge,** die nach Art. 59 Abs. 2 GG ratifizierungsbedürftig sind. Da hier das Parlament ohnehin zustimmen muss, kann auf die Bewilligung einer Verpflichtungsermächtigung verzichtet werden,

4. für Maßnahmen nach § 40 BHO. Dabei handelt es sich um den **Erlass von Rechtsverordnungen und Verwaltungsvorschriften,** den Abschluss von Tarif-

---

168 § 38 Abs. 1 BHO.

verträgen und die Gewährung von über- oder außertariflichen Leistungen sowie die Festsetzung oder Änderung von Entgelten für Verwaltungsleistungen. In diesen Fällen ist eine Einwilligung des Bundesministeriums der Finanzen erforderlich, wenn es dadurch zu Einnahmeminderungen oder zusätzlichen Ausgaben im laufenden Haushaltsjahr oder in künftigen Haushaltsjahren kommen kann,

5. für die **Übernahme von Hypotheken, Grund- und Rentenschulden** unter Anrechnung auf den Kaufpreis nach § 64 Abs. 5 BHO.

Werden nicht nur die Jahresbeträge der Verpflichtungsermächtigungen überschritten, sondern der Gesamtbetrag, oder müssen Verpflichtungen zu Lasten künftiger Jahre eingegangen werden, ohne dass Verpflichtungsermächtigungen vorliegen, liegt der Fall **über- oder außerplanmäßiger** Verpflichtungsermächtigungen vor. Diese bedürfen der Einwilligung des Bundesministers der Finanzen, wobei nach § 38 Abs. 1 Satz 2 BHO dieselben Voraussetzungen vorliegen müssen wie bei über- oder außerplanmäßigen Ausgaben. Auf über- oder außerplanmäßige Verpflichtungsermächtigungen sowie auf die Abweichung von Jahresbeträgen bei Verpflichtungsermächtigungen wird im Abschnitt „Planabweichungen" näher eingegangen.

Auch für Verpflichtungsermächtigungen gelten die in dem betreffenden Abschnitt dargestellten Buchführungsregeln wie für Einnahmen und Ausgaben. Das automatisierte HKR- Verfahren umfasst auch die Buchung der Verpflichtungsermächtigungen.

8. Sonderfall der Bewirtschaftung: Zuwendungen des Bundes

Gem. § 23 BHO sind Zuwendungen

- Ausgaben und Verpflichtungsermächtigungen für Leistungen
- an Stellen außerhalb der Bundesverwaltung
- zur Förderung bestimmter Zwecke,
- an deren Erfüllung der Bund ein erhebliches Interesse hat.

Die Zweckbestimmungen können dabei wirtschaftlicher, sozialer, kultureller, wissenschaftlicher, politischer oder sonstiger Art sein. Zuwendungen können in **Form** zweckgebundener Zuschüsse, von Zuweisungen und anderen nicht rückzahlbaren Leistungen sowie zweckgebundenen Darlehen und anderen bedingt oder unbedingt rückzahlbaren Leistungen gewährt werden.

Da die Bewilligung von Zuwendungen einen **Ermessensspielraum der Verwaltung** voraussetzt, sind Leistungen, auf die der Empfänger einen gesetzlich begründeten Anspruch hat, keine Zuwendungen im Sinne des § 23 BHO. Nicht zu den Zuwendungen gehören ferner Zahlungen auf Grund von Verträgen, die den

Preisvorschriften des Bundes unterliegen, sowie sonstige Zahlungen zur Abgeltung von Leistungen an den Bund. Die Abgrenzung der Zuwendung von anderen finanziellen Leistungen des Bundes kann in Einzelfällen schwierig sein. Nach der Definition des § 23 BHO (*"Ausgaben und Verpflichtungsermächtigungen ..."*) stellen Sachleistungen sowie die Übernahme von Bürgschaften und Garantien keine Zuwendungen dar.

Vom Begriff Zuwendungen sind **Zuweisungen** zu unterscheiden. Entsprechend der Definition in § 23 BHO dürfen Zuwendungen nur an Stellen außerhalb der Bundesverwaltung gewährt werden. Sollen Projekte innerhalb der Bundesverwaltung (wozu auch die Sondervermögen des Bundes gehören) gefördert werden, kommen Zuwendungen demgemäß nicht in Betracht. In diesen Fällen werden die Mittel durch eine Zuweisung von Haushaltsmitteln an den Zuwendungsempfänger geleitet. Das ist der übliche Weg, um Ausgabemittel und Verpflichtungsermächtigungen innerhalb der Bundesverwaltung an die Mittelbewirtschafter zu leiten.

Der für die Mittelverteilung innerhalb der Bundesverwaltung gebrauchte Begriff der Zuweisung ist nicht identisch mit dem in Nr. 1.1 VV-BHO zu § 23 gebrauchten Zuweisungsbegriff, der sich auf die finanzwissenschaftliche Definition in Nr. 3.8 der Allgemeinen Hinweise zum Gruppierungsplan und zum Funktionenplan (AH-GF) bezieht. Danach sind Zuweisungen einmalige oder laufende Geldleistungen innerhalb des öffentlichen Bereichs. In diesem Buch wird der Zuweisungsbegriff nur haushaltsrechtlich, also als Verteilung der Mittel innerhalb der unmittelbaren Bundesverwaltung, gebraucht.

Zuwendungen	→ an Stellen außerhalb der Bundesverwaltung
Zuweisungen	→ an Stellen innerhalb der Bundesverwaltung

Rechtsgrundlage für die **Veranschlagung von Zuwendungen im Bundeshaushaltsplan** ist § 23 BHO. Für die Gewährung von Zuwendungen ist § 44 BHO maßgeblich. Beide Bestimmungen der BHO werden durch umfangreichen Verwaltungsvorschriften ergänzt. Über den Gemeinschaftsrahmen für staatliche Forschungs- und Entwicklungsbeihilfen wirkt auch europäisches Recht in den Zuwendungsbereich ein. Die Ressorts, in deren Bereich Zuwendungen eine erhebliche Rolle spielen, haben im Rahmen der genannten Bestimmungen genauere Verfahrensregelungen erlassen (z.B. das „Handbuch der Projektförderung" des BMBF).

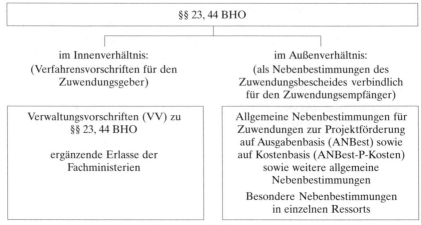

§§ 23, 44 BHO

im Innenverhältnis: (Verfahrensvorschriften für den Zuwendungsgeber)	im Außenverhältnis: (als Nebenbestimmungen des Zuwendungsbescheides verbindlich für den Zuwendungsempfänger)
Verwaltungsvorschriften (VV) zu §§ 23, 44 BHO ergänzende Erlasse der Fachministerien	Allgemeine Nebenbestimmungen für Zuwendungen zur Projektförderung auf Ausgabenbasis (ANBest) sowie auf Kostenbasis (ANBest-P-Kosten) sowie weitere allgemeine Nebenbestimmungen Besondere Nebenbestimmungen in einzelnen Ressorts

Abbildung 79: Rechtsgrundlagen für die Veranschlagung und Gewährung von Zuwendungen

a) Voraussetzungen für die Bewilligung von Zuwendungen

Die Voraussetzungen für die Bewilligung von Zuwendungen ergeben sich weitgehend aus der in § 23 BHO gegebenen Legaldefinition. Im Einzelnen sind dies

- Der Zuwendungsgeber muss über die **verfassungsrechtliche Finanzierungskompetenz nach § 6 BHO** verfügen. Es würde der verfassungsrechtlichen Aufteilung der Finanzverantwortung auf Bund und Länder widersprechen, wenn der Bund einen Teil seiner Mittel Ländern und Gemeinden außerhalb der verfassungsrechtlich zugelassenen Möglichkeiten, wie etwa nach Art. 104a GG, zweckgebunden zuwenden würde.

- **Es muss ein erhebliches Interesse des Zuwendungsgebers vorliegen.** Das Bundesinteresse an der Erfüllung bestimmter Zwecke muss das Interesse an diesen Zwecken selbst voraussetzen. Es muss sich also um Zwecke handeln, die geeignet sind, das Streben nach Verwirklichung der allgemein anerkannten übergeordneten politischen Zielsetzungen (z.B. innere Sicherheit, Wirtschaftswachstum) zu unterstützen.

  Ein erhebliches Interesse wird dann anzuerkennen sein, wenn es sich um die Erfüllung von Aufgaben handelt, die von der unmittelbaren staatlichen Verwaltung selbst wahrgenommen werden müssten, gäbe es nicht Trägerorganisationen außerhalb der Staatsverwaltung, die diese Aufgaben bereits selbst erledigen (Bereiche der Kultur, Wissenschaft und Forschung).

  Es kommt als weitere Voraussetzung hinzu, dass dieses Interesse ohne die Zuwendungen nicht oder nicht im notwendigen Umfang befriedigt werden kann. Das ist dann der Fall, wenn die Stelle außerhalb der Bundesverwaltung nicht über ausreichende Mittel verfügt, aber auch dann, wenn die betreffende Stelle zwar die finanziellen Mittel hat, dieser Zweck aber ohne die Hilfen nicht erfüllt würde.

Das erhebliche Bundesinteresse sollte in **Förderrichtlinien** konkretisiert werden. Im Ergebnisvermerk über eine Antragsprüfung ist zu den dort beschriebenen Zielen ein Bezug herzustellen.

• Der Zuwendungsgeber hat das **Subsidiaritätsprinzip** zu beachten. Die Zuwendungsempfängerin oder Zuwendungsempfänger sind gehalten, zuerst und vor allem ihre Eigenmittel einzusetzen, um den Zweck zu erfüllen. Die Leistungen des Bundes dürfen nur bestehende Finanzierungslücken schließen helfen, sie haben nur subsidiären Charakter. Die Nachrangigkeit der Förderung aus öffentlichen Mitteln ergibt sich aus dem Wirtschaftlichkeitsgrundsatz des § 7 BHO.

In der Praxis wird der Subsidiaritätsgrundsatz durchbrochen, wenn finanzstarke Zuwendungsempfänger – etwa Industrieunternehmen – gefördert werden, die selbst über genügend Finanzmittel verfügen, um den Zuwendungszweck zu erreichen. In diesen Fällen soll der Zuwendungsempfänger zu einer Änderung seiner Prioritätensetzung veranlasst werden.

b) Zuwendungsarten, Finanzierungsformen und Finanzierungsarten

Zuwendungen zur Deckung der gesamten Ausgaben oder eines nicht abgegrenzten Teils der Ausgaben des Zuwendungsempfängers (**institutionelle Förderung**). Hierbei ist Gegenstand der Förderung nicht ein einzelnes abgegrenztes Vorhaben, sondern eine Stelle außerhalb der Bundesverwaltung, mit der Maßgabe, dass die Zuwendungen an diese Stelle der Deckung ihrer gesamten Ausgaben oder eines nicht abgegrenzten Teiles ihrer Ausgaben dienen. Das bedeutet nicht, dass die Zuwendung den Umfang der gesamten Ausgaben der Einrichtung ausmacht, sondern, dass die gesamten Ausgaben der Einrichtung die Grundlage für die Höhe der Zuwendung in Form der Fehlbedarfsfinanzierung sind.

Zuwendungen können als **unbedingt rückzahlbare**, **bedingt rückzahlbare** oder **nicht rückzahlbare** Geldleistungen gewährt werden. Nach dem Grundsatz der Subsidiarität sollen nicht rückzahlbare Zuwendungen nur bewilligt werden, soweit der Zweck nicht durch unbedingt oder bedingt rückzahlbare Zuwendungen erreicht werden kann.

Vor Bewilligung einer Zuwendung ist zu prüfen, welche **Finanzierungsart** unter Berücksichtigung der Interessenlage des Bundes und des Zuwendungsempfängers den Grundsätzen der Wirtschaftlichkeit und Sparsamkeit am besten entspricht. Man unterscheidet zwischen Teilfinanzierung und Vollfinanzierung. Die Zuwendung wird grundsätzlich zur **Teilfinanzierung** des zu erfüllenden Zwecks bewilligt, und zwar

- als **Anteilfinanzierung** nach einem bestimmten Prozentsatz oder Anteil der zuwendungsfähigen Ausgaben; die Zuwendung ist bei der Bewilligung auf einen Höchstbetrag zu begrenzen;[169] oder

- als **Fehlbedarfsfinanzierung** zur Deckung des Fehlbedarfs, der insoweit verbleibt, als der Zuwendungsempfänger die zuwendungsfähigen Ausgaben nicht durch eigene oder fremde Mittel zu decken vermag; die Zuwendung ist bei der Bewilligung auf einen Höchstbetrag zu begrenzen;[170] oder

- als **Festbetragsfinanzierung** mit einem festen Betrag an den zuwendungsfähigen Ausgaben; dabei kann die Zuwendung auch auf das Vielfache eines Betrages festgesetzt werden, der sich für eine bestimmte Einheit ergibt. In Hinblick auf die Eigenart der Festbetragsfinanzierung, wonach Minderausgaben des Zuwendungsempfängers nicht dem Zuwendungsgeber zugute kommen, darf diese Finanzierungsart nur in Ausnahmefällen in Betracht kommen. Eine Festbetragsfinanzierung darf nicht erfolgen, wenn im Zeitpunkt der Bewilligung mit nicht bestimmbaren späteren Finanzierungsbeiträgen Dritter oder mit Einsparungen zu rechnen ist.[171]

Eine Zuwendung darf **ausnahmsweise** zur **Vollfinanzierung** bewilligt werden, wenn der Zuwendungsempfänger an der Erfüllung des Zwecks kein oder ein nur geringes wirtschaftliches Interesse hat, das gegenüber dem Bundesinteresse nicht ins Gewicht fällt, oder wenn die Erfüllung des Zwecks in dem notwendigen Umfang nur bei Übernahme sämtlicher zuwendungsfähiger Ausgaben durch den Bund möglich ist. Die Zuwendung ist bei der Bewilligung auf einen Höchstbetrag zu begrenzen.

c) Zuwendungsfähige Ausgaben oder Kosten

Allgemein sind alle Ausgaben zuwendungsfähig, die bei Beachtung der Grundsätze der Wirtschaftlichkeit und Sparsamkeit zur Erreichung des Zuwendungszwecks innerhalb des Bewilligungszeitraums notwendig sind. Dabei können aber nur die **projektspezifischen** Ausgaben des Zuwendungsempfängers anerkannt werden, d.h. diejenigen Ausgaben, die erst und allein durch das Projekt zusätzlich verursacht werden. Nicht zuwendungsfähig sind diejenigen Ausgaben, die auch ohne das Projekt anfallen würden.

Die Zuwendung kann – allerdings **nur bei der Projektförderung** – **nach Kosten** bemessen werden, wenn der Zuwendungsempfänger nach den Regeln der kaufmännischen Buchführung verfährt, also nach Kosten kalkuliert.[172] Dies ist durchgehend der Fall bei Zuwendungsempfängern der gewerblichen Wirtschaft,

---

169 Nr. 2.2.1 VV zu § 44 BHO.
170 Nr. 2.2.2 VV zu § 44 BHO.
171 Nr. 2.2.3 VV zu § 44 BHO.
172 Nr. 13a VV-BHO zu § 44.

insbesondere bei Forschungs- und Entwicklungsvorhaben. Bei Zuwendungen an gewerbliche Unternehmen respektiert also die öffentliche Hand das dort übliche betriebswirtschaftliche Rechnungswesen, das kostenorientiert ist. Eine Umstellung der kaufmännischen Buchführung auf eine kameralistische Buchführung bei Projekten, die von der öffentlichen Hand mitfinanziert werden, wäre nicht zumutbar und müsste schon buchungstechnisch auf größte Schwierigkeiten stoßen. Daher kann die Zuwendung in diesen Fällen statt zur Deckung der zuwendungsfähigen Ausgaben zur Deckung der zuwendungsfähigen Kosten bewilligt werden.

9. Planabweichungen

In der Haushaltswirtschaft gibt es eine Reihe von Möglichkeiten der Abweichung von einer planmäßigen Bewirtschaftung der Einnahmen, Ausgaben, Verpflichtungsermächtigungen sowie Planstellen und Stellen.

Auf der **Einnahmeseite** kann der Fall auftreten, dass bereits geltend gemachte Ansprüche nicht zu realisieren sind.

Auf der **Ausgabenseite** sind folgende Konstellationen denkbar:

- der Ausgabeansatz des Haushaltsplans muss überschritten werden (**überplanmäßige** Ausgabe),
- es müssen Ausgaben geleistet werden, die im Haushaltsplan nicht vorgesehen sind (**außerplanmäßige** Ausgabe),
- die Leistung von im Haushaltsplan vorgesehenen Ausgaben ist vom Eintritt von bestimmten Bedingungen abhängig (**Haushaltssperre**),
- Ausgabebewilligungen fallen im Planungszeitraum mit dem **Eintritt von bestimmten Bedingungen** weg (kw-Vermerk).

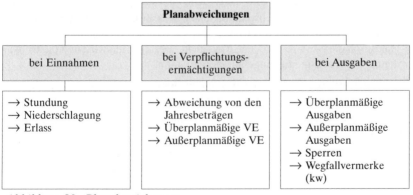

Abbildung 80: Planabweichungen

a) Über- und außerplanmäßige Ausgaben

Überplanmäßige Ausgaben sind Ausgaben, bei denen der für die Zweckbestimmung im Haushaltsplan zunächst vorgesehene **Ansatz** unter Berücksichtigung der Ausgabereste, der Haushaltsvorgriffe und der zur Verstärkung verwendeten deckungspflichtigen Ausgaben **überschritten werden muss.**[173]

Außerplanmäßige Ausgaben sind Ausgaben, für die der Haushaltsplan **keine Zweckbestimmung** und **keinen Ansatz** enthält und auch **keine Ausgabereste** vorhanden sind.

Da es sich bei über- und außerplanmäßigen Ausgaben um Abweichungen vom parlamentarischen Budgetrecht handelt, sind die Voraussetzungen zur Leistung solcher Ausgaben in der Verfassung definiert. Art. 112 GG gibt dem Bundesminister der Finanzen das Entscheidungsrecht über die Leistung über- oder außerplanmäßiger Ausgaben. Man spricht auch vom **„Notbewilligungsrecht"** des BMF. Nach § 37 Abs. 1 BHO ist die Entscheidung des Bundesministers der Finanzen auf jeden Fall **vor Leistung der Ausgabe** einzuholen („Einwilligung"). Nach § 116 Abs. 1 BHO ist die Entscheidung des BMF endgültig, es bedarf keiner Bestätigung durch die Bundesregierung oder den Bundestag.

Die Einwilligung des BMF setzt voraus, dass bei der Antragstellung eine **konkrete Einsparstelle** benannt wird. Einsparungen im Gesamthaushalt sind grundsätzlich nicht möglich.

Über- und außerplanmäßige Ausgaben werden aufgrund des nur unterjährig geltenden Notbewilligungsrechts des Bundesfinanzministers zur Verfügung gestellt; sie sind daher nicht übertragbar, die Bildung von Resten ist ausgeschlossen.

Allerdings lässt § 116 Abs. 2 BHO eine über- oder außerplanmäßige Ausgabe ohne vorherige Zustimmung des BMF dann zu, wenn

- sofortiges Handeln zur **Abwendung einer dem Bund drohenden unmittelbar bevorstehenden Gefahr** erforderlich ist,
- das durch die Notlage gebotene Maß nicht überschritten wird und die Einwilligung nicht rechtzeitig eingeholt werden kann.

Zu den getroffenen Maßnahmen ist die **Genehmigung** (= nachträgliche Zustimmung) des BMF unverzüglich nachzuholen.

Ein solcher Ausnahmefall kann aber nur dann angenommen werden, wenn die Maßnahme sich ohne Beeinträchtigung schwerwiegender politischer, wirtschaftlicher oder sozialer Staatsinteressen nicht mehr aufschieben lässt.

Voraussetzung zur Leistung einer über- oder außerplanmäßigen Ausgabe ist das Vorliegen eines **unvorhergesehenen und unabweisbaren Bedürfnisses** zur Leis-

---

173 Nr. 1 VV-BHO zu § 37.

tung solcher Ausgaben. Zur Auslegung dieser Begriffe hat die Bundesverfassungsgerichtsentscheidung BVerfGE 45,1 entscheidend beigetragen.

Unvorhergesehen ist danach ein Bedürfnis zur Leistung einer Ausgabe, wenn es von den an der Aufstellung und Feststellung des Haushaltsplans Beteiligten nicht gesehen wurde. Denkbar ist auch, dass zwar grundsätzlich über das Bedürfnis für diese Ausgabe diskutiert wurde, aber die gesteigerte Dringlichkeit, die es durch Änderung der Sachlage inzwischen erlangt hat, nicht gesehen wurde. Damit soll verhindert werden, dass bewusst nicht oder nicht in der Höhe in den Haushaltsplan aufgenommene Ausgaben im Wege der Bewilligung über- oder außerplanmäßiger Ausgaben am Willen des Parlaments vorbei geleistet werden.

Bei der Prüfung der **Unabweisbarkeit** spielt eine wesentliche Rolle, dass Art. 112 GG eine Kompetenzregelung darstellt. Im Interesse der Budgethoheit des Parlaments liegt eine Unabweisbarkeit zur Leistung einer über- oder außerplanmäßigen Ausgabe nur vor, wenn das Parlament nicht mehr in die Lage versetzt werden kann, im Wege der Beschlussfassung über den nächsten regulären Haushalt oder zumindest über einen Nachtragshaushalt über die Ausgabe zu entscheiden.

Entsprechende Regelungen finden sich im § 37 Abs. 1 BHO. Dort wird zudem bestimmt, dass es eines Nachtragshaushalts – selbst wenn er herbeigeführt werden könnte – dann nicht bedarf, wenn

* die Mehrausgaben im Einzelfall einen im jährlichen Haushaltsgesetz festzulegenden Betrag nicht überschreiten („Peanuts-Grenze") oder wenn
* Rechtsverpflichtungen zu erfüllen sind.

Im Haushaltsgesetz bestimmt das Parlament jedes Jahr, ab welchem Betrag es auf sein Recht auf parlamentarische Bewilligung besteht und wann es darauf verzichtet. Für das Jahr 2008 wurde die **Betragsgrenze** auf 5 Millionen € festgelegt.[174]

Im Falle von Mehrausgaben infolge von Rechtsverpflichtungen wäre die Beteiligung des Parlaments nur formaler Natur, da es solchen durch Gesetz oder Vertrag begründeten Verpflichtungen des Bundes ohnehin nur zustimmen könnte.

Der Antrag auf Einwilligung zur einer über- oder außerplanmäßigen Ausgabe ist nach einem Muster zu Nr. 11 VV zu § 37 BHO mit Begründung auf dem Dienstweg an den Bundesminister der Finanzen zu richten. Bei diesem Antrag ist der Beauftragte für den Haushalt zumindest zu beteiligen.[175]

---

174 § 4 Abs. 1 HG 2008.
175 Nr. 1.2.2 VV zu § 9 BHO.

Der Bundesminister der Finanzen wird dem Antrag nur zustimmen, wenn Einsparungen bei anderen Ausgaben in demselben Einzelplan angeboten werden.[176]

Nach § 37 Abs. 4 BHO sind über- und außerplanmäßige Ausgaben dem Bundestag und Bundesrat vierteljährlich, in Fällen von grundsätzlicher oder erheblicher finanzieller Bedeutung unverzüglich mitzuteilen. Nach ständiger Haushaltspraxis wird die Grenze zwischen vierteljährlicher und unverzüglicher Vorlage bei einer Größenordnung von 5 Mio € gezogen.

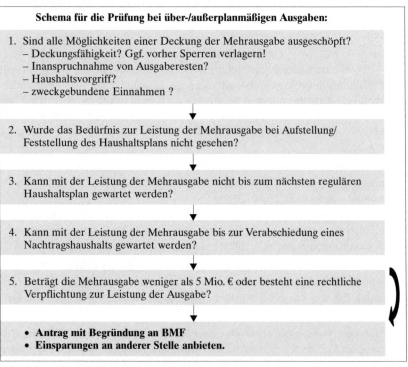

Schema für die Prüfung bei über-/außerplanmäßigen Ausgaben:

1. Sind alle Möglichkeiten einer Deckung der Mehrausgabe ausgeschöpft?
   – Deckungsfähigkeit? Ggf. vorher Sperren verlagern!
   – Inanspruchnahme von Ausgaberesten?
   – Haushaltsvorgriff?
   – zweckgebundene Einnahmen?

2. Wurde das Bedürfnis zur Leistung der Mehrausgabe bei Aufstellung/ Feststellung des Haushaltsplans nicht gesehen?

3. Kann mit der Leistung der Mehrausgabe nicht bis zum nächsten regulären Haushaltsplan gewartet werden?

4. Kann mit der Leistung der Mehrausgabe bis zur Verabschiedung eines Nachtragshaushalts gewartet werden?

5. Beträgt die Mehrausgabe weniger als 5 Mio. € oder besteht eine rechtliche Verpflichtung zur Leistung der Ausgabe?

• **Antrag mit Begründung an BMF**
• **Einsparungen an anderer Stelle anbieten.**

Abbildung 81: Prüfungsschema bei über- und außerplanmäßigen Ausgaben

Einen in diesem Zusammenhang darzustellenden **Sonderfall** bilden die Mehrausgaben bei **übertragbaren** Ausgaben. Diese in § 37 Abs. 6 BHO als Vorgriffe bezeichneten überplanmäßigen Ausgaben sind unter den Voraussetzungen, dass ein unvorhergesehenes und unabweisbares Bedürfnis zu ihrer Leistung vorliegt, auf die nächstjährige Bewilligung für den gleichen Zweck anzurechnen. Das Bundesministerium der Finanzen kann allerdings Ausnahmen zulassen.

---

176 § 37 Abs. 3 BHO.

Ein Vorgriff ist zulässig, soweit im Haushaltsplan des nächsten Haushaltsjahres eine Ausgabe mit gleicher Zweckbestimmung und im laufenden Haushaltsjahr ein kassenmäßiger Ausgleich vorgesehen wird. Wird eine Ausgabe mit gleicher Zweckbestimmung im Haushaltsplan des nächsten Haushaltsjahres nicht oder nicht in der erforderlichen Höhe vorgesehen, so ist die Mehrausgabe insoweit als überplanmäßige Ausgabe zu behandeln.[177]

Eine **kassenmäßige Einsparung** liegt vor, wenn das Kassen-Ist in Höhe des einzusparenden Betrages nicht in Anspruch genommen wird. Da sich das Haushaltssoll bei dem für die Einsparung in Anspruch genommenen Titel nicht ändert, könnte dort trotz kassenmäßiger Einsparung ein Ausgaberest gebildet werden. Im Unterschied zur über- oder außerplanmäßigen Ausgabe im Sinne des § 37 Abs. 1 BHO, die in demselben Jahr haushaltsmäßig auszugleichen sind,[178] erfolgt beim Vorgriff der haushaltsmäßige Ausgleich bei demselben Titel im Folgejahr.

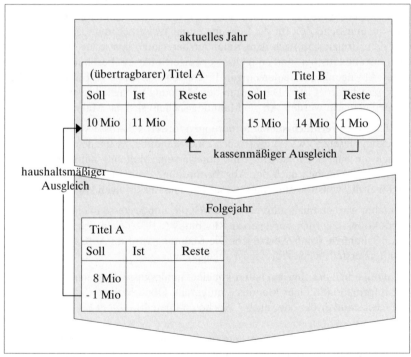

Abbildung 82: Vorgriffe: haushalts- und kassenmäßiger Ausgleich

---

177 Nr. 6 VV-BHO zu § 37.
178 § 37 Abs. 3 BHO.

b) Schuldnerverzug, Veränderung von Ansprüchen

Die Einnahmen des Bundes sind **rechtzeitig** und **vollständig** zu erheben,[179] unabhängig davon, ob sie im Haushaltsplan überhaupt oder in entsprechender Höhe veranschlagt sind. Sobald eine Forderung des Bundes betragsmäßig feststeht, ist der zuständigen Bundeskasse eine Annahmeanordnung zu erteilen.

Für die Überwachung der Zahlungseingänge ist als ein dem HKR-Verfahren vorgelagertes Subverfahren, das **Zahlungsüberwachungsverfahren** (ZÜV) entwickelt worden. Durch Angabe eines Kassenzeichens in der Annahmeanordnung werden Personenkonten eröffnet, anhand derer die Zahlungseingänge überwacht werden. Die Vorgaben des **Mahnkennzeichens** in der Anordnung steuern das automatisierte Mahnverfahren.

Bei **privatrechtlichen** Geldforderungen ist die Mahnung Voraussetzung für den Verzug und die sich daraus ergebenden Rechtsfolgen.[180] In diesen Fällen ist die Mahnung nur dann entbehrlich, wenn für die Leistung eine Zeit nach dem Kalender bestimmt ist oder der Leistung ein Ereignis vorauszugehen hat und eine angemessene Zeit für die Leistung in der Weise bestimmt ist, dass sie sich von dem Ereignis an nach dem Kalender berechnen lässt oder der Schuldner die Leistung ernsthaft und endgültig verweigert oder aus besonderen Gründen unter Abwägung der beiderseitigen Interessen der sofortige Eintritt des Verzugs gerechtfertigt ist.[181] Die Kosten der Mahnung können als Verzugsschaden geltend gemacht werden. An die Mahnung schließt sich das Mahnverfahren an.

Bei **öffentlich-rechtlichen** Geldforderungen fordert § 3 Abs. 3 Verwaltungsvollstreckungsgesetz (VwVG) zwar auch eine Mahnung; es handelt sich aber lediglich um eine Sollvorschrift. Eine unterlassene Mahnung hat keine Rechtsfolgen. Bei Abgaben nach der Abgabenordnung erübrigt sich eine Mahnung, weil hier die Vollstreckung unmittelbar bei Säumnis erfolgen kann.

Gemahnt wird erstmals automatisch durch die Bundeskasse in einem durch die Produktionssteuerung vorgegeben Rhythmus (z.B.: wöchentlich) nach Ablauf einer Schonfrist von 5 Werktagen. Die Mahnung wird im Auftrag des Bewirtschafters erstellt, seine Adresse ist angegeben.

Generell erhält der Bewirtschafter von der Bundeskasse die gemahnten Konten zur Information in einer Mahnliste mitgeteilt. Ohne Mahnverfahren wird ihm der Rückstand direkt oder nach 2 Wochen mitgeteilt.

Eine bundeseinheitliche Regelung über den **Anspruch auf Ersatz des Verzugsschadens** bei öffentlich-rechtlichen Forderungen fehlt. Sofern keine

---

179 § 34 Abs. 1 BHO.
180 § 286 Abs. 1 BGB.
181 § 286 Abs. 2 BGB.

Sonderregelung in Spezialgesetzen anwendbar ist, sollte nach Nr. 4.2 VV zu § 34 BHO eine Vereinbarung über die Geltendmachung von Verzugszinsen und Verzugsschaden entsprechend den zivilrechtlichen Vorschriften getroffen werden.

Die Bestimmungen über die Veränderung von Ansprüchen stellen hierzu Ausnahmen dar und legen die haushaltsrechtlichen Voraussetzungen fest, unter denen die auf Gesetz, Vertrag oder sonstigen Rechtsgrund beruhenden Einnahmeansprüche des Bundes in rechtlicher und auch zeitlicher Sicht verändert werden dürfen.

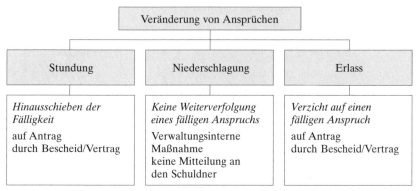

Abbildung 83: Veränderung von Ansprüchen: Stundung, Niederschlagung, Erlass

Nach §§ 9 und 59 BHO hat der Beauftragte für den Haushalt bei allen Entscheidungen von geldlicher Tragweite mitzuwirken. Er ist für die rechtmäßige Erledigung verantwortlich und hat bei Stundungen und befristet niedergeschlagenen Forderungen sicherzustellen, dass
- die wirtschaftlichen Verhältnisse des Schuldners laufend überwacht werden,
- die Verjährung rechtzeitig unterbrochen und ggf.
- die Einziehung der Forderung erneut versucht wird.
Zu diesem Zweck führt die Dienststelle eine Überwachungsliste.

Verpflichtungen zur Entscheidung i.S. des § 59 Abs. 1 BHO ergeben sich aus besonderen Rechtsvorschriften (z. B. Abgabenordnung). § 59 Abs. 3 BHO stellt insoweit klar, dass die Regelungen in Abs. 1 keine abschließende, vorrangige Bedeutung besitzen. Sind die anderweitigen Bestimmungen enger, so wird im Allgemeinen davon auszugehen sein, dass etwaige weitergehenden Ermächtigungen nach Abs. 1 Nr. 1 und Nr. 3 keine Anwendung finden dürfen. Nr. 2 ist dagegen eine Konkretisierung des Wirtschaftlichkeitsgrundsatzes und behält in jedem Fall seine Gültigkeit.

(1) Stundung (§ 59 Abs. 1 Nr. 1 BHO)

Bei der Stundung von Zahlungsverbindlichkeiten handelt es sich um ein befristetes oder unbefristetes **Hinausschieben der Fälligkeit der Forderung**. Als Stundung gilt auch die Genehmigung zur Begleichung der Schuld durch Ratenzahlungen.

Die Stundung wird nur auf Antrag gewährt. Die zeitliche Verschiebung ist durch Einräumung einer Stundungsfrist festzulegen.

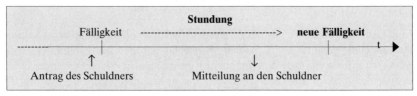

Abbildung 84: Stundung von Zahlungsverbindlichkeiten

Voraussetzung für die Gewährung der Stundung ist nach § 59 Abs. 1 Nr. 1 BHO, dass

- die sofortige Einziehung für den Antragsteller mit erheblicher Härte verbunden wäre und
- der Anspruch des Bundes durch die Stundung nicht gefährdet wird.

Darüber hinaus soll die Stundung

- gegen angemessene Verzinsung und
- in der Regel nur gegen Sicherheitsleistung

gewährt werden.

Eine **erhebliche Härte** liegt vor, wenn der Leistungspflichtige sich auf Grund ungünstiger wirtschaftlicher Verhältnisse vorübergehend in ernsthaften Zahlungsschwierigkeiten befindet oder im Falle der sofortigen Einziehung in solche geraten würde.[182] Hier reicht die bloße Möglichkeit nicht aus, sondern es müsste durch die Einziehung die Zahlungsschwierigkeit tatsächlich eintreten. Der Schuldner muss seine persönlichen Möglichkeiten, den Anspruch zu befriedigen, voll ausschöpfen; wenn erforderlich, muss er einen ihm zumutbaren Bankkredit aufnehmen.

---

182 Nr. 1.2 VV zu § 59 BHO.

Ist zwar eine erhebliche Härte gegeben, so kann der Bund trotzdem auf einer Einziehung bestehen, wenn durch die Stundung der **Anspruch gefährdet** ist. Die Erfüllung eines Anspruches würde durch Stundung gefährdet, wenn tatsächlich (nicht nur mutmaßliche) Anhaltspunkte dafür bestehen, dass der Anspruch trotz Stundung nach Ablauf der Stundungsfrist nicht erfüllt werden kann. Bei der Prüfung dieser Voraussetzung ist ein strenger Maßstab anzulegen, sofern vom Schuldner keine ausreichende Sicherheit gestellt wird.

Der gestundete Anspruch muss nicht, er soll nur angemessen **verzinst** werden. Als angemessene Verzinsung ist regelmäßig ein Zinssatz anzunehmen, der um 2 % über dem jeweiligen Basiszinssatz liegt.[183]

Der Zinssatz kann je nach Lage des Einzelfalles herabgesetzt werden, wenn der Leistungspflichtige durch die Zinslast in seiner wirtschaftlichen Lage schwer geschädigt würde.

Ein Anspruch darf nur gestundet werden, wenn er dadurch **nicht in seiner Durchsetzung gefährdet** wird. Ist der Anspruch gefährdet, so ist von Fall zu Fall weiter zu prüfen, ob die Stundung nicht wegen Sicherheitsleistung eingeräumt werden kann. Wird eine Sicherheitsleistung notwendig, so muss sie erbracht werden, bevor die Stundung wirksam vereinbart worden ist.

Die in den Behörden der Fachressorts liegende Entscheidung über den Stundungsantrag bedarf in Fällen von grundsätzlicher oder von **erheblicher finanzieller Bedeutung** der Einwilligung des Bundesministers der Finanzen. Fälle von erheblicher finanzieller Bedeutung sind in Nr. 1.6.2 VV zu § 59 BHO wie folgt festgelegt:

• Beträge über 500 000 €,
• Beträge über 250 000 € länger als 18 Monate,
• Beträge über 125 000 € länger als drei Jahre.

(2) Niederschlagung (§ 59 Abs. 1 Nr. 2 BHO)

Die Niederschlagung ist eine verwaltungsinterne Maßnahme, mit der von der **Weiterverfolgung eines fälligen Anspruches abgesehen** wird. Die Niederschlagung vollzieht sich ohne Mitwirkung des Leistungspflichtigen – also ohne Antrag – und hat den Sinn, die Verwaltung von nicht realisierbaren Ansprüchen verwaltungsmäßig zu entlasten. Eine Mitteilung an den Leistungspflichtigen erfolgt in der Regel nicht. Wird dem Leistungspflichtigen die Niederschlagung mitgeteilt, so muss, um zu verhindern, dass es sich um einen Erlass nach § 59 Abs. 1 Nr. 3 BHO handelt, der Vorbehalt gemacht werden, den Anspruch zu späterer Zeit erneut geltend zu machen.

---

183   Nr. 1.4.1 VV zu § 59 BHO.

Man unterscheidet zwei Arten von Niederschlagung:

- befristete und
- unbefristete Niederschlagung.

Bei der **befristeten** Niederschlagung kann von einer Verfolgung des Anspruches einstweilen abgesehen werden, wenn

- die Forderung fällig ist und
- die Forderung auf Grund der wirtschaftlichen Verhältnisse des Schuldners vorübergehend nicht einziehbar ist und
- eine Stundung nicht in Betracht kommt.

Die wirtschaftlichen Verhältnisse des Schuldners sind in angemessenen Zeitabständen zu überprüfen. Die Verjährung ist rechtzeitig zu unterbrechen.

Bei der **unbefristeten** Niederschlagung kann von einer Verfolgung endgültig abgesehen werden, wenn

- die Forderung fällig ist und
- die Forderung dauernd nicht einziehbar ist.

Gründe dafür könnten darin liegen, dass der Schuldner trotz mehrfacher vergeblicher Vollstreckungsversuchen auf Grund seiner wirtschaftlichen Verhältnisse auch weiterhin nicht in der Lage ist zu zahlen, oder aus anderen Gründen (z.B. Tod des Schuldners). Dasselbe gilt, wenn die Kosten der Einziehung im Verhältnis zur Höhe des Anspruches zu hoch sind.

Der Entscheidung des Finanzministers bedarf es in Fällen von grundsätzlicher Bedeutung (Entscheidung über den Einzelfall hinaus bei präjudizieller Auswirkung) oder erheblicher finanzieller Bedeutung (im Einzelfall Beträge über 150 000 €).

(3) Erlass (§ 59 Abs. 1 Nr. 3 BHO)

Der Erlass ist der **endgültige Verzicht** des Bundes auf eine einziehbare Forderung. Ein Erlass ist nur möglich, wenn eine Stundung nach Nr. 1 nicht in Betracht kommt: Durch den Erlass erlischt der Anspruch endgültig. Ein Erlass privatrechtlicher oder aus öffentlich-rechtlichen Verträgen entstandener Ansprüche bedarf es vertraglicher Vereinbarungen, in den übrigen Fällen eines Verwaltungsaktes.

Erlass = endgültiger Verzicht auf die Einziehung der Forderung
↓   ↑
Antrag des Schuldners   Mitteilung an den Schuldner

Abbildung 85: Erlass von Zahlungsverbindlichkeiten

Für den Erlass bedarf es eines Antrages von Seiten des Schuldners. **Voraussetzung** für einen Erlass ist, dass die Einziehung der Forderung für den Schuldner **eine besondere Härte** bedeuten würde. Eine besondere Härte ist anzunehmen, wenn sich der Schuldner in einer unverschuldeten wirtschaftlichen Notlage befindet und seine Existenz bei Weiterverfolgung des Anspruches gefährdet wäre.

Obgleich der Erlass bestimmungsmäßig nicht davon abhängig gemacht wird, dass ein Teil der Schuld beglichen sein muss, besteht im Allgemeinen ein verwaltungsmäßiger Grundsatz, dass Forderungen **nicht im voller Höhe erlassen** werden sollen. Dem Schuldner wird grundsätzlich zugemutet, seinen Willen zur Tilgung der Forderung dadurch zu beweisen, dass er wenigstens einige Ratenzahlungen leistet.

Der Finanzminister muss wiederum seine Zustimmung erteilen beim Erlass in Fällen von grundsätzlicher (präjudizielle Bedeutung des Einzelfalles) und erheblicher Bedeutung (Erlass von mehr als 100 000 €).

Geleistete Beträge können erstattet oder angerechnet werden, wenn die Voraussetzungen für einen Erlass im Zeitpunkt der Zahlung oder innerhalb des Zeitraumes, für den eine im voraus geleistete Zahlung bestimmt ist, vorgelegen haben. Eine Erstattung oder Anrechnung kommt in der Regel nur in Betracht, wenn die Voraussetzung für den Erlass auch im Zeitpunkt der Antragstellung noch vorliegen. Die Erstattung oder Anrechnung geleisteter Beträge bedarf im Einzelfall der Einwilligung des Finanzministers; er kann auf seine Befugnisse verzichten.

c) Veränderungen bei Verpflichtungsermächtigungen

Abbildung 86: Planabweichungen bei Verpflichtungsermächtigungen

(1) Abweichung von den Jahresbeträgen

Die **vorherige Zustimmung des BMF** zur Inanspruchnahme der im Haushaltsplan enthaltenen Verpflichtungsermächtigungen ist nach § 38 Abs. 2 BHO für die Fälle vorgeschrieben, in denen

- von den nach § 16 Satz 2 BHO im Haushaltsplan angegebenen Jahresbeträgen erheblich abgewichen werden soll oder
- keine Jahresbeträge im Haushaltsplan (abweichend von § 16 Satz 2 BHO) angegeben sind.

Sind bei der Veranschlagung von Verpflichtungsermächtigungen nach § 16
Satz 2 BHO die Jahresbeträge im Haushaltsplan angegeben worden und wird
von den Jahresbeträgen nicht erheblich abgewichen, entfällt nach § 38 Abs. 2
BHO das Erfordernis einer vorherigen Zustimmung des BMF zur Inanspruchnahme der Verpflichtungsermächtigungen, weil die Prüfung der finanziellen
Mehrjahresauswirkungen im Hinblick auf die Finanzplanung bereits bei der
Aufstellung des Haushaltsplans vorgenommen worden ist. Als **erheblich** ist
nach den VV zu § 38 BHO eine Überschreitung eines Jahresbetrages um mehr
als 5 % anzusehen.

Im Fall einer höheren Abweichung von den im Haushaltsplan angegebenen
Jahresbeträgen sieht die BHO für das BMF eine **abgestufte Entscheidungs-
kompetenz** vor, die in den VV zu § 38 BHO festgeschrieben worden ist:

- Bei Überschreitung eines Jahresbetrages bis zu 10 % ist dem BMF eine
  gleichwertige Einsparung für das Jahr der Überschreitung vorzuschlagen.
  Dem BMF steht danach nur die Entscheidung zu, ob der Einsparungsvorschlag zu einer gleichwertigen Einsparung führt.
- Bei Überschreitung eines Jahresbetrages um mehr als 10 % ist dem BMF für
  die Entscheidung über eine Einwilligung zusätzlich zu einem gleichwertigen
  Einsparungsvorschlag für das Jahr der Überschreitung ferner eine Begründung für die Notwendigkeit der Überschreitung zu übersenden.

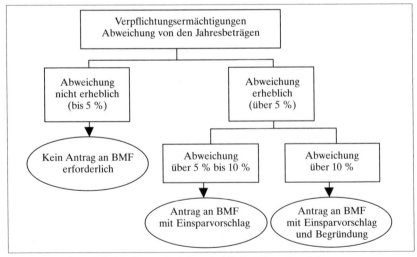

*Abbildung 87: Erhebliche und nicht erhebliche Planabweichungen
bei Verpflichtungsermächtigungen*

Sind bei Verpflichtungsermächtigungen im Haushaltsplan **keine Jahresbeträge** angegeben,[184] bedarf die Inanspruchnahme solcher Verpflichtungsermächtigungen in jedem Einzelfall der vorherigen Zustimmung des BMF. In diesem Fall kann eine geordnete Haushaltsentwicklung im Rahmen der mehrjährigen Finanzplanung nur durch Beteiligung des BMF sichergestellt werden. Dem BMF ist anzugeben und zu begründen, welche Jahresbeträge beim Eingehen einer Verpflichtung auf künftige Haushaltsjahre voraussichtlich entfallen, d.h. welche kassenmäßigen Ausgaben voraussichtlich in den einzelnen Jahren zu leisten sind, bevor die Verpflichtung eingegangen wird.

(2) Über- und außerplanmäßige Verpflichtungsermächtigungen

Sollen überjährig ausgabewirksame Verpflichtungen für einen Zweck eingegangen werden, für den im Haushaltsplan eine Verpflichtungsermächtigung nicht oder nicht in der benötigten Höhe erteilt ist, so ist beim BMF zuvor eine außerplanmäßige bzw. überplanmäßige Verpflichtungsermächtigung zu beantragen.

Eine benötigte Verpflichtungsermächtigung ist

- **überplanmäßig**, wenn eine im Haushaltsplan für den vorgesehenen Zweck (nach § 16 Satz 1 BHO) erteilte Verpflichtungsermächtigung hinsichtlich ihres *Gesamtbetrags* überschritten wird (eine Überschreitung der *Jahresbeträge* richtet sich nach § 38 Abs. 2 BHO),
- **außerplanmäßig**, wenn für den vorgesehenen Zweck im Haushaltsplan überhaupt keine Verpflichtungsermächtigung erteilt ist; (demgegenüber ist die Inanspruchnahme einer im Haushaltsplan enthaltenen Verpflichtungsermächtigung, für die lediglich keine Jahresbeträge angegeben sind, nicht außerplanmäßig, sondern regelt sich nach § 38 Abs. 2 BHO).

Über- oder außerplanmäßige Verpflichtungsermächtigungen sind beim BMF zu beantragen, *bevor* die beabsichtigten Verpflichtungen eingegangen werden. Für die Einwilligung des Bundesministers der Finanzen müssen nach § 38 Abs. 1 Satz 2 BHO dieselben Voraussetzungen vorliegen wie bei über- oder außerplanmäßigen Ausgaben.

Wie für über- und außerplanmäßigen Ausgaben ist auch für über- und außerplanmäßige Verpflichtungsermächtigungen im jährlichen Haushaltsgesetz eine **Mindestbetragsregelung** enthalten, nach der es eines Nachtragshaushalts nicht bedarf, wenn für über- oder außerplanmäßige Verpflichtungsermächtigungen, bei denen die Ausgaben nur in einem Haushaltsjahr fällig werden, der Betrag 5 Mio. €, bei mehrjährigen Verpflichtungsermächtigungen 10 Mio €, nicht überschreitet (§ 4 Abs. 2 HG 2008). Wenn überplanmäßige oder außerplanmäßige Ausgaben und überplanmäßige oder außerplanmäßige Verpflichtungsermächtigungen zusammentreffen, gilt *insgesamt* der Betrag von 10 Mio €.

---

184 § 38 Abs. 2 Satz 1 Nr. 2 BHO.

d) Haushaltssperren

Haushaltssperren können auf mehrere Arten entstehen:

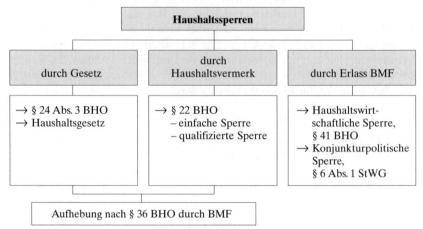

Abbildung 88: Haushaltssperren

Sind durch Gesetz (§ 24 Abs. 3 BHO, Haushaltsgesetz) oder im Haushaltsplan (s. § 22 BHO) bestimmte Ermächtigungen des Haushaltsplans als „gesperrt" bezeichnet, so bedeutet dies, dass über diese Haushaltsermächtigungen **nur mit vorheriger Zustimmung des BMF** verfügt werden darf. Dasselbe gilt, sobald das BMF von sich aus eine Sperre nach § 41 BHO anordnet (oder ein Fall des § 6 Abs. 1 StWG gegeben ist). Dem gemäß stellt § 36 BHO klar, dass Ausgaben, die durch Gesetz oder im Haushaltsplan als gesperrt bezeichnet sind, nur mit vorheriger Zustimmung (Einwilligung) des Bundesministers der Finanzen geleistet werden dürfen.

Den Sperrvermerk gibt es in der „normalen" Form und als **qualifizierten** Sperrvermerk. Der Unterschied besteht in der Kompetenz zur Freigabe der gesperrten Ausgaben. Im Normalfall kann der Bundesminister der Finanzen bei Eintritt der Bedingung, an die der Sperrvermerk geknüpft ist, diesen aufheben. Bei einem qualifizierten Sperrvermerk bedarf die Freigabe der Mittel eines Beschlusses des Haushaltsausschusses des Deutschen Bundestages[185].

einfache Sperre: „Die Ausgaben sind gesperrt"
                        oder
                        „Die Ausgaben sind in Höhe von ... T€ gesperrt"

---

185 Siehe § 36 BHO.

qualifizierte Sperre: „Die Ausgaben sind in Höhe von ... T€ gesperrt; *die Aufhebung der Sperre bedarf der Einwilligung des Haushaltsausschusses des Deutschen Bundestages.*"

Ist eine Inanspruchnahme bestimmter Haushaltsermächtigungen von der Einwilligung des BMF abhängig, ist es seinem pflichtmäßen Ermessen überlassen, zu entscheiden, ob und ggf. unter welchen Bedingungen oder Auflagen eine Einwilligung erteilt wird.

Haushaltssperren können sowohl bei Ausgabeermächtigungen als auch bei Verpflichtungsermächtigungen bestehen.

Sperren bedeuten eine **Verfügungsbeschränkung**, die bis zu ihrer Aufhebung durch Entscheidung des BMF bestehen bleibt. Je nach ihrer Zielsetzung lassen sie sich zumindest wie folgt unterscheiden:

- Sperren zu **Einsparungszwecken** (etwa nach § 41 BHO, § 6 StWG) werden grundsätzlich nicht aufgehoben, sondern bleiben beim Haushaltsvollzug bestehen. Zur Verbesserung der Verfügbarkeitskontrolle kann im HKR-Verfahren durch Kassenanweisung ein Sperrkonto (bei Sperrung bestimmter Titel) oder ein vorläufiges Deckungskonto (bei Globalsperren) eingerichtet werden, das bis zum Abschluss der Bücher mit Kassenanweisung durch Zuführung der Einsparungsmittel auszugleichen ist.

- Sperren zu **sonstigen Zwecken** (etwa nach §§ 22, 24 Abs. 3 BHO) bedeuten eine vorläufige Verfügungsbeschränkung, die auf Antrag vom BMF aufgehoben werden kann, wenn im Antrag nachgewiesen ist, dass inzwischen die Voraussetzungen erfüllt sind, deren Mangel für die bisherige Sperre maßgebend gewesen sind (z.B. nachträgliche Vorlage einer HU-Bau). Solche Sperren werden vom BMF allerdings nur mit der Maßgabe aufgehoben, dass anderweitige Sperren zu Einsparungszwecken bestehen bleiben.

In den Ausnahmefällen einer sog. **qualifizierten Sperre**[186] reicht die Einwilligung des BMF allein nicht aus, weil darüber hinaus zur Aufhebung die Einwilligung des Bundestages (in der Praxis: des Haushaltsausschusses) erforderlich ist. Es ist folgendes Verfahren vorgesehen:

1. Das mittelbewirtschaftende Ressort beantragt beim BMF die Entsperrung und fügt diesem Antrag einen Bericht bei, den das BMF für den Fall seiner Einwilligung an den Haushaltsausschuss des Bundestages weiterleitet.

2. Hiernach hat das BMF zu entscheiden, ob und mit welcher Begründung es diesen Bericht dem Parlament zur Letztentscheidung vorlegt. Ggf. lautet die Schlussformel im Anschreiben des BMF: „Ich beabsichtige, die Sperre aufzuheben, und bitte um Einwilligung."

---

186 Siehe § 22 Satz 3 BHO.

3. Sobald der Haushaltsausschuss des Bundestages über die vom BMF bean-
   tragte Einwilligung beschlossen hat, erteilt mit dieser Maßgabe das BMF
   seine Einwilligung; sie ist dem antragstellenden Ressort etwa mit der Formel
   mitzuteilen: „Ich hebe die bei Titel ... ausgebrachte Sperre auf; der Haushaltsausschuss des Bundestages hat seine Einwilligung am ... erteilt."

V. Die Kontrolle der Haushaltswirtschaft

1. Überblick

Der Ablauf der Kontrollphase ist durch Art. 114 GG bestimmt.

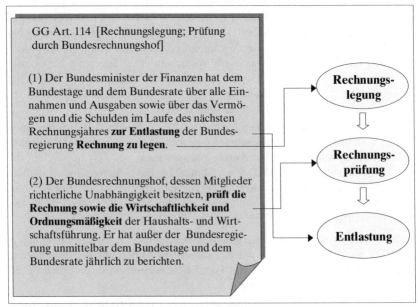

Abbildung 89: Phasen der Haushaltskontrolle

2. Rechnungslegung

Der BMF hat dem Bundestag und Bundesrat nach Art. 114 GG über alle Einnahmen und Ausgaben sowie über das Vermögen und die Schulden im Laufe
des nächsten Jahres Rechnung zu legen. Damit soll

• der Nachweis über die ordnungsgemäße Haushalts- und Wirtschaftsführung
  erbracht,

- dem Bundesrechnungshof die ihm übertragene Prüfung der Haushalts- und Wirtschaftsprüfung des Bundes ermöglicht und
- die Unterlagen für die Entlastungserteilung durch das Parlament erstellt werden.

Die Verpflichtung zur Rechnungslegung ergibt sich aus Art. 114 Abs. 1 GG und § 80 Abs. 1 BHO. Die Rechnungslegung erfolgt durch **Vorlage der Haushaltsrechnung**, die auf der Grundlage der abgeschlossenen Bücher der Kassen vom Finanzminister aufgestellt wird. Die Rechnungslegung erstreckt sich beim Bund auch auf die Verpflichtungen und Forderungen sowie auf das Vermögen und die Schulden. Für die Rechnungslegung über den Bundeshaushalt gibt der BMF jährlich das **Rechnungslegungsrundschreiben** (RLRdschr.) heraus, in dem für die Rechnungslegung und die damit zusammenhängenden Vorlage der Belege und Unterlagen durch die Verwaltung und die Kassen die erforderlichen Weisungen erteilt werden.

Der **Inhalt** der Haushaltsrechnung ist in §§ 81 ff. BHO vorgeschrieben. Neben der Gegenüberstellung von Soll und Ist bei den Einnahmen und Ausgaben enthält die Haushaltsrechnung den kassenmäßigen Abschluss,[187] den Haushaltsabschluss (§ 83 BHO) und den Abschlussbericht,[188] ferner noch eine Reihe von Übersichten.[189] Die Haushaltsrechnung soll nach § 80 Abs. 2 BHO auch die eingegangenen Verpflichtungen und die Geldforderungen umfassen. Die Aufgabe der Rechnungslegung liegt insbesondere bei den Bundeskassen. Grundlage bilden die abgeschlossenen Bücher.

Die Zentralkasse erstellt aufgrund der beim Bundesamt für Finanzen gespeicherten Daten der Ist-Ergebnisse der Kassen je Einzelplan den **Entwurf** zur Haushaltsrechnung. Dieser Entwurf enthält auch alle Titel des Einzelplanes mit Zweckbestimmung, Haushaltsvermerken und Erläuterungen sowie je Haushaltsstelle:

- die gebildeten Haushaltsreste aus dem Vorjahr und die ins Folgejahr übertragbaren Haushaltsmittel,
- die gemäß § 50 BHO umgesetzten Haushaltsmittel,
- die vermögenswirksamen Beträge,
- Angaben über Einsparungen bzw. Verstärkungen aufgrund angeordneter Deckungsfähigkeit,
- die gesperrten Beträge und
- die eingegangenen Verpflichtungen für in der Zukunft liegende Jahre.

Die Zentralkasse übersendet den obersten Bundesbehörden eine Ausfertigung des Entwurfs zur Haushaltsrechnung des jeweiligen Einzelplans. Die obersten

---

187 § 82 BHO.
188 § 84 BHO
189 § 85 BHO.

Bundesbehörden prüfen den ihnen zugesandten Entwurf auf seine Vollständigkeit und Richtigkeit und ergänzen den Entwurf der Haushaltsrechnung um die
im RLRdSchr. des BMF geforderten weiteren Eintragungen und Übersichten.
Die obersten Bundesbehörden fordern ihrerseits von den Behörden, denen
Haushaltsmittel zur Bewirtschaftung übertragen worden sind, die entsprechenden Beiträge zur Haushaltsrechnung an. Etwaige Änderungen und Ergänzungen im Datenbestand können in einem Dialogprogramm eingegeben werden.
Mit dem unterschriebenen Beitrag der Bundesbehörden zur Haushaltsrechnung wird die **Vollständigkeit der Angaben** versichert und zugleich erklärt, dass
den Bundeskassen bzw. Zahlstellen keine Anordnungen zur Leistung oder Annahme von Zahlungen außerhalb der Buchführung des Bundes erteilt worden
sind.

Das Bundesministerium der Finanzen übersendet von den nach den Angaben
der Ressorts korrigierten Haushaltsrechnungen der Einzelpläne eine Ausfertigung der obersten Bundesbehörde und zwei Ausfertigungen dem zuständigen
Prüfungsamt des Bundesrechnungshofs. Der Ausfertigung für das Prüfungsamt
werden als Anlagen die für die Prüfung der Gesamtrechnung erforderlichen
Entscheidungen des Bundesministeriums der Finanzen zur Haushaltsführung
und weitere Unterlagen beigefügt.

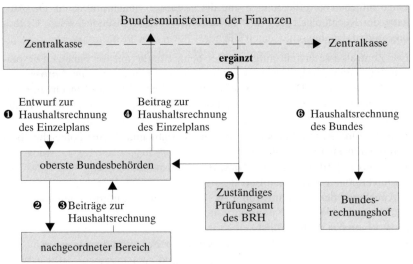

Abbildung 90: Stationen der Rechnungslegung

Die Haushaltsrechnung des Bundes wird von der Zentralkasse nach der Fertigstellung der Haushaltsrechnungen der Einzelpläne aufgestellt. Eine Ausfertigung übersendet das Bundesministerium der Finanzen dem Bundesrechnungshof.

3. Rechnungsprüfung

Rechtsgrundlage für die Prüfung der Rechnung und der Haushalts- und Wirtschaftsführung der Verwaltung durch den Rechnungshof sind Art. 114 Abs. 2 GG sowie § 88 Abs. 1 BHO. Inhalt und Umfang der Prüfung bestimmt der Rechnungshof im Rahmen der §§ 89 und 90 BHO selbst. **Gegenstand** der Rechnungsprüfung ist eine umfassende Prüfung des gesamten Handelns der Verwaltung.

Der Bundesrechnungshof (BRH) ist eine oberste Bundesbehörde und als unabhängiges Organ der staatlichen Finanzkontrolle nur dem Gesetz unterworfen. Die Stellung des BRH und seiner Mitglieder sowie seine wesentlichen Aufgaben sind im Grundgesetz verfassungsrechtlich garantiert. Seit dem 1. Januar 1998 wird der BRH bei seiner Prüfung der Haushalts- und Wirtschaftsführung des Bundes durch neun Prüfungsämter unterstützt. Sie unterliegen der Dienst- und Fachaufsicht des Bundesrechnungshofes.[190]

Die Prüfungsämter in Berlin, Frankfurt, Hamburg, Hannover, Koblenz, Köln, Magdeburg, München und Stuttgart haben gegenüber den geprüften Stellen dieselben Befugnisse wie der BRH. Sie führen ihre Prüfungsaufgaben in entsprechender Anwendung der für den BRH geltenden Bestimmungen nach den Weisungen des BRH aus. Die Prüfungsämter untergliedern sich in Sachgebiete. Ein Sachgebiet unterstützt ein Kollegium oder mehrere Kollegien einer Abteilung des Bundesrechnungshofes.

Die Maßstäbe für die Prüfung des Bundesrechnungshofes sind Wirtschaftlichkeit und Ordnungsmäßigkeit des Verwaltungshandelns. Die **Prüfung der Ordnungsmäßigkeit** umfasst die Beachtung von Vorschriften, die der Leistung von Ausgaben, der Erhebung von Einnahmen sowie dem Eingehen von Verpflichtungen zugrunde liegen; sie umfasst auch die fehlerfreie Errechnung, Belegung und Buchung der Einnahmen und Ausgaben sowie die Einhaltung der für die Haushalts- und Wirtschaftsführung geltenden Vorschriften und Grundsätze. Bei der **Prüfung der Wirtschaftlichkeit** wird untersucht, ob das günstigste Verhältnis zwischen dem verfolgten Zweck und den eingesetzten Mitteln angestrebt und erreicht wurde. Sie umfasst die Wirksamkeit und Zweckmäßigkeit des Verwaltungshandelns einschließlich der Zielerreichung (Erfolgskontrolle). Sie umfasst auch die Prüfung, ob die eingesetzten Mittel auf den zur Erfüllung der Aufgaben notwendigen Umfang beschränkt wurden (Grundsatz der Sparsamkeit).

---

190   § 20a BRHG.

Der Bundesrechnungshof bestimmt Zeit und Art seiner Prüfungen selbst. Er kann Erhebungen an Ort und Stelle vornehmen; Akten, Belege und Daten sind ihm ohne Einschränkung offen zu legen, die gestellten Fragen zu beantworten (§ 95 BHO).

Über die **Prüfungsvorhaben** wird bei der jährlichen Arbeitsplanung entschieden. Auch dabei ist der Bundesrechnungshof frei. Er kann Prüfungsschwerpunkte bestimmen und Prüfungen auf Stichproben beschränken. Hauptziel bei der Arbeitsplanung ist es, einen aussagefähigen Überblick über die Haushalts- und Wirtschaftsführung des Bundes zu gewinnen und so genannte prüfungsfreie Räume nach Möglichkeit zu vermeiden. Bei der Auswahl seiner Prüfungsschwerpunkte nutzt der Bundesrechnungshof sämtliche Informationen, die ihm bei seiner Prüfungstätigkeit, aber auch durch die Hinweise von Bürgerinnen und Bürgern oder durch die Berichterstattung in öffentlichen Medien zugänglich sind. Er stützt sich zudem auf eine systematische Analyse von Prüfungsfeldern, die insbesondere bewertet, ob bestimmte Bereiche des Verwaltungshandelns finanziell besonders bedeutend oder fehleranfällig sind. Prüfungswünsche des Parlaments und seiner Ausschüsse werden so weit wie möglich berücksichtigt.

In einer **Prüfungsmitteilung** werden der ermittelte Sachverhalt, dessen Würdigung, die nach Auffassung des Bundesrechnungshofes gebotenen Folgerungen sowie gegebenenfalls Empfehlungen, wie festgestellte Mängel zu beheben sind, festgehalten. Empfänger der Prüfungsmitteilung sind die Stellen, die von den Prüfungsergebnissen unmittelbar betroffen sind. Dies sind die geprüfte Stelle, in der Regel die vorgesetzte Stelle oder eine Dienststelle, die für Vorbereitung und Erlass von Rechtsvorschriften oder für Aufsichtsmaßnahmen zuständig ist. Die Prüfungsmitteilung oder die Prüfungsergebnisse werden mit einem Übersendungsschreiben zur Äußerung oder gegebenenfalls nur zur Kenntnisnahme übersandt. Prüfungsmitteilungen mit Ergebnissen von grundsätzlicher oder erheblicher finanzieller Bedeutung werden auch dem Bundesministerium der Finanzen zugeleitet (§ 96 Abs. 2 BHO). Der Bundesrechnungshof teilt der Stelle, die sich geäußert hat, mit, wie er nach Würdigung der Äußerung die einzelnen Prüfungsergebnisse beurteilt, ob seinem Anliegen hinreichend entsprochen wurde und welche Maßnahmen er noch erwartet.

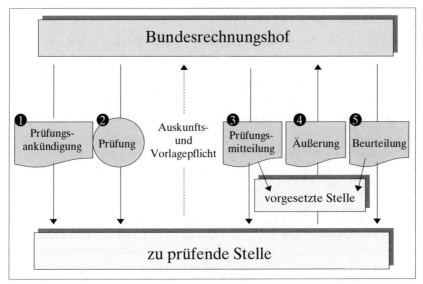

Abbildung 91: Stationen der Rechnungsprüfung

Die **Berichterstattung des Bundesrechnungshofes** an Bundestag, Bundesrat und Bundesregierung umfasst

- die Bemerkungen nach § 97 BHO,
- die Berichte über Angelegenheiten von besonderer Bedeutung nach § 99 BHO und

die Beratung aufgrund von Prüfungserfahrungen nach § 88 Abs. 2 BHO.

Die Bemerkungen enthalten die Ergebnisse der Prüfung der Rechnungen für das Haushaltsjahr, das zur Entlastung ansteht, sowie wesentliche Feststellungen über die Haushalts- und Wirtschaftsführung unabhängig vom Entlastungsjahr (besondere Prüfungsergebnisse). Zur Vorbereitung der Beratungen des Rechnungsprüfungsausschusses stellt der Bundesrechnungshof dem Vorsitzenden eine aktualisierte Zusammenfassung des Bemerkungsinhalts und einen Beschlussvorschlag zur Verfügung.

4. Entlastung der Bundesregierung

Der BMF legt die Jahresrechnung gleichzeitig dem Bundestag und dem Bundesrat vor und stellt den Antrag, der Bundesregierung Entlastung zu erteilen. Beratungsgegenstand des Entlastungsverfahrens sind die Haushalts- und Vermögensrechnung[191] einschließlich des dazugehörigen kassenmäßigen Abschlusses und des Haushaltsabschlusses,[192] des Abschlussberichtes,[193] der Übersichten zur Haushaltsrechnung[194] und der Jahresbericht des Bundesrechnungshofes.[195]

Das eigentliche Entlastungsverfahren beginnt – häufig erst im Herbst des übernächsten Jahres – mit der Vorlage des Jahresberichts (den sogenannten Bemerkungen) des Bundesrechnungshofs unmittelbar an Bundestag, Bundesrat und Bundesregierung.

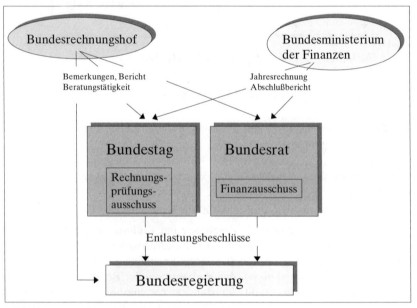

Abbildung 92: Stationen der Entlastung

Nach den Beratungen im Finanzausschuss beschließt der Bundesrat, der Bundesregierung die Entlastung zu erteilen und teilt dies i.d.R. gleichzeitig dem

---

191 §§ 81, 86 BHO.
192 §§ 82, 83 BHO.
193 § 84 BHO.
194 § 85 BHO.
195 „Bemerkungen des BRH": § 97 BHO.

Bundestag (als Stellungnahme des Bundesrates) mit. Im Bundestag wird der Entlastungsantrag der Bundesregierung einschließlich der Jahresrechnung und der Bemerkungen des Bundesrechnungshofes dem Haushaltsausschuss und von diesem dem Rechnungsprüfungsausschuss zugeleitet.

Die Mitglieder des **Rechnungsprüfungsausschusses** sind zugleich Mitglieder des Haushaltsausschusses. Im Rechnungsprüfungsausschuss werden die Bemerkungen des Bundesrechnungshofs bei Anwesenheit von Vertretern des betreffenden Ressorts, des Bundesfinanzministeriums und des Bundesrechnungshofs im Einzelnen behandelt. Der Rechnungsprüfungsausschuss erstellt den Entwurf von Beschlussempfehlungen, die über den Haushaltsausschuss an das Plenum des Deutschen Bundestages geleitet werden. Die Behandlung dieser Beschlussempfehlungen erfolgt im Entlastungsverfahren.

Bundestag und Bundesrat beschließen jeweils selbständig und voneinander unabhängig über die Entlastung. Die **Entlastung** hat lediglich eine politische Bedeutung, es sind keine unmittelbar verfassungsrechtlichen oder sonstigen rechtlichen Wirkungen mit ihr verbunden. In der Geschichte der Bundesrepublik Deutschland hat das Parlament der Regierung – abgesehen von den Jahresrechnungen 1972 und 1973[196] – noch nie die Entlastung verweigert. Selbst wenn sich die politischen Mehrheitsverhältnisse verändert hatten, wurde der Regierung stets die Entlastung erteilt. Es geht bei der Entlastung nicht um eine politische Bewertung der Regierungsarbeit sondern um die parlamentarische Diskussion der gesamten Haushalts- und Wirtschaftsführung der Bundesverwaltung.[197]

Mit der Entlastung schließt die vierte Phase des Haushaltskreislaufs.

---

196 Teilweise durch den Bundesrat, vgl. BR-Drs. 549/77, BT-Drs. 8/1138.
197 Mit weiteren Nachweisen: *v. Mutius/Nawrath* in: Heuer, KHR, Rn. 4 zu Art. 114 GG.

Anhang

Gesetz über die Feststellung des Bundeshaushaltsplans für das Haushaltsjahr 2008 (Haushaltsgesetz 2008)

Vom 22. Dezember 2007 (BGBl. I S. 3227)

Der Bundestag hat das folgende Gesetz beschlossen:

Abschnitt 1

Allgemeine Ermächtigungen

§ 1
Feststellung des Haushaltsplans

Der diesem Gesetz als Anlage beigefügte Bundeshaushaltsplan für das Haushaltsjahr 2008 wird in Einnahmen und Ausgaben auf 283 200 000 000 Euro festgestellt.

§ 2
Kreditermächtigungen

(1) Das Bundesministerium der Finanzen wird ermächtigt, zur Deckung von Ausgaben für das Haushaltsjahr 2008 Kredite bis zur Höhe von 11 900 000 000 Euro aufzunehmen.

(2) Dem Kreditrahmen nach Absatz 1 wachsen die Beträge zur Tilgung von im Haushaltsjahr 2008 fällig werdenden Krediten zu, deren Höhe sich aus Nummern 2.1.2.1 der Finanzierungsübersicht (Teil II des Gesamtplans) ergibt. Dem Kreditrahmen nach Satz 1 wachsen im Falle unvorhergesehenen Bedarfs Beträge in Höhe von bis zu 15 000 000 000 Euro zum Rückkauf von Wertpapieren des Bundes oder zur Rückzahlung von Darlehen zu, soweit die Summe der in Nummer 2.1.2.1 der Finanzierungsübersicht (Teil II des Gesamtplans) genannten fällig werdenden Kredite überschritten wird. Das Bundesministerium der Finanzen wird ermächtigt, Mehreinnahmen bei Kapitel 6002 Titel 133 01 zur Tilgung der Schulden des Bundes zu verwenden; insoweit vermindert sich die Ermächtigung nach Satz 1. Die dem Erblastentilgungsfonds aus dem Bundesbankgewinn zufließenden Mehreinnahmen bei Kapitel 6002 Titel 121 04 vermindern die Ermächtigung nach Satz 1. Bei Mehreinnahmen nach Satz 3 können Maßnahmen nach § 60 Abs. 2 der Bundeshaushaltsordnung ergriffen werden.

(3) Das Bundesministerium der Finanzen wird ermächtigt, ab Oktober des Haushaltsjahres im Vorgriff auf die Kreditermächtigung des nächsten Haushaltsjahres Kredite bis zur Höhe von 4 Prozent des in § 1 festgestellten Betrages

aufzunehmen. Diese Kredite sind auf die Kreditermächtigung des nächsten Haushaltsjahres anzurechnen.

(4) Auf die Kreditermächtigung ist bei Diskontpapieren der Nettobetrag anzurechnen. Fremdwährungsanleihen sind auf Basis des Wechselkurses auf die Kreditermächtigung anzurechnen, der sich aus dem spätestens gleichzeitig abgeschlossenen ergänzenden Vertrag zur Begrenzung des Währungsrisikos ergibt.

(5) Das Bundesministerium der Finanzen wird ermächtigt, zum Ankauf von Schuldtiteln des Bundes im Wege der Marktpflege Kredite bis zur Höhe von 5 Prozent des Betrages der umlaufenden Bundesanleihen, Bundesobligationen, Bundesschatzanweisungen und unverzinslichen Schatzanweisungen aufzunehmen, dessen Höhe sich aus der jeweils letzten im Bundesanzeiger veröffentlichten Übersicht über den Stand der Schuld der Bundesrepublik Deutschland ergibt. Auf die Kreditermächtigung sind die Beträge anzurechnen, die auf Grund von Ermächtigungen früherer Haushaltsgesetze aufgenommen worden sind. Das Bundesministerium der Finanzen wird ferner ermächtigt, Eigenbestände aufzubauen und zu halten und sie in Form der Wertpapierleihe zu verwenden oder sie im Rahmen der Kreditermächtigungen der Absätze 1, 2 Satz 1 und des Absatzes 5 Satz 1 zu verkaufen.

(6) Das Bundesministerium der Finanzen wird ermächtigt, im Rahmen der Kreditfinanzierung im laufenden Haushaltsjahr ergänzende Verträge zur Optimierung der Zinsstruktur und zur Begrenzung von Zinsänderungsrisiken mit einem Vertragsvolumen von höchstens 80 000 000 000 Euro sowie ergänzende Verträge zur Begrenzung des Zins- und Währungsrisikos von Fremdwährungsanleihen mit einem Vertragsvolumen von bis zu 30 000 000 000 Euro abzuschließen. Auf diese Höchstgrenze werden zusätzliche Verträge nicht angerechnet, die Zinsrisiken aus bereits bestehenden Verträgen verringern oder ausschließen.

(7) Das Bundesministerium der Finanzen wird ermächtigt, auch im folgenden Haushaltsjahr bis zum Tage der Verkündung des Haushaltsgesetzes im Rahmen der Kreditaufnahme folgende Verträge abzuschließen:

1. Kredite bis zur Höhe der Ermächtigung nach Absatz 2 Satz 1 dürfen zur Tilgung fällig werdender Kredite aufgenommen werden;
2. Verträge nach Absatz 6 dürfen in dem in dieser Vorschrift bestimmten Umfang abgeschlossen werden.

Die so in Anspruch genommenen Ermächtigungen werden auf die jeweiligen Ermächtigungen des folgenden Haushaltsjahres angerechnet.

(8) Vor Inanspruchnahme der über 0,5 Prozent des in § 1 gestgelegten Betrages liegenden Kreditermächtigungen nach § 18 Abs. 3 Satz 1 der Bundeshaushaltsordnung ist der Haushaltsausschuss des Deutschen Bundestages zu unterrichten, soweit nicht aus zwingenden Gründen eine Ausnahme geboten ist.

(9) Das Bundesministerium der Finanzen wird ermächtigt, Kassenverstärkungskredite bis zur Höhe von 10 Prozent des in § 1 festgestellten Betrages aufzunehmen. Für Geschäfte, die den gleichzeitigen Ver- und Rückkauf von Bundeswertpapieren beinhalten, können weitere Kassenverstärkungskredite bis zur Höhe von 10 Prozent des in § 1 festgestellten Betrages aufgenommen werden. Auf die Kreditermächtigung sind die Beträge anzurechnen, die auf Grund von Ermächtigungen früherer Haushaltsgesetze aufgenommen worden sind.

§ 3
Gewährleistungsermächtigungen

(1) Das Bundesministerium der Finanzen wird ermächtigt, Bürgschaften, Garantien oder sonstige Gewährleistungen bis zur Höhe von insgesamt 313 610 000 000 Euro zu übernehmen, davon

1. bis zu 117 000 000 000 Euro im Zusammenhang mit förderungswürdigen oder im besonderen staatlichen Interesse der Bundesrepublik Deutschland liegenden Ausfuhren,

2. bis zu 40 000 000 000 Euro

   a) für Kredite an ausländische Schuldner zur Finanzierung förderungswürdiger Vorhaben oder bei besonderem staatlichen Interesse der Bundesrepublik Deutschland;

   b) zur Absicherung des politischen Risikos bei förderungswürdigen Direktinvestitionen im Ausland;

   c) für Kredite der Europäischen Investitionsbank an Schuldner außerhalb der Europäischen Gemeinschaft;

   d) zur Absicherung des Ausfallrisikos aus einer Beteiligung der Kreditanstalt für Wiederaufbau am gezeichneten Kapital des Europäischen Investitionsfonds,

3. bis zu 2 300 000 000 Euro für Kredite zur Mitfinanzierung entwicklungspolitisch förderungswürdiger Vorhaben der bilateralen Finanziellen Zusammenarbeit sowie für zinsverbilligte Kredite für entwicklungspolitisch förderungswürdige Vorhaben der bilateralen Finanziellen Zusammenarbeit,

4. bis zu 7 500 000 000 Euro für Marktordnungs- und Bevorratungsmaßnahmen auf dem Ernährungsgebiet,

5. bis zu 95 000 000 000 Euro zur Förderung der Binnenwirtschaft und zur Abdeckung von Haftungslagen im In- und Ausland,

6. bis zu 46 550 000 000 Euro im Zusammenhang mit der Beteiligung der Bundesrepublik Deutschland an europäischen oder internationalen Finanzinstitutionen und Fonds,

7. bis zu 1 260 000 000 Euro für die Treuhandanstalt-Nachfolgeeinrichtungen,

8. bis zu 4 000 000 000 Euro zur Absicherung des Zinsrisikos bei der Refinanzierung von Krediten für den Bau von Schiffen auf deutschen Werften.

Nähere Einzelheiten ergeben sich aus den verbindlichen Erläuterungen zu Kapitel 3208 des Bundeshaushaltsplans.

(2) Auf die in Absatz 1 Satz 1 genannten Höchstbeträge werden die auf Grund der Ermächtigungen früherer Haushaltsgesetze übernommenen Gewährleistungen angerechnet, soweit der Bund noch in Anspruch genommen werden kann oder soweit er in Anspruch genommen worden ist und für die erbrachten Leistungen keinen Ersatz erlangt hat.

(3) Gewährleistungen nach Absatz 1 Satz 1 können auch in ausländischer Währung übernommen werden; sie sind auf der Basis des vor Ausfertigung der Gewährleistungserklärung zuletzt festgestellten Euro-Referenzkurses der Europäischen Zentralbank auf den Höchstbetrag anzurechnen.

(4) Eine Bürgschaft, Garantie oder sonstige Gewährleistung ist auf den Höchstbetrag der entsprechenden Ermächtigung in der Höhe anzurechnen, in der der Bund daraus in Anspruch genommen werden kann. Zinsen und Kosten sind auf den jeweiligen Ermächtigungsrahmen nur anzurechnen, soweit dies gesetzlich bestimmt ist oder bei der Übernahme ein gemeinsamer Haftungsbetrag für Hauptverpflichtung, Zinsen und Kosten festgelegt wird.

(5) Soweit in den Fällen der Gewährleistungsübernahme nach Absatz 1 Satz 1 der Bund ohne Inanspruchnahme von seiner Haftung frei wird oder Ersatz für erbrachte Leistungen erlangt hat, ist eine übernommene Gewährleistung auf den Höchstbetrag nicht mehr anzurechnen.

(6) Die in Absatz 1 Satz 1 Nr. 1 bis 8 genannten Ermächtigungsrahmen können mit Einwilligung des Haushaltsausschusses des Deutschen Bundestages auch für Zwecke der jeweils anderen Gewährleistungsermächtigungen verwendet werden.

(7) Das Bundesministerium der Finanzen wird ermächtigt, zusätzliche Gewährleistungen nach Absatz 1 Satz 1 bis zur Höhe von 20 Prozent des in Absatz 1 Satz 1 bestimmten Ermächtigungsrahmens mit Einwilligung des Haushaltsausschusses des Deutschen Bundestages unter den Voraussetzungen des § 37 Abs. 1 der Bundeshaushaltsordnung zu übernehmen. Eine Ausnahme von der Einwilligung des Haushaltsausschusses ist nur aus zwingenden Gründen gestattet.

§ 4
Über- und außerplanmäßige Ausgaben und Verpflichtungsermächtigungen

(1) Der Betrag nach § 37 Abs. 1 Satz 4 der Bundeshaushaltsordnung wird auf 5 000 000 Euro festgesetzt. Überplanmäßige oder außerplanmäßige Ausgaben,

die im Einzelfall den in Satz 1 festgelegten Betrag, im Falle der Erfüllung von Rechtsverpflichtungen einen Betrag von 50 000 000 Euro überschreiten, sind vor Einwilligung des Bundesministeriums der Finanzen dem Haushaltsausschuss des Deutschen Bundestages zur Unterrichtung vorzulegen, soweit nicht aus zwingenden Gründen eine Ausnahme geboten ist.

(2) Der Betrag nach § 38 Abs. 1 Satz 3 der Bundeshaushaltsordnung wird auf 10 000 000 Euro festgesetzt. Für überplanmäßige oder außerplanmäßige Verpflichtungsermächtigungen, bei denen die Ausgaben nur in einem Haushaltsjahr fällig werden, wird der Betrag auf 5 000 000 festgesetzt. Wenn überplanmäßige oder außerplanmäßige Verpflichtungsermächtigungen zusammentreffen, gilt insgesamt der in Satz 1 genannte Betrag; Absatz 1 bleibt unberührt. Überplanmäßige und außerplanmäßige Verpflichtungsermächtigungen, die die in den Sätzen 1 bis 3 festgelegten Beträge überschreiten, sind vor Einwilligung des Bundesministeriums der Finanzen, dem Haushaltsausschuss des Deutschen Bundestages zur Unterrichtung vorzulegen, soweit nicht aus zwingenden Gründen eine Ausnahme geboten ist. Bei über- und außerplanmäßigen Verpflichtungsermächtigungen ist § 37 Abs. 4 der Bundeshaushaltsordnung entsprechend anzuwenden.

(3) Das Bundesministerium der Finanzen wird ermächtigt, mit Einwilligung des Haushaltsausschusses des Deutschen Bundestages bei Aktiengesellschaften, an denen der Bund beteiligt ist, einem genehmigten Kapital im Sinne des § 202 des Aktiengesetzes zuzustimmen und sich zur Leistung des auf den Bundesanteil entfallenden Erhöhungsbetrages zu verpflichten.

Abschnitt 2
Bewirtschaftung von Einnahmen, Ausgaben
und Verpflichtungsermächtigungen

§ 5
Flexibilisierte Ausgaben

(1) Auf die in Teil I des Gesamtplans aufgeführten Kapitel (Flexibilisierte Ausgaben) des Bundeshaushalts sind die Absätze 2 bis 4 anzuwenden, soweit im Einzelfall keine andere Regelung getroffen ist.

(2) Innerhalb der einzelnen Kapitel sind jeweils gegenseitig deckungsfähig:

1. Ausgaben der Hauptgruppe 4 ohne Ausgaben der Titel der Gruppe 411 sowie Ausgaben der Titel 634.3,

2. Ausgaben der Titel 511.1, 514.1, 517.1, 518.1, 519.1, 525.l, 526.1, 526.2, 526.3, 527.1, 527.3, 539.9, 543.1, 544.1, 545.1 und der entsprechenden Titel der Titelgruppen 55 und 56 sowie der Titel 532 55, 532 56 und 546 88,

3. Ausgaben der Titel der Gruppe 711, der Titel 712.1 und der entsprechenden Titel der Titelgruppen 55 und 56,

4. Ausgaben der Hauptgruppe 8.

(3) Bei den Ausgaben in der Abgrenzung nach Absatz 2 Nr. 1 bis 4 dürfen zusätzliche Ausgaben bis zur Höhe von jeweils 20 Prozent der Summe dieser Ausgaben aus Einsparungen bei anderen in Absatz 2 unter den Nummern 1 bis 4 genannten Ausgaben geleistet werden.

(4) Die Ausgaben der in Absatz 2 Nr. 1 und 2 aufgeführten Titel sind übertragbar.

(5) Das Nähere bestimmt das Bundesministerium der Finanzen.

§ 6
Verstärkungsmöglichkeiten, Deckungsfähigkeit, Zweckbestimmung

(1) Innerhalb der einzelnen Kapitel fließen die Einnahmen den Ausgaben bei folgenden Titeln, einschließlich der entsprechenden Titel in Titelgruppen, zu:

1. Titel 422 01, 422 02, 427 09 und 428 01 aus Personalkostenzuschüssen für die berufliche Eingliederung behinderter und schwerbehinderter Menschen sowie für Arbeitsbeschaffungsmaßnahmen und weitere Maßnahmen zur Eingliederung Arbeitsloser sowie aus Erstattungsleistungen nach dem Altersteilzeitgesetz vom 23. Juli 1996 (BGBl. I S. 1078) in seiner jeweils geltenden Fassung,

2. Titel 44 101, 443 01 und 446 01 aus Schadenersatzleistungen Dritter,

3. Titel gemäß § 5 Abs. 2 Nr. 2, soweit es sich um Erstattungen und Beiträge Dritter handelt,

4. Titel 453 01 und 527 01 aus nachträglich gewährten Preisnachlässen.

(2) Innerhalb eines Kapitels dienen Einnahmen aus Sachkostenzuschüssen für die berufliche Eingliederung behinderter und schwerbehinderter Menschen zur Verstärkung der Ausgaben der Hauptgruppen 5 bis 8.

(3) Für die Kapitel des Bundeshaushalts, auf die § 5 Abs. 2 bis 4 keine Anwendung findet, gilt:

1. Die obersten Bundesbehörden können die Deckungsfähigkeit der Ausgaben bei Titeln der Gruppen 511 bis 525, 527 und 539 innerhalb eines Kapitels anordnen, soweit die Mittel nicht übertragbar sind, die Mehrausgaben des Einzeltitels nicht mehr als 20 Prozent betragen und die Maßnahme wirtschaftlich zweckmäßig erscheint.

2. Soweit eine Deckung nach Nummer 1 nicht möglich ist, kann das Bundesministerium der Finanzen in besonders begründeten Ausnahmefällen zulassen, dass Mehrausgaben bei Titeln der Gruppen 514 und 517 bis zur Höhe

von 30 Prozent des Ansatzes durch Einsparungen anderer Ausgaben innerhalb der Hauptgruppe 5 desselben Einzelplans gedeckt werden.

3. Mehrausgaben bei dem Titel 526 01 – einschließlich der entsprechenden Titel
in den Titelgruppen – können gegen Einsparungen bei anderen Ausgaben
der Obergruppen 51 bis 54 desselben Einzelplans gedeckt werden.

(4) Das Bundesministerium der Finanzen wird ermächtigt, mit Einwilligung
des Haushaltsausschusses des Deutschen Bundestages innerhalb des Einzelplans 14 die Deckungsfähigkeit der Ausgaben bei Titeln der Gruppen 551 bis 559
der Kapitel 1407, 1409, 1412, 1416 und 1420 sowie bei Titel 514 03 im Kapitel
1407 anzuordnen, falls dies auf Grund später eingetretener Umstände wirtschaftlich zweckmäßig erscheint. Diese Regelung gilt auch für übertragbare
Ausgaben. Das Bundesministerium der Finanzen wird darüber hinaus ermächtigt, mit Einwilligung des Haushaltsausschusses des Deutschen Bundestages
innerhalb des Einzelplans 14 die Deckungsfähigkeit der Ausgaben bei einzelnen
Titeln mit Ausnahme der Titel der Gruppe 529 anzuordnen, wenn zur Verbesserung der Wirtschaftlichkeit des Betriebs der Streitkräfte unvorhergesehen und
unabweisbar Mehrausgaben geleistet werden müssen.

(5) Bei Titel 537 02 des Kapitels 6003 fließen Erstattungen der obersten Bundesbehörden für die Inanspruchnahme des Shuttle-Flugdienstes Köln/Bonn-
Berlin den Ausgaben zu. Bei den Titeln 527 01 und 453 01 der obersten Bundesbehörden fließen Erstattungen des nachgeordneten Bereichs sowie von Dritten im
Zusammenhang mit dem Shuttle-Flugdienst Köln/Bonn-Berlin den Ausgaben zu.

(6) Innerhalb eines Kapitels können Mehreinnahmen aus der Veräußerung
von Dienstkraftfahrzeugen zur Verstärkung der Ausgaben für die Ersatzbeschaffung von Dienstkraftfahrzeugen herangezogen werden. Das Nähere bestimmt das Bundesministerium der Finanzen.

(7) Das nach Artikel 1 des Straßenbaufinanzierungsgesetzes in der im Bundesgesetzblatt Teil III, Gliederungsnummer 912-3, veröffentlichten bereinigten
Fassung, das zuletzt durch Artikel 285 der Verordnung vom 31. Oktober 2006
(BGBl. I S. 2407) geändert worden ist, und nach Artikel 3 des Verkehrsfinanz-
gesetzes 1971 vom 28. Februar 1972 (BGBl. I S. 201), das zuletzt durch Artikel 1
Abs. 1 Nr. 7 der Verordnung vom 5. April 2002 (BGBl. I S. 1250) geändert
worden ist, für Zwecke des Straßenwesens gebundene Aufkommen an Mineralölsteuer ist auch für sonstige verkehrspolitische Zwecke im Bereich des Bundesministeriums für Verkehr, Bau und Stadtentwicklung zu verwenden.

§ 7
Überlassung und Veräußerung von Vermögensgegenständen

(1) Nach § 63 Abs. 3 Satz 2 der Bundeshaushaltsordnung wird zugelassen,
dass von Bundesdienststellen im Bereich der Datenverarbeitung entwickelte

Software unentgeltlich an Stellen der öffentlichen Verwaltung im Inland abgegeben wird, soweit Gegenseitigkeit besteht. Das gilt auch für von Bundesdienststellen erworbene Software. Für erworbene Lizenzen an Standard-Software ist die jeweilige Lizenzvereinbarung maßgebend.

(2) Nach § 63 Abs. 3 Satz 2 der Bundeshaushaltsordnung wird zugelassen, dass Vorschriften in elektronischer Form (z.b. über das Internet) unentgeltlich oder gegen ermäßigtes Entgelt bereitgestellt werden können.

§ 8
Bewilligung von Zuwendungen

(1) Ausgaben und Verpflichtungsermächtigungen für Zuwendungen im Sinne des § 23 der Bundeshaushaltsordnung zur Deckung der gesamten Ausgaben oder eines nicht abgegrenzten Teils der Ausgaben einer Einrichtung außerhalb der Bundesverwaltung (institutionelle Förderung) sind gesperrt, wenn der Haushalts- oder Wirtschaftsplan des Zuwendungsempfängers nicht von dem zuständigen Bundesministerium und dem Bundesministerium der Finanzen gebilligt ist.

(2) Die in Absatz 1 genannten Zuwendungen zur institutionellen Förderung dürfen nur mit der Auflage bewilligt werden, dass der Zuwendungsempfänger seine Beschäftigten nicht besser stellt als vergleichbare Arbeitnehmerinnen und Arbeitnehmer des Bundes. Entsprechendes gilt bei Zuwendungen zur Projektförderung, wenn die Gesamtausgaben des Zuwendungsempfängers überwiegend aus öffentlichen Mitteln finanziert werden. Das Bundesministerium der Finanzen kann bei Vorliegen zwingender Gründe Ausnahmen zulassen.

§ 9
Bezüge

(1) Abweichend von § 50 Abs. 3 der Bundeshaushaltsordnung können die Personalausgaben für abgeordnete Beschäftigte für die Dauer von bis zu drei Jahren von der abordnenden Verwaltung weitergezahlt werden. Weiterzahlungen über drei Jahre hinaus bedürfen, sofern sie nicht durch Haushaltsvermerk geregelt sind, der Einwilligung des Bundesministeriums der Finanzen.

(2) Innerhalb eines Kapitels dürfen Zulagen nach § 45 des Bundesbesoldungsgesetzes in der Fassung der Bekanntmachung vom 6. August 2002 (BGBl. I S. 3020), das zuletzt durch Artikel 4 Abs. 1 des Gesetzes vom 17. Dezember 2006 (BGBl. I S. 3171) geändert worden ist, für Beamtinnen und Beamte bis zur Höhe von 0,1 Prozent der veranschlagten Ausgaben der Titel 422.1 geleistet werden. Innerhalb der Kapitel 1401 und 1403 dürfen Zulagen nach § 45 des Bundesbesoldungsgesetzes für Soldatinnen und Soldaten bis zur Höhe von 0,1 Prozent der veranschlagten Ausgaben des Titels 423 01 geleistet werden.

(3) Soweit an Soldatinnen und Soldaten Leistungsprämien und -zulagen gezahlt sowie Leistungsstufen gewährt werden, sind die Titel der Gruppe 423 der Kapitel 1401 und 1403 gegenseitig deckungsfähig.

§ 10
Verbriefung von Verpflichtungen

Das zuständige Bundesministerium wird ermächtigt, die Beteiligungen, Zuschüsse und Beiträge der Bundesrepublik Deutschland zu Gunsten der in Kapitel 0902 Titel 687 84, Kapitel 1604 Titel 896 02, Kapitel 2302 Titel 836 02, 836 03, 836 04, 836 05, 836 07, 836 08 und 896 09 und in Kapitel 6002 Titel 836 22 des Bundeshaushaltsplans erwähnten internationalen Finanzinstitutionen und Fonds durch Hingabe unverzinslicher Schuldscheine zu erbringen.

§ 11
Liquiditätshilfen, Fälligkeit von Zuschüssen und Leistungen des Bundes an die Rentenversicherung

(1) Die Liquiditätshilfen an die Bundesanstalt für Arbeit nach § 364 des Dritten Buches Sozialgesetzbuch sind auf 3 000 000 000 Euro begrenzt. Der Ermächtigungsrahmen darf wiederholt in Anspruch genommen werden.

(2) Die Liquiditätshilfe an die Bundesanstalt für Finanzdienstleistungsaufsicht ist auf 10 000 000 Euro begrenzt.

(3) Die Liquiditätshilfe an die Bundesanstalt für Immobilienaufgaben ist auf 200 000 000 Euro begrenzt.

(4) Die Zuschüsse des Bundes an die allgemeine Rentenversicherung und die an die allgemeine Rentenversicherung zu entrichtenden Beträge des Bundes für Kindererziehungszeiten werden in zwölf gleichen Monatsraten gezahlt. Abweichend von Satz 1 kann im Einvernehmen mit dem Bundesministerium der Finanzen die Zahlung vorgezogen werden, soweit dies zur Stabilisierung der Finanzlage der allgemeinen Rentenversicherung erforderlich ist.

§ 12
Rückzahlung, Titelverwechslung

(1) Die Rückzahlung zu viel erhobener Einnahmen kann aus dem jeweiligen Einnahmetitel geleistet werden; soll eine Rückzahlung zu viel erhobener Einnahmen geleistet werden, ist sie bei dem betreffenden Einnahmetitel abzusetzen.

(2) Bei Unrichtigkeit einer Zahlung, bei Doppelzahlungen oder Überzahlungen darf die Rückzahlung, soweit § 5 gilt, stets von der Ausgabe abgesetzt werden, im Übrigen nur, wenn die Bücher noch nicht abgeschlossen sind. Die

Rückzahlung zu viel geleisteter Personalausgaben ist stets beim jeweiligen Ausgabetitel abzusetzen.

(3) Titelverwechslungen dürfen nur berichtigt werden, solange die Bücher noch nicht abgeschlossen sind.

Abschnitt 3

Bewirtschaftung von Planstellen und Stellen

§ 13

Verbindlichkeit des Stellenplans

(1) Die Erläuterungen zu den Titeln der Gruppe 428 sind hinsichtlich der Zahl der für die einzelnen Entgeltgruppen angegebenen Stellen verbindlich. Abweichungen bedürfen der Einwilligung des Bundesministeriums der Finanzen. Das Bundesministerium der Finanzen kann pauschale Abweichungen von der Verbindlichkeit der Erläuterungen zu den Titeln der Gruppe 428 unter der Bedingung zulassen, dass dadurch die Personalausgaben der einbezogenen Stellen um mindestens 5 Prozent gemindert werden.

(2) Die in den Erläuterungen zu den Titeln, aus denen Verwaltungskosten erstattet oder Zuwendungen im Sinne des § 23 der Bundeshaushaltsordnung zur institutionellen Förderung geleistet werden, für andere als Projektaufgaben ausgebrachten Stellen für Arbeitnehmerinnen und Arbeitnehmer sind hinsichtlich der Gesamtzahl und der Zahl der für die einzelnen Entgelt- oder Vergütungsgruppen angegebenen Stellen vorbehaltlich abweichender Regelungen in den Haushaltsvermerken zu den Stellenplänen verbindlich. Die Wertigkeit außertariflicher Stellen ist durch Angabe der entsprechenden Besoldungsgruppen zu kennzeichnen. Abweichungen von der Verbindlichkeit der Erläuterungen bedürfen der Einwilligung des Bundesministeriums der Finanzen. Für die in § 15 Abs. 2 und § 16 Abs. 1 geregelten Sachverhalte sowie für die Fälle unvorhergesehener und tarifrechtlich unabweisbarer Höhergruppierungsansprüche kann das Bundesministerium der Finanzen seine Befugnisse auf die obersten Bundesbehörden übertragen.

§ 14

Ausbringung von Planstellen und Stellen

(1) Das Bundesministerium der Finanzen wird ermächtigt, mit Einwilligung des Haushaltsausschusses des Deutschen Bundestages Planstellen für Beamtinnen und Beamte und Stellen sowie Planstellen oberhalb Besoldungsgruppe B 3 für Soldatinnen und Soldaten zusätzlich auszubringen, wenn hierfür ein unabweisbarer, auf andere Weise nicht zu befriedigender Bedarf besteht. Die neu

ausgebrachten Planstellen und Stellen sind in finanziell gleichwertigem Umfang durch den Wegfall anderer Planstellen und Stellen einzusparen. Die für den Einzelplan zuständige Stelle gibt dem Bundesrechnungshof Gelegenheit zur Stellungnahme.

(2) Das Bundesministerium der Finanzen wird ermächtigt, Planstellen und Stellen auszubringen, um Bedienstete von bundesunmittelbaren juristischen Personen des öffentlichen Rechts, Unternehmen im Sinne von § 65 der Bundeshaushaltsordnung, Sondervermögen des Bundes oder von durch den Bund institutionell geförderten Zuwendungsempfängern, für die Planstellen und Stellen im Bundeshaushalt nicht ausgebracht sind und bei denen ein Personalüberhang besteht, zu übernehmen. Die Ausbringung dieser Planstellen und Stellen setzt voraus, dass hierfür ein unabweisbarer, auf andere Weise nicht zu befriedigender Bedarf besteht, die Finanzierung der neu ausgebrachten Planstellen und Stellen auf Dauer sichergestellt ist und die Übernahme der Bediensteten zu einer Entlastung des Bundeshaushalts an anderer Stelle führt.

§ 15
Ausbringung von Ersatzplanstellen und Ersatzstellen

(1) Das Bundesministerium der Finanzen wird ermächtigt, neue Planstellen auszubringen, soweit ein unabweisbarer Bedarf besteht, einen Dienstposten wiederzubesetzen, dessen bisherige Inhaberin oder bisheriger Inhaber

1. gemäß § 14 des Deutschen Richtergesetzes in der Fassung der Bekanntmachung vom 19. April 1972 (BGBl. I S. 713), das zuletzt durch Artikel 27 des Gesetzes vom 19. April 2006 (BGBl. I S. 866) geändert worden ist, in einem Land als Richterin oder Richter kraft Auftrags verwendet werden soll,

2. mindestens sechs Monate im Rahmen der internationalen Zusammenarbeit ohne Wegfall der Dienstbezüge verwendet oder auf eine entsprechende Verwendung vorbereitet werden soll.

Die Planstellen sind befristet bis zur Rückkehr der bisherigen Inhaberin oder des bisherigen Inhabers des Dienstpostens und in der Wertigkeit der Besoldungsgruppe der Beamtin oder des Beamten auszubringen, die oder der als Ersatzkraft die Funktion wahrnehmen soll; die Wertigkeit der Planstelle der bisherigen Inhaberin oder des bisherigen Inhabers des Dienstpostens darf nicht überschritten werden. Über den weiteren Verbleib der Planstellen ist im nächsten Haushaltsplan zu entscheiden.

(2) Das Bundesministerium der Finanzen wird ermächtigt, Planstellen auszubringen, wenn Beamtinnen oder Beamten Teilzeitbeschäftigung nach § 72b des Bundesbeamtengesetzes in der Fassung der Bekanntmachung vom 31. März 1999 (BGBl. I S. 675), das zuletzt durch Artikel 2 Abs. 2 des Gesetzes vom 5. Dezember 2006 (BGBl. I S. 2748 geändert worden ist, bewilligt worden ist und

ein unabweisbarer Bedarf besteht, die Dienstposten dieser Beamtinnen oder Beamten neu zu besetzen. Für ab dem 1. Januar 2005 bewilligte Altersteilzeitbeschäftigungen dürfen neue Planstellen nur ausgebracht werden, wenn sichergestellt ist, dass, auf den Einzelplan und die Gesamtheit der ab dem 1. Januar 2005 bewilligten Altersteilzeitbeschäftigungen bezogen, die Ausgaben für die neuen Planstellen die Einsparungen auf Grund der Altersteilzeitbeschäftigungen nicht übersteigen. Die Planstellen sind in einer um mindestens zwei Stufen geringeren Wertigkeit als die Wertigkeit der Planstellen der teilzeitbeschäftigten Beamtinnen oder Beamten auszubringen. Sie sind mit dem Vermerk „kw mit Ausscheiden der Altersteilzeitbeschäftigten" zu versehen. Aus zwingenden dienstlichen Gründen kann das Bundesministerium der Finanzen bezüglich der Wertigkeit der auszubringenden Planstellen Ausnahmen zulassen.

(3) Die Absätze 1 und 2 gelten sinngemäß für Richterinnen und Richter, Soldatinnen und Soldaten sowie für Arbeitnehmerinnen und Arbeitnehmer.

(4) Das Bundesministerium der Finanzen wird ermächtigt, seine Befugnisse auf die obersten Bundesbehörden zu übertragen.

§ 16
Ausbringung von Leerstellen

(1) Eine Leerstelle der entsprechenden Besoldungsgruppe gilt von Beginn der Beurlaubung an als ausgebracht für planmäßige Beamtinnen und Beamte,

1. die nach § 72a Abs. 4 Nr. 2, § 72e Abs. 1, § 89a Abs. 2 Nr. 2 des Bundesbeamtengesetzes in der Fassung der Bekanntmachung vom 31. März 1999 (BGBl. I S. 675), das zuletzt durch Artikel 2 Abs. 2 des Gesetzes vom 5. Dezember 2006 (BGBl. I S. 2748) geändert worden ist, sowie nach § 7 des Dienstrechtlichen Begleitgesetzes vom 30. Juli 1996 (BGBl. I S. 1183), das zuletzt durch Artikel 2 des Gesetzes vom 26. Mai 2005 (BGBl. I S. 1418) geändert worden ist, ohne Dienstbezüge mindestens für ein Jahr beurlaubt werden,

2. die nach § 1 der Elternzeitverordnung in der Fassung der Bekanntmachung vom 11. November 2004 (BGBl. I S. 2841), die durch Artikel 2 Abs. 22 des Gesetzes vom 5. Dezember 2006 (BGBl I S. 2748) geändert worden ist, mindestens ein Jahr ohne Unterbrechung Elternzeit in Anspruch nehmen,

3. die im unmittelbaren Anschluss an eine Elternzeit nach Nummer 2 zum Zwecke der Fortsetzung der Kinderbetreuung ohne Dienstbezüge beurlaubt werden,

4. die nach § 24 des Gesetzes über den Auswärtigen Dienst vom 30. August 1990 (BGBl. I S. 1842), das durch Artikel 8 des Gesetzes vom 19. Juli 2006

(BGBl. I S. 1652) geändert worden ist, unter Wegfall der Besoldung für die Dauer der Tätigkeit der Ehepartnerin oder des Ehepartners an einer Auslandsvertretung beurlaubt werden.

(2) Das Bundesministerium der Finanzen wird ermächtigt, für planmäßige Beamtinnen und Beamte Leerstellen der bisherigen Besoldungsgruppen auszubringen,

1. wenn die Beamtinnen und Beamten im dienstlichen Interesse des Bundes mit Zustimmung der obersten Dienstbehörde zu einer Verwendung

   a) bei einer Fraktion oder Gruppe des Deutschen Bundestages oder eines Landtages,

   b) bei einer juristischen Person des öffentlichen Rechts,

   c) bei einer öffentlichen zwischenstaatlichen oder überstaatlichen Einrichtung,

   d) im Rahmen der entwicklungspolitischen Zusammenarbeit oder einer Tätigkeit im Rahmen der Hilfe beim Aufbau des Rechtssystems der Staaten Mittel- und Osteuropas oder der Gemeinschaft Unabhängiger Staaten, bei einer Auslandshandelskammer oder als Auslandskorrespondentin oder Auslandskorrespondent der Gesellschaft für Außenhandelsinformationen (GfAI)

   unter Wegfall der Dienstbezüge länger als ein Jahr beurlaubt oder versetzt werden und ein unabweisbarer Bedarf besteht, die Planstellen neu zu besetzen oder

2. wenn die Beamtinnen und Beamten beim Bundeskanzleramt oder Bundespräsidialamt verwendet werden.

Über den weiteren Verbleib der Leerstellen ist im nächsten Haushaltsplan zu entscheiden.

(3) Kehren mehrere Beamtinnen und Beamte gleichzeitig in den Bundesdienst zurück, kann das Bundesministerium der Finanzen Sonderregelungen zur Nachbesetzung treffen.

(4) Die Absätze 1 bis 3 gelten sinngemäß für Richterinnen und Richter, Soldatinnen und Soldaten sowie für Arbeitnehmerinnen und Arbeitnehmer.

(5) Werden planmäßige Bundesrichterinnen oder Bundesrichter an einem obersten Gerichtshof des Bundes zu Richterinnen oder Richtern des Bundesverfassungsgerichts gewählt, kann das Bundesministerium der Finanzen für diese Richterinnen oder Richter eine Leerstelle der bisherigen Besoldungsgruppe ausbringen.

(6) Das Bundesministerium der Finanzen wird ermächtigt,

1. Leerstellen, die nach Absatz 1 oder Absatz 2 Nr. 1 ausgebracht worden sind, anzupassen, wenn eine Beförderung erfolgen soll,

2. Leerstellen, die beim Bundeskanzleramt oder beim Bundespräsidialamt verwendete Bedienstete ausgebracht worden sind, anzupassen, wenn die oder der Bedienstete auf einer Planstelle oder Stelle des Bundeskanzleramts oder des Bundespräsidialamts befördert oder höhergruppiert worden ist.

(7) Das Bundesministerium der Finanzen wird ermächtigt, seine Befugnisse auf die obersten Bundesbehörden zu übertragen.

§ 17
Umwandlung von Planstellen und Stellen

Das Bundesministerium der Finanzen wird ermächtigt, Planstellen in gleichwertige Stellen und Stellen in gleichwertige Planstellen umzuwandeln, soweit dafür ein unabweisbarer Bedarf besteht.

§ 18
Sonderregelungen bei kw-Vermerken

(1) Das Bundesministerium der Finanzen wird ermächtigt zuzulassen, dass von einem kw-Vermerk mit Datumsangabe abgewichen wird, wenn die Planstelle oder Stelle weiter benötigt wird, weil sie nicht rechtzeitig frei wird; in diesem Fall fällt die nächste frei werdende Planstelle oder Stelle der betreffenden Besoldungs- oder Vergütungsgruppe weg.

(2) Das Bundesministerium der Finanzen wird ermächtigt zuzulassen, dass Planstellen und Stellen, die einen kw-Vermerk tragen, nach ihrem Freiwerden mit schwerbehinderten Menschen wiederbesetzt werden, wenn es sich um eine Neueinstellung oder eine beamtenrechtliche Anstellung handelt und eine nach §§ 71 bis 76 des Neunten Buches des Sozialgesetzbuches berechnete Beschäftigungsquote schwerbehinderter Menschen von 6 Prozent bei den Planstellen und Stellen des Einzelplans nicht erreicht ist. Mit Ausscheiden des schwerbehinderten Menschen aus der Planstelle oder Stelle fällt diese weg. Sie bleibt ausnahmsweise erhalten, wenn die Beschäftigungsquote nach Satz 1 zu diesem Zeitpunkt noch nicht erreicht ist und die Stelle wieder mit einem schwerbehinderten Menschen besetzt wird. Die vorstehende Regelung gilt nicht, wenn die Planstelle oder Stelle den Vermerk „kw mit Wegfall der Aufgabe" trägt, sowie für Ersatzplanstellen und Ersatzstellen, die nach § 15 oder auf Grund der entsprechenden Regelungen früherer Haushaltsgesetze ausgebracht wurden.

§ 19
Überhangpersonal

Freie Planstellen und Stellen sind vorrangig mit Bediensteten zu besetzen, die bei anderen Behörden der Bundesverwaltung wegen Aufgabenrückgangs oder wegen Auflösung der Behörde nicht mehr benötigt werden.

§ 20
Stelleneinsparung

(1) Im Haushaltsjahr 2008 sind bei der Bundesverwaltung 0,9 Prozent der im Bundeshaushaltsplan ausgebrachten Planstellen für Beamtinnen und Beamte und Stellen für Arbeitnehmerinnen und Arbeitnehmer kegelgerecht einzusparen.

(2) Ausgenommen von der Einsparung sind die Organe der Rechtspflege, die Planstellen der Polizeivollzugsbeamtinnen und -beamten bei der Bundespolizei, beim Bundeskriminalamt und beim Deutschen Bundestag, die Planstellen im Grenzzolldienst, im Zollfahndungsdienst, beim Zollkriminalamt, bei den Mobilen Kontrollgruppen und bei der Finanzkontrolle Schwarzarbeit der Zollverwaltung sowie die Planstellen und Stellen in den Vertretungen des Bundes im Ausland. Die Planstellen und Stellen dieser Bereiche sind bei den Berechnungen nach den Absätzen 1 und 3 nicht zu berücksichtigen.

(3) Die auf die Einzelpläne nach Absatz 1 entfallenden Einsparungen sind auf die einzelnen Laufbahngruppen und die diesen vergleichbaren Entgeltgruppen entsprechend dem Anteil dieser Laufbahngruppen und Entgeltgruppen an der Gesamtzahl der Planstellen und Stellen des Einzelplans aufzuteilen. Das Verhältnis der Wertigkeiten der eingesparten Planstellen und Stellen innerhalb der Laufbahngruppen soll sich am Verhältnis der Wertigkeiten der Planstellen und Stellen des Haushaltsplans 2008 orientieren. Dabei sind die obersten Bundesbehörden und die nachgeordnete Bundesverwaltung innerhalb des Einzelplans jeweils gesondert zu berücksichtigen.

(4) Das Bundesministerium der Finanzen wird ermächtigt, in sachlich begründeten Fällen

1. eine nicht kegelgerechte Stelleneinsparung zuzulassen,

2. eigene Einsparkonzepte der Ressorts anzuerkennen,

3. Ausnahmen von der Trennung zwischen oberster Bundesbehörde und nachgeordnetem Bereich zuzulassen,

soweit ein finanzieller Ausgleich durch den Wegfall anderer Planstellen oder Stellen sichergestellt ist.

(5) Die Einsparungen müssen spätestens bis zum 31. Dezember 2008 erbracht sein. Die betroffenen Planstellen und Stellen fallen an diesem Tage weg.

(6) Soweit die Einsparung nach den entsprechenden Regelungen früherer Haushaltsgesetze bis zum Haushaltsjahr 2007 mangels freier Planstellen oder Stellen nicht möglich war, ist sie im Haushaltsjahr 2008 nachzuholen.

(7) Das Nähere bestimmt das Bundesministerium der Finanzen.

Abschnitt 4

Übergangs- und Schlussvorschriften

§ 21

Stelleneinsparung auf Grund der Verlängerung der Wochenarbeitszeit für Beamtinnen und Beamte

(1) Im Haushaltsjahr 2008 sind im Bundeshaushaltsplan ausgebrachte Planstellen für Beamtinnen und Beamte in dem finanziellen Umfang einzusparen, der sich ergäbe, wenn 0,4 Prozent dieser Planstellen kegelgerecht eingespart würden. Die Einsparung kann auch bei den Stellen für Arbeitnehmerinnen und Arbeitnehmer erbracht werden.

(2) Ausgenommen von der Einsparung sind die obersten Bundesbehörden und die in § 20 Abs. 2 Satz 1 genannten Bereiche. Die Planstellen dieser Bereiche sind bei der Berechnung nach Absatz 1 nicht zu berücksichtigen.

(3) Das Bundesministerium der Finanzen wird ermächtigt, finanziell gleichwertige eigene Stelleneinsparkonzepte der Ressorts anzuerkennen.

(4) § 20 Abs. 5 und 7 gilt entsprechend.

§ 22

Begleitregelungen zum Regierungsumzug

(1) Das Bundesministerium der Finanzen wird ermächtigt, Regelungen zur Wiederbesetzung freier und frei werdender Planstellen und Stellen zu treffen, soweit dies erforderlich ist, um die Verlagerung des Parlamentssitzes und von Regierungsfunktionen nach Berlin einschließlich der Ausgleichsmaßnahmen durch Behördenverlagerungen nach Bonn nach dem Berlin/Bonn-Gesetz vom 26. April 1994 (BGBl. 1 S. 918), geändert durch Artikel 1 der Verordnung vom 21. September 1997 (BGBl. I S. 2390, 2756), auf der Grundlage der personalwirtschaftlichen Gesamtkonzeption zügig und wirtschaftlich umzusetzen.

(2) § 2 Abs. 2 Buchstabe b Nr. 4 Satz 1 des Dienstrechtlichen Begleitgesetzes vom 30. Juli 1996 (BGBl. I S. 1183), das durch Artikel 2 des Gesetzes vom 26. Mai 2005 (BGBl. I S. 1418) geändert worden ist, ist mit der Maßgabe anzuwenden, dass die Möglichkeit einer unentgeltlichen Bahnreise der unentgeltlichen Mitflugmöglichkeit gleichsteht.

§ 23

Fortgeltung

§ 2 Abs. 2 Satz 3 bis 5, Abs. 4, 5 und 8 sowie die §§ 3 bis 22 gelten bis zum Tage der Verkündung des Haushaltsgesetzes des folgenden Haushaltsjahres weiter.

§ 24
Inkrafttreten

Dieses Gesetz tritt am 1. Januar 2008 in Kraft.

Die verfassungsmäßigen Rechte des Bundesrates sind gewahrt.
Das vorstehende Gesetz wird hiermit ausgefertigt. Es ist im Bundesgesetzblatt
zu verkünden.

Berlin, den 22. Dezember 2007

Der Bundespräsident
Horst Köhler

Die Bundeskanzlerin
Dr. Angela Merkel

Der Bundesminister der Finanzen
Peer Steinbrück

Gesamtplan
des Bundeshaushaltsplans
2008

Teil I: **Haushaltsübersicht**
- Einnahmen
- Ausgaben
- Verpflichtungsermächtungen und deren Fälligkeiten
- Flexibilisierte Ausgaben nach § 5 HG

Teil II: **Finanzierungsübersicht**

Teil III: **Kreditfinanzierungsplan**

Einnahmen   **Gesamtplan – Teil I: Haushaltsübersicht**

		Summe
Epl.	B e z e i c h n u n g	**2008**
		1 000 €
1	2	3
01	Bundespräsident und Bundespräsidialamt	**94**
02	Deutscher Bundestag	**1 496**
03	Bundesrat	**86**
04	Bundeskanzler und Bundeskanzleramt	**3 151**
05	Auswärtiges Amt	**122 924**
06	Bundesministerium des Innern	**362 539**
07	Bundesministerium der Justiz	**345 892**
08	Bundesministerium der Finanzen	**931 824**
09	Bundesministerium für Wirtschaft und Technologie	**168 679**
10	Bundesministerium für Ernährung, Landwirtschaft und Verbraucherschutz	**75 091**
11	Bundesministerium für Arbeit und Soziales	**6 715 247**
12	Bundesministerium für Verkehr, Bau und Stadtentwicklung ..	**4 969 739**
14	Bundesministerium der Verteidigung	**337 508**
15	Bundesministerium für Gesundheit	**59 043**
16	Bundesministerium für Umwelt, Naturschutz und Reaktorsicherheit	**115 363**
17	Bundesministerium für Familie, Senioren, Frauen und Jugend	**62 916**
19	Bundesverfassungsgericht	**34**
20	Bundesrechnungshof	**376**
23	Bundesministerium für wirtschaftliche Zusammenarbeit und Entwicklung	**694 197**
30	Bundesministerium für Bildung und Forschung	**226 445**
32	Bundesschuld	**13 215 140**
60	Allgemeine Finanzverwaltung	**254 792 216**
	Summe Haushalt 2008	**283 200 000**
	Summe Haushalt 2007	
	gegenüber 2007 -mehr(+)/weniger(-)	

Zu Spalte 3: Darin enthalten sind Steuereinnahmen in Höhe von 237 954 900 T€, Einnahmen aus Krediten in Höhe von 11 900 000 T€ sowie sonstige Einnahmen in Höhe von 33 345 100 T€.

Gesamtplan – Teil I: Haushaltsübersicht   Einnahmen

Einnahmen 2007 1000 €	gegenüber 2007 mehr (+) weniger (–)	Steuern und steuerähnliche Abgaben 2008 1000 €	Verwaltungseinnahmen 2008 1000 €	Übrige Einnahmen 2008 1000 €	Epl.
4	5	6	7	8	9
164	– 70	–	4	90	01
1 650	– 154	–	1 496	–	02
56	+ 30	–	86	–	03
2 963	+ 188	–	3 065	86	04
114 167	+ 8 757	–	122 524	400	05
408 335	– 45 796	–	356 896	5 643	06
329 563	+ 16 329	–	345 472	420	07
787 851	+ 143 973	–	873 994	57 830	08
272 224	– 103 545	–	158 984	9 695	09
132 954	– 57 863	–	39 916	35 175	10
5 776 319	+ 938 928	–	38 382	6 676 865	11
4 901 806	+ 67 933	–	3 945 837	1 023 902	12
176 290	+ 161 218	–	275 720	61 788	14
58 099	+ 944	–	59 043	–	15
78 236	+ 37 127	–	33 952	81 411	16
63 103	– 187	–	7 846	55 070	17
34	–	–	34	–	19
376	–	–	376	–	20
713 515	+ 19 318	–	9 014	85 183	23
252 461	– 26 016	–	35 270	191 175	30
15 939 194	– 2 724 054	–	570 100	12 645 040	32
242 260 640	+ 12 531 576	238 203 900	14 433 720	2 154 596	60
272 270 000	**+ 10 930 000**	**238 203 900**	**21 311 731**	**23 684 369**	
		231 929 000	**14 838 925**	**25 502 075**	
		6 274 000	**6 472 806**	**– 1 817 706**	

Ausgaben   Gesamtplan – Teil I: Haushaltsübersicht

Epl.	Bezeichnung	Personal-ausgaben	Sächliche Verwaltungs-ausgaben	Militärische Beschaffungen, Anlagen usw,	Schulden-dienst
		2008	2008	2008	2008
		1000 €	1000 €	1000 €	1000 €
1	2	3	4	5	6
01	Bundespräsident und Bundes-präsidialamt	13 916	6 705	–	–
02	Deutscher Bundestag	424 297	101 508	–	–
03	Bundesrat	13 040	8 173	–	–
04	Bundeskanzler und Bundes-kanzleramt	229 116	525 060	–	–
05	Auswärtiges Amt	745 757	184 483	–	–
06	Bundesministerium des Innern ..	2 506 054	816 342	––	–
07	Bundesministerium der Justiz ...	325 270	84 029	–	–
08	Bundesministerium der Finanzen	2 399 775	580 631	–	–
09	Bundesministerium für Wirtschaft und Technologie	518 535	201 725	–	–
10	Bundesministerium für Ernährung, Landwirtschaft und Verbraucherschutz	288 264	100 831	–	–
11	Bundesministerium für Arbeit und Soziales	156 966	70 201	–	–
12	Bundesministerium für Verkehr, Bau und Stadtentwicklung	1 337 432	2 051 802	–	–
14	Bundesministerium der Verteidigung	15 661 736	3 230 665	9 531 371	–
15	Bundesministerium für Gesundheit	166 401	107 020	–	–
16	Bundesministerium für Umwelt, Naturschutz und Reaktorsicherheit	173 671	147 467	–	–
17	Bundesministerium für Familie, Senioren, Frauen und Jugend ...	585 222	33 111	–	–
19	Bundesverfassungsgericht	18 426	2 102	–	–
20	Bundesrechnungshof	98 699	11 086	–	–
23	Bundesministerium für wirtschaft-liche Zusammenarbeit und Entwicklung	52 049	15 819	–	–
30	Bundesministerium für Bildung und Forschung	73 978	35 556	–	–
32	Bundesschuld	–	68 500	–	41 818 153
60	Allgemeine Finanzverwaltung ..	944 680	249 277	50 000	–
	Summe Haushalt 2008	**26 762 274**	**8 632 093**	**9 581 371**	**41 818 153**
	Summe Haushalt 2007	**26 203 838**	**8 258 869**	**8 654 498**	**39 178 383**
	gegenüber 2003 -mehr(+)/ weniger(-)	**558 436**	**373 224**	**926 873**	**2 639 770**

Gesamtplan – Teil I: Haushaltsübersicht   Ausgaben

Zuweisungen und Zuschüsse (ohne Investitionen) 2008 1000 €	Ausgaben für Investitionen 2008 1000 €	Besondere Finanzierungs– ausgaben 2008 1000 €	Summe Ausgaben		gegenüber 2007 mehr (+) weniger (–)	Epl.
			2008 1000 €	2007 1000 €		
7	8	9	10	11	12	13
3 398	861	–	**24 880**	25 072	– 192	01
80 804	25 895	–	**632 504**	631 501	+ 1 003	02
183	301	–	**21 697**	21 023	+ 674	03
773 610	230 421	- 8 801	**1 749 406**	2 133 933	– 384 527	04
1 794 530	134 156	–	**2 858 926**	2 510 897	+ 348 029	05
1 036 476	706 883	–	**5 065 755**	4 484 443	+ 581 312	06
17 180	13 014	–	**468 493**	453 107	+ 15 386	07
1 261 972	405 673	–	**4 648 051**	4 598 998	+ 49 053	08
4 005 471	1 541 153	-75 000	**6 191 874**	6 036 386	+ 155 488	09
4 343 389	547 823	–	**5 280 307**	5 171 544	+ 108 763	10
123 789 675	24 199	–	**124 041 041**	124 310 713	– 269 672	11
7 823 319	13 178 021	–	**24 390 574**	24 606 669	– 216 095	12
864 203	162 491	–	**29 450 486**	28 389 862	+ 1 060 604	14
2 599 257	25 924	–	**2 898 602**	2 920 437	– 21 8335	15
276 464	249 364	–	**846 966**	844 025	+ 2 941	16
5 573 999	17 201	–	**6 209 533**	7 400 018	– 1 190 485	17
–	1 058	–	**21 586**	20 370	+ 1 216	19
288	1 151	–	**111 224**	109 265	+ 1 959	20
1 092 666	3 894 056	80 000	**5 134 590**	4 493 559	+ 641 031	23
7 528 611	1 852 491	-140 000	**9 350 636**	8 518 605	+ 832 031	30
–	1 050 000	–	**42 936 653**	40 396 383	+ 2 540 270	32
8 849 980	596 361	175 938	**10 866 236**	4 193 190	+ 6 673 046	60
171 715 475	**24 658 497**	**32 137**	**283 200 000**	**272 270 000**	**+ 10 930 000**	
163 964 294	**26 505 507**	**-496 389**				
7 751 181	**- 1 848 010**	**528 526**				

Gesamtplan – Teil I:
Verpflichtungsermächtigungen und deren Fälligkeiten

Epl.	Bezeichnung 1000 €	Verpflich- tungs- ermächti- gung 2008 1000 €	von dem Gesamtbetrag (Sp. 3) dürfen fällig werden				In künftigen Haushalts- jahren
			2009 1000 €	2010 1000€	2011 1000€	Folge- jahre 1000 €	Folge- jahre 1000 €
1	2	3	4	5	6	7	8
02	Deutscher Bundestag	48 294	22 594	18 193	2 760	2 747	–
04	Bundeskanzlerin und Bundeskanzleramt	283 231	108 712	72 620	30 056	71 300	543
05	Auswärtiges Amt	435 449	140 971	92 009	60 369	102 500	39 600
06	Bundesministerium des Innern	2 230 060	563 011	446 039	343 458	421 570	455 982
07	Bundesministerium der Justiz	500	250	250	–	–	–
08	Bundesministerium der Finanzen	906 229	188 448	231 876	206 135	247 490	32 280
09	Bundesministerium für Wirtschaft und Technologie	2 439 659	715 448	719 211	640 640	277 360	87 000
10	Bundesministerium für Ernährung, ... Landwirtschaft und Verbraucherschutz	743 000	324 536	237 164	116 300	65 000	–
11	Bundesministerium für Arbeit und Soziales	5 272 077	2 741 559	1 703 109	512 409	315 000	–
12	Bundesministerium für Verkehr, Bau und Stadtentwicklung	51 343 978	3 893 983	2 469 115	1 766 579	2 453 531	40 760 770
14	Bundesministerium der Verteidigung .	10 100 432	1 159 348	1 094 265	758 565	3 652 010	3 436 244
15	Bundesministerium für Gesundheit ..	135 125	65 800	46 475	21 900	–	950
16	Bundesministerium für Umwelt, Naturschutz und Reaktorsicherheit ..	699 179	410 389	186 569	79 871	22 350	–
17	Bundesministehum für Familie, Senioren, Frauen und Jugend	187 204	91 043	55 664	29 397	11 100	–
19	Bundesverfassungsgericht	200	200	–	–	–	–
20	Bundesrechnungshof	993	843	75	75	–	–
23	Bundesministehum für wirtschaftliche Zusammenarbeit und Entwicklung ...	5 663 883	354 108	263 558	165 550	2 300	4 878 367
30	Bundesministerium für Bildung und Forschung	5 278 285	1 371 061	1 345 100	1 263 800	1 298 324	–
60	Allgemeine Finanzverwaltung	63 000	61 500	1 500	–	–	–
	Summe	**85 828 778**	**12 213 804**	**8 962 792**	**5 997 864**	**8 942 582**	**49 691 736**

Gesamtplan – Teil I:
Flexibilisierte Ausgaben nach § 5 HG

Epl.	Bezeichnung	Kapitel	Summe		gegenüber 2007 mehr (+) weniger (–)
			2008 1000 €	2007 1000 €	1000 €
1	2	3	4	5	8
01	Bundespräsident und Bundespräsidialamt	01, 03, 04	16 776	17 055	- 279
02	Deutscher Bundestag	01, 03	232 230	234 897	- 2 667
03	Bundesrat	01	16 433	16 082	+ 351
04	Bundeskanzler und Bundeskanzleramt	01, 02, 03, 05, 06, 07, 08, 09	230 744	248 247	- 17 503
05	Auswärtiges Amt	01, 03, 11	873 024	830 673	+ 42 351
06	Bundesministerium des Innern	01, 07, 08, 10, 11, 12, 15, 16, 17, 18, 23, 25, 26, 28, 29, 33, 35	3 038 020	2 938 266	+ 99 754
07	Bundesministerium der Justiz	01, 02, 03, 04, 05, 06, 07, 08, 10	338 093	321 028	+ 17 065
08	Bundesministerium der Finanzen	01, 03, 04, 05, 12	2 107 551	2 050 956	+ 56 595
09	Bundesministerium für Wirtschaft und Technologie	01, 03, 04, 06, 07, 08, 09, 10	595 063	560 833	+ 34 230
10	Bundesministerium für Ernährung, Landwirtschaft und Verbraucherschutz	01, 08, 09, 13, 14, 15, 16	378 133	349 373	+ 28 760
11	Bundesministerum für Arbeit und Soziales	01, 04, 05, 06, 07	163 929	162 847	+ 1 082
12	Bundesministerium für Verkehr, Bau und Stadtentwicklung	01, 03, 05, 08, 11, 12, 13, 14, 16, 21, 27, 28	875 253	848 676	+ 26 577
14	Bundesministerium der Verteidigung	01, 03, 04, 07, 09	5 518 829	5 644 938	- 126 109
15	Bundesministerium für Gesundheit	01, 04, 05, 06, 10, 11	225 975	218 231	+ 7 744
16	Bundesministerium für Umwelt, Naturschutz und Reaktorsicherheit	01, 05, 06, 07	213 726	202 221	+ 11 505
17	Bundesministerium für Familie, Senioren, Frauen und Jugend	01, 03, 04, 06	101 214	99 866	+ 1 348
19	Bundesverfassungsgericht	01	16 959	15 938	+ 1 021
20	Bundesrechnungshof	01, 03	84 819	84 972	- 153
23	Bundesministerium für wirtschaftliche Zusammenarbeit und Entwicklung	01	47 124	46 410	+ 714
30	Bundesministerium für Bildung und Forschung	01, 02	94 174	91 110	+ 3 064
	Summe		**15 168 069**	**14 982 619**	**+ 185 450**

Gesamtplan – Teil II: Finanzierungsübersicht

	Finanzierungsübersicht	Betrag für 2008	Betrag für 2007
		1000 €	
1	2	3	4
1.	**Ermittlung des Finanzierungssaldos**	**- 12 149 000**	**- 14 663 000**
1.1	Ausgaben .... (ohne Ausgaben zur Schuldentilgung am Kreditmarkt, Zuführungen an Rücklagen und Ausgaben zur Deckung eines kassenmäßigen Fehlbetrages)	283 200 000	272 270 000
1.2	Einnahmen .... (ohne Einnahmen aus Krediten vom Kreditmarkt, Einnahmen aus Rücklagen, Einnahmen aus kassenmäßigen Überschüssen und Münzeinnahmen)	271 051 000	257 607 000
2.	**Deckung des Finanzierungssaldos**	**12 149 000**	**14 663 000**
2.1	Nettoneuverschuldung/Nettotilgung am Kreditmarkt .... (Saldo aus 2.1.1, 2.1.2, 2.1.3 und 2.1.4)	11 900 000	14 433 000
2.1.1	Einnahmen	(233 323 714)	(228 050 748)
2.1.1.1	aus Krediten vom Kapitalmarkt	233 189 664	227 211 415
2.1.1.2	zur Schuldentilgung	134 050	839 333
2.1.2	Ausgaben zur Schuldentilgung .... Ab 1999 ist auch der Schuldendienst für die Schulden der Sondervermögen Erblastentilgungsfonds, Bundeseisenbahnvermögen sowie Ausgleichsfonds zur Sicherung des Steinkohleneinsatzes berücksichtigt, ab 2005 auch der Schuldendienst für die Schulden des Sondervermögens Fonds Deutsche Einheit.	(221 568 499)	(216 091 030)
2.1.2.1	durch Kredite vom Kreditmarkt	221 434 449	215 251 697
2.1.2.2	durch sonstige Einnahmen	134 050	839 333
2.1.3	Ausgaben zur Deckung kassenmäßiger Fehlbeträge	–	–
2.1.4	Marktpflege	- 144 785	- 2 473 283
2.2	Einnahmen aus kassenmäßigen Überschüssen	–	–
2.3	Rücklagenbewegung	(–)	(–)
2.3.1	Entnahmen aus Rücklagen	–	–
2.3.2	Zuführung an Rücklagen	–	–
2.4	Münzeinnahmen	249 000	230 000

Gesamtplan – Teil III: Kreditfinanzierungsplan

Kreditfinanzierungsplan	Betrag für 2008	Betrag für 2007
	1000 €	
1	2	3	4

	Im Haushaltsplan veranschlagte Nettoneu-verschuldung (Saldo aus 1. und 2.)	**11 900**	**14 433 000**
1.	**Einnahmen**	**233 323 714**	**228 050 748**
1.1	**Bruttokreditaufnahme**	**(233 189 664)**	**(227 211 415)**
1.1.1	aus Krediten vom Kreditmarkt:		
1.1.1.1	zur Anschlussfinanzierung für Tilgungen ..	221 434 449	215 251 697
1.1.1.2	zur Eigenbestandsveränderung (- = Abbau)	- 144 785	- 2 473 283
1.1.1.3	Nettokreditaufnahme	11 900 000	14 433 000
1.1.2	voraussichtlich mit folgenden Laufzeiten:		
1.1.2.1	mehr als vier Jahre	95 523 330	97 271 889
1.1.2.2	ein bis vier Jahre	61 600 000	58 435 734
1.1.2.3	weniger als ein Jahr	76 066 334	71 503 792
1.2	**Sonstige Einnahmen zur Schuldentilgung** .	**(134 050)**	**(839 333)**
1.2.1	aus Einnahmen bei Kap. 6002 Tit. 133 01 gem. Ermächtigung nach § 2 Abs. 2 Satz 3 HG 2008	–	–
1.2.2	aus Mehreinnahmen am Anteil des Bundes am Reingewinn der Deutschen Bundesbank bei Kap. 6002 Tit. 121 04 gem. § 2 Abs. 2 Satz 4 HG 2008	–	705 283
1.2.3	aus Länderbeiträgen in Höhe von 134 Mio. € nach dem Gesetz zur Regelung der Altschulden für gesellschaftliche Ein-richtungen (ARG): Veranschlagung im Wirtschaftsplan des ELF (Kap. 6003)	134 050	134 050
2.	**Ausgaben**	**221 423 714**	**213 617 748**
2. 1	**Ausgaben zur Schuldentilgung am Kreditmarkt**	221 568 499	(216 091 030)
2.1.1	Tilgung von Schulden mit Laufzeiten von mehr als vier Jahren	(85 917 030)	(83 537 405)
2.1.1.1	Schuldbuchforderungen der Träger der Sozialversicherung	–	–
2.1.1.2	Anleihen	38 250 000	31 000 000
2.1.1.3	Bundesschatzbriefe	2 699 271	2548 709
2.1.1.4	Schuldscheindarlehen	2 813 046	11 987 352
2.1.1.5	Bundesobligationen	42 000 000	38 000 000
2.1.1.6	Bereinigte Auslandschulden (Londoner Schuldenabkommen)	1 420	1 434
2.1.1.7	Medium-Term-Note Programm der Treuhandanstalt	153 388	–

Kreditfinanzierungsplan		Betrag für 2008	Betrag für 2007
		1000 €	
1	2	3	4
2.1.1.8	Sonstige	- 94	- 90
2.1.2	Tilgung von Schulden mit Laufzeiten von einem bis zu vier Jahren	(61 340 819)	(61 052 362)
2.1.2.1	Bundesschatzanweisungen	59 000 000	58 000 000
2.1.2.2	Unverzinsliche Schatzanweisungen	–	211 000
2.1.2.3	Finanzierungsschätze des Bundes	2 314 369	2 788 962
2.1.2.4	Schuldscheindarlehen	26 450	74 400
2.1.2.5	Wertpapierpensionsgeschäfte (Repo-Geschäfte)	–	–
2.1.3	Tilgung von Schulden mit Laufzeiten von weniger als einem Jahr	74 310 649	71 501 263
2.1.4	Deckung kassenmäßiger Fehlbeträge	–	–
2.	**Eigenbestandsveränderung (- = Abbau)** ..	**- 144 785**	**- 2 743 283**

Auszug aus dem Bundeshaltsplan: 2004

Hochschulen, Wissenschaft und Ausbildungsförderung 2004

Titel Funktion	Z w e c k b e s t i m m u n g	Soll 2004 1 000 €	Soll 2003 1 000 €	Ist 2002 1 000 €
681 02 - 143	Maßnahmen der beruflichen Eingliederung und wirtschaftlichen Sicherung bestimmter Personengruppen mit Hochschulabschluss	5 700	5 685	5 615

Verpflichtungsermächtigung . . . . . . 4 000 T€

davon fällig:

im Haushaltsjahr 2005 bis zu . . . . . . 1500 T€

im Haushaltsjahr 2006 bis zu . . . . . . 1 500 T€

im Haushaltsjahr 2007 bis zu . . . . . . 1 000 T€

Haushaltsvermerk

**Mehrausgaben dürfen bis zur Höhe der
zweckgebundenen Mehreinnahmen bei
folgendem Titel geleistet werden:
Kap. 0902 Tit. 272 02.**

**Dies gilt auch für zu erwartende Einnahmen
aus bestehenden Ansprüchen. Falls Ausgaben
aufgrund zu erwartender Einnahmen geleistet
wurden und diese Einnahmen im laufenden
Haushaltsjahr nicht eingehen, dürfen diese
Einnahmen, soweit sie in den folgenden
Haushaltsjahren eingehen, nicht mehr zur
Leistung von Ausgaben verwendet werden.**

Erläuterungen

Bezeichnung	1 000 €
1. Programmkosten (einschl. Beratung und Betreuung, Tagungen, Seminare, Nachkontaktveranstaltungen, Ent- wicklung und Erprobung von Einglie- derungskursen)	4 986
2. Programmkosten des DAAD zur Förderung in Not geratener Wissen- schaftlerinnen und Wissenschaftler, die im Ausland tätig waren (Abwicklung der Altfälle)	34
3. Verwaltungs- einschließlich Beratungskosten der Otto-Benecke-Stiftung e. V	680
Zusammen	5700

Zu 1.
Mit den Ausgaben werden deutsche Spätaussied-
lerinnen und Spätaussiedler, Kontingentflüchtlinge

Titel Funktion	Z w e c k b e s t i m m u n g	Soll 2004 1 000 €	Soll 2003 1 000 €	Ist 2002 1 000 €

sowie Ausländerinnen und Ausländer, die als
Asylberechtigte nach dem Asylverfahrensgesetz
anerkannt sind, aufgrund besonderer Richtlinien
gefördert, soweit diese Personengruppen über
einen Hochschulabschluss verfügen und das
30. Lebensjahr vollendet haben. Die Förderung
dient dazu, ein außerhalb der Bundesrepublik
Deutschland abgeschlossenes Hochschulstudium
beruflich verwerten zu können
(Akademikerprogramm).

Zu 2.
Deutsche Wissenschaftlerinnen und Wissenschaftler,
die langjährig im deutschen Interesse außerhalb
der Bundesrepublik in Lehre oder Forschung tätig
waren, erhalten, sofern sie sich in einer von ihnen
nicht zu vertretenden wirtschaftlichen Notlage
befinden, aus den hier veranschlagten Ausgaben
eine Unterstützung. Sie wird nach den Richtlinien
des Bundesministers für Bildung und Wissenschaft
vom 24. Juli 1964 gewährt. Die Restabwicklung des
Programms wird vom Deutschen Akademischen
Austauschdienst (DAAD) durchgeführt.

681 03 - 143	Studenten- und Wissenschafteraustausch sowie internationale Kooperation in Lehre und Forschung	75 100	60 643	61 826

Verpflichtungsermächtigung . . . . . 63 000 T€

davon fällig:
im Haushaltsjahr 2005 bis zu . . . . . 18 000 T€
im Haushaltsjahr 2006 bis zu . . . . . 15 000 T€
im Haushaltsjahr 2007 bis zu . . . . . 15 000 T€
im Haushaltsjahr 2008 bis zu . . . . . 15 000 T€

Haushaltsvermerk
1. Die Ausgaben sind übertragbar.
2. Die Ausgaben sind in Höhe von **1.000 T€**
mit folgendem Titel gegenseitig deckungsfähig: 685 03.

Gesetz
über die Feststellung eines Nachtrags zum Bundeshaushaltsplan für das Haushaltsjahr 2007 (Nachtragshaushaltsgesetz 2007)

Vom 22. Dezmber 2007 (BGBl. I S. 3216)

Der Bundestag hat das folgende Gesetz beschlossen:

Artikel 1

Das Haushaltsgesetz 2007 vom 21. Dezember 2007 (BGBl. I S. 3346) wird wie folgt geändert:

1. In § 1 wird die Zahl „270 500 000 000" durch die Zahl „272 270 000 000" ersetzt.

2. In § 2 Abs. 1 wird die Zahl „19 580 000 000" durch die Zahl „14 433 000 000" ersetzt.

Artikel 2

Der Bundeshaushaltsplan 2007 wird nach Maßgabe des diesem Gesetz als Anlage beigefügten Nachtrags geändert.

Artikel 3

Dieses Gesetz tritt mit Wirkung vom 1. Januar 2007 in Kraft.

Die verfassungsmäßigen Rechte des Bundesrates sind gewahrt.

Das vorstehende Gesetz wird hiermit ausgefertigt. Es ist im Bundesgesetzblatt zu verkünden.

Berlin, den 22. Dezember 2008

Der Bundespräsident
Horst Köhler

Die Bundeskanzlerin
Dr. Angela Merkel

Der Bundesminister der Finanzen
Peer Steinbrück

Nachtrag
Gesamtplan
des Bundeshaushaltsplans
2007

Teil I: **Haushaltsübersicht**
- Einnahmen
- Ausgaben
- Verpflichtungsermächtungen und deren Fälligkeiten
- Flexibilisierte Ausgaben nach § 5 HG (unverändert)

Teil II: **Finanzierungsübersicht**

Teil III: **Kreditfinanzierungsplan**

Einnahmen   **Nachtrag zum Gesamtplan – Teil I: Haushaltsübersicht**

Epl.	Bezeichnung	Bisherige Gesamt- einnahmen 2007 1 000 €
1	2	3
	Es treten hinzu:	
01	Bundespräsident und Bundespräsidialamt	164
02	Deutscher Bundestag	1 650
03	Bundesrat	56
04	Bundeskanzler und Bundeskanzleramt	2 963
05	Auswärtiges Amt	114 167
06	Bundesministerium des Innern	408 335
07	Bundesministerium der Justiz	329 563
08	Bundesministerium der Finanzen	787 851
09	Bundesministerium für Wirtschaft und Technologie	272 224
10	Bundesministerium für Landwirtschaft, Ernährung und Verbraucherschutz	132 954
11	Bundesministerium für Arbeit und Soziales	5 776 319
12	Bundesministerium für Verkehr, Bau und Stadtentwicklung ..	4 901 806
14	Bundesministerium der Verteidigung	176 290
15	Bundesministerium für Gesundheit	58 099
16	Bundesministerium für Umwelt, Naturschutz und Reaktorsicherheit	78 236
17	Bundesministerium für Familie, Senioren, Frauen und Jugend	63 103
19	Bundesverfassungsgericht	34
20	Bundesrechnungshof	376
23	Bundesministerium für wirtschaftliche Zusammenarbeit und Entwicklung	713 515
30	Bundesministerium für Bildung und Forschung	252 461
32	Bundesschuld	20 656 194
60	Allgemeine Finanzverwaltung	235 773 640
	Summe Nachtrag 2007	**270 500 000**
	Bisherige Summe Haushalt 2007	
	Neue Summe Haushalt 2007	
	Summe Haushalt 2006	
	gegenüber 2006 mehr(+)/weniger(-)	

Zu Spalte 4: Darin enthalten sind Steuereinnahmen in Höhe von 231 699 000 T€, Einnahmen aus
Krediten in Höhe von 14 433 000 T€ sowie sonstige Einnahmen in Höhe von 26 138 000 T€.

Nachtrag zum Gesamtplan – Teil I: Haushaltsübersicht   Einnahmen

Neue Gesamteinnahmen 2007 1000 €	Gesamteinnahmen 2006 1000 €	gegenüber 2006 mehr (+) weniger (–) 1000 €	Steuern und steuerähnliche Abgaben 2007 1000 €	Verwaltungseinnahmen 2007 1000 €	Übrige Einnahmen 2007 1000 €	Epl.
4	5	6	7	8	9	10
164	134	+ 30	–	–	–	01
1 650	1 800	– 150	–	–	–	02
56	44	+ 12	–	–	–	03
2 963	3 000	– 37	–	–	–	04
114 167	104 234	+ 9 933	–	–	–	05
408 335	384 052	+ 24 283	–	–	–	06
329 563	328 685	+ 878	–	–	–	07
787 851	848 920	– 61 069	–	–	–	08
272 224	270 082	+ 2 142	–	–	–	09
132 954	135 075	– 2 121	–	–	–	10
5 776 319	5 782 298	– 5 979	–	–	–	11
4 901 806	4 751 874	+ 149 932	–	–	–	12
176 290	322 310	– 146 020	–	–	–	14
58 099	60 866	– 2 767	–	–	–	15
78 236	76 523	+ 1 713	–	–	–	16
63 103	64 452	– 1 349	–	–	–	17
34	38	– 4	–	–	–	19
376	374	+ 2	–	–	–	20
713 515	657 415	+ 56 100	–	–	–	23
252 461	261 986	– 9 525	–	–	–	30
15 939 194	41 623 801	– 25 684 607	–	–	- 4 717 000	32
242 260 640	205 922 037	+ 36 338 603	-11 169 000	4 700 000		
272 270 000	261 600 000	+ 10 670 000	-11 169 000	4 700 000	- 4 717 000	
			220 760 000	19 538 925	30 201 075	
			231 929 000	114 838 925	25 502 075	
			194 185 000	16 183 391	51 231 609	
			37 744 000	-1 344 466	-25 729 534	

Ausgaben   Nachtrag zum Gesamtplan – Teil I: Haushaltsübersicht

Epl.	Bezeichnung	Personal-ausgaben	Sächliche Verwaltungs-ausgaben	Militärische Beschaffungen, Anlagen usw.	Schulden-dienst
		2007	2007	2007	2007
		1000 €	1000 €	1000 €	1000 €
1	2	3	4	5	6
01	Bundespräsident und Bundes-präsidialamt	–	–	–	–
02	Deutscher Bundestag	–	–	–	–
03	Bundesrat	–	–	–	–
04	Bundeskanzlerin und Bundes-kanzleramt	–	–	–	–
05	Auswärtiges Amt	–	–	–	–
06	Bundesministerium des Innern	–	–	—	–
07	Bundesministerium der Justiz	–	–	–	–
08	Bundesministerium der Finanzen	–	–	–	–
09	Bundesministerium für Wirtschaft und Technologie	–	–	–	–
10	Bundesministerium für Ernährung Landwirtschaft und Verbraucherschutz ...	–	–	–	–
11	Bundesministerium für Arbeit und Soziales	–	–	–	–
12	Bundesministerium für Verkehr, Bau und Stadtentwicklung	–	–	–	–
14	Bundesministerium der Verteidigung	–	–	–	–
15	Bundesministerium für Gesundheit	–	–	–	–
16	Bundesministerium für Umwelt, Naturschutz und Reaktorsicherheit	–	–	–	–
17	Bundesministerium für Familie, Senioren, Frauen und Jugend	–	–	–	–
19	Bundesverfassungsgericht	–	–	–	–
20	Bundesrechnungshof	–	–	–	–
23	Bundesministerium für wirtschaftliche Zusammenarbeit und Entwicklung	–	–	–	–
30	Bundesministerium für Bildung und Forschung	–	–	–	–
32	Bundesschuld	–	–	–	- 100 000
60	Allgemeine Finanzverwaltung	–	–	–	–
	Summe Nachtrag 2007	–	–	–	**- 100 000**
	Bisherige Summe Haushalt 2007	26 203 838	8 258 869	8 654 498	39 278 383
	Neue Summe Haushalt 2007	26 203 838	8 258 869	8 654 498	39 178 383
	Summe Haushalt 2006	26 236 623	7 774 568	8 4250 851	37 556 990
	gegenüber 2006 mehr(+)/weniger(-)	- 32 785	484 301	228 647	1 621 393

Nachtrag zum Gesamtplan – Teil I: Haushaltsübersicht   Ausgaben

Zuweisungen und Zuschüsse (ohne Investitionen) 2007 1000 €	Ausgaben für Investitionen 2007 1000 €	Besondere Finanzierungsausgaben 2007 1000 €	Summe Spalten 3-9 2007 1000 €	Bisherige Gesamtausgaben 2007 1000 €	Neue Gesamtausgaben 2007 1000 €	Gesamt ausgaben 2006 1000 €	gegenüber 2006 mehr (+) weniger (–) 1000 €	Epl.
7	8	9	10	11	12	13	14	15
–	–	–	–	25 072	**25 072**	25 198	– 126	01
–	–	–	–	631 501	**631 501**	596 118	+ 35 383	02
–	–	–	–	21 023	**21 023**	20 457	+ 566	03
–	400 000	–	400 000	1 733 933	**2 133 933**	1 676 391	+ 455 542	04
–	–	–	–	2 510 897	**2 510 897**	2 390 523	+ 120 374	05
–	–	–	–	4 484 443	**4 484 443**	4 358 969	+ 125 474	06
–	–	–	–	453 107	**453 107**	441 114	+ 11 993	07
–	–	–	–	4 598 998	**4 598 998**	4 874 812	– 275 814	08
–	–	–	–	6 036 386	**6 036 386**	5 717 919	+ 318 467	09
–	–	–	–	5 171 544	**5 171 544**	5 090 241	+ 81 303	10
- 100 000	–	–	- 100 000	124 410 713	**124 410 713**	119 551 450	+ 4 759 263	11
–	–	–	–	24 606 669	**24 606 669**	23 737 337	+ 869 332	12
–	–	–	–	28 389 862	**28 389 862**	27 872 495	+ 517 367	14
–	–	–	–	2 920 437	**2 920 437**	4 598 424	- 1 677 987	15
–	–	–	–	844 025	**844 025**	789 918	+ 54 107	16
–	2 150 000	–	2 150 000	5 250 018	**7 400 018**	4 519 204	+ 2 880 814	17
–	–	–	–	20 370	**20 370**	20 678	– 308	19
–	–	–	–	109 265	**109 265**	109 081	+ 184	20
–	–	–	–	4 493 559	**4 493 559**	4 175 837	+ 317 722	23
–	–	–	–	8 518 605	**8 518 605**	8 025 766	+ 492 839	30
–	–	–	- 100 000	40 496 383	**40 396 383**	39 114 390	+ 1 281 993	32
- 580 000	–	–	- 580 000	4 773 190	**4 193 190**	3 891 678	+ 301 512	60
- 680 000	**2 550 000**	–	**1 770 000**	**270 500 000**	**272 270 000**	**261 600 000**	**+ 10 670 000**	
164 644 294	23 956 507	- 496 389	270 500 000					
163 964 294	26 505 507	- 496 389	272 270 000					
159 080 675	23 224 645	- 699 352	261 600 000					
4 883 619	3 281 862	202 963	+10 670 000					

Nachtrag zum Gesamtplan – Teil I:
Verpflichtungsermächtigungen und deren Fälligkeiten

Epl.	Bezeichnung	Verpflich-tungs-ermächti-gung 2007 1000 €	von dem Gesamtbetrag (Sp. 3) dürfen fällig werden				In künftigen Haushalts-jahren 1000 €
			2008 1000 €	2009 1000 €	2010 1000€	Folge-jahre 1000 €	
1	2	3	4	5	6	7	8
02	Deutscher Bundestag	–	–	–	–	–	–
04	Bundeskanzlerin und Bundeskanzleramt	–	–	–	–	–	–
05	Auswärtiges Amt.	–	–	–	–	–	–
06	Bundesministerium des Innern	–	–	–	–	–	–
08	Bundesministerium der Finanzen	–	–	–	–	–	–
09	Bundesministerium für Wirtschaft und Technologie	–	–	–	–	–	–
10	Bundesministerium für Ernährung, ... Landwirtschaft und Verbraucherschutz	–	–	–	–	–	–
11	Bundesministerium für Arbeit und Soziales	–	–	–	–	–	–
12	Bundesministerium für Verkehr, Bau und Stadtentwicklung	–	–	–	–	–	–
14	Bundesministerium der Verteidigung ..	–	–	–	–	–	–
15	Bundesministerium für Gesundheit ...	–	–	–	–	–	–
16	Bundesministerium für Umwelt, Naturschutz und Reaktorsicherheit ...	–	–	–	–	–	–
17	Bundesministerium für Familie, Senioren, Frauen und Jugend	–	–	–	–	–	–
20	Bundesrechnungshof	–	–	–	–	–	–
23	Bundesministerium für wirtschaftliche Zusammenarbeit und Entwicklung	–	–	–	–	–	–
30	Bundesministerium für Bildung und Forschung	–	–	–	–	–	–
60	Allgemeine Finanzverwaltung	–	–	–	–	–	–
	Summe Nachtrag 2007	–	–	–	–	–	–
	Bisherige Summe Haushalt 2007	47 887 084	10 867 252	8 217 056	5 344 845	8 232 951	15 224 980
	Neue Summe Haushalt 2007	47 887 084	10 867 252	8 217 056	5 344 845	8 232 951	15 224 980

Nachtrag zum Gesamtplan – Teil II: Finanzierungsübersicht

Finanzierungsübersicht	Bisheriger Betrag für 2007	Für 2007 treten hinzu	Neuer Betrag für 2007
	– 1000 € –		
1. Ermittlung des Finanzierungssaldos	**- 19 810 000**	**- 5 147 000**	**- 14 663 000**
1.1 Ausgaben .... (ohne Ausgaben zur Schuldentilgung am Kreditmarkt, Zuführungen an Rücklagen und Ausgaben zur Deckung eines kassenmäßigen Fehlbetrages)	270 500 000	1 770 000	272 270 000
1.2 Einnahmen .... (ohne Einnahmen aus Krediten vom Kreditmarkt, Einnahmen aus Rücklagen, Einnahmen aus kassenmäßigen Überschüssen und Münzeinnahmen)	250 690 000	6 917 000	257 607 000
2. Deckung des Finanzierungssaldo	**19 810 000**	**- 5 147 000**	**14 663 000**
2.1 Nettoneuverschuldung/Nettotilgung am Kreditmarkt .... (Saldo aus 2.1.1, 2.1.2, 2.1.3 und 2.1.4)	19 580 000	- 5 147 000	14 433 000
2.1.1 Einnahmen	(238 091 463)	(- 10 040 715)	(228 050 748)
2.1.1.1 aus Krediten vomKreditmarkt	237 957 413	- 10 745 998	227 211 415
2.1.1.2 aus sonstigen Einnahmen	134 050	705 283	839 333
2.1.2 Ausgaben zur Schuldentilgung	(216 384 543)	- 293 513	(216 091 030)
2.1.2.1 durch Kredite vom Kreditmarkt	216 250 493	- 998 796	215 251 697
2.1.2.2 durch sonstige Einnahmen	134 050	705 283	839 333
2.1.3 Ausgaben zur Deckung kassenmäßiger Fehlbeträge	–	–	–
2.1.4 Marktpflege	2 126 920	- 4 600 203	- 2 473 283
2.2 Einnahmen aus kassenmäßigen Überschüssen ..	–	–	–
2.3 Rücklagenbewegung	(–)	(–)	(–)
2.3.1 Entnahmen aus Rücklagen	–	–	–
2.3.2 Zuführung an Rücklagen	–	–	–
2.4 Münzeinnahmen	230 000	–	230 000

Nachtrag zum Gesamtplan – Teil III: Kreditfinanzierungsplan

Kreditfinanzierungsplan	Bisheriger Betrag für 2007	Für 2007 treten hinzu	Neuer Betrag für 2007
	– 1000 € –		
Im Haushaltsplan veranschlagte Netto-neuverschuldung (Saldo aus 1. und 2.)	**19 580 000**	**- 5 147 000**	**14 433 000**
1. **Einnahmen**	**238 091 463**	**- 10 040 715**	**228 050 748**
1.1 **Bruttokreditaufnahme**	(237 957 413)	(- 10 745 998)	(227 211 415)
1.1.1 aus Krediten vom Kreditmarkt:			
1.1.1.1 zur Anschlussfinanzierung für Tilgungen	216 250 493	- 998 795	215 251 698
1.1.1.2 zur Eigenbestandsveränderung (- = Abbau)	2 126 920	- 4 600 203	- 2 473 283
1.1.1.3 Nettokreditbedarf	19 580 000	- 5 147 000	14 433 000
1.1.2 voraussichtlich mit folgenden Laufzeiten:			
1.1.2.1 mehr als vier Jahre	102 870 350	- 5 598 461	97 271 889
1.1.2.2 ein bis vier Jahre	62 100 000	- 3 664 266	58 435 734
1.1.2.3 weniger als ein Jahr	72 987 063	- 1 483 271	71 503 792
1.2 **Sonstige Einnahmen**	**(134 050)**	**(705 283)**	**(839 333)**
1.2.1 zur Schuldentilgung	(134 050)	(705 283)	(839 333)
1.2.1.1 aus Einnahmen bei Kap. 6002 Tit. 133 01 gem. § 2 Abs. 2 Satz 3 HG 2007	–	–	–
1.2.1.2 aus Mehreinnahmen am Anteil des Bundes am Reingewinn der Deutschen Bundesbank bei Kap. 6002 Tit. 121 04 gem. § 2 Abs. 2 Satz 4 HG 2007	–	705 283	705 283
1.2.1.3 aus Länderbeiträgen in Höhe von 134 Mio. € nach dem Gesetz zur Regelung der Altschulden für gesellschaftliche Einrich tungen (ARG): Veranschlagung im Wirtschaftsplan des ELF (Kap. 6003)	134 050	–	134 050
2. **Ausgaben**	**218 511 463**	**- 4 893 715**	**213 617 748**
2. 1 **Ausgaben zur Schuldentilgung am Kreditmarkt** .	**(216 384 543)**	**- 293 513**	**(216 091 030)**
2.1.1 Tilgung von Schulden mit Laufzeiten von mehr als vier Jahren	(83 040 319)	(497 086)	(83 537 405)
2.1.1.1 Schuldbuchforderungen der Träger der Sozialversicherung	–	–	–
2.1.1.2 Anleihen	31 000 000	–	31 000 000
2.1.1.3 Bundesschatzbriefe	2 051 816	496 893	2 548 709
2.1.1.4 Schuldscheindarlehen	11 986 974	378	11 987 352
2.1.1.5 Bundesobligationen	38 000 000	–	38 000 000
2.1.1.6 Bereinigte Auslandsschulden (Londoner Schuldenabkommen)	1 529	- 95	1 434
2.1.17 Medium-Term-Note Programm der Treuhandanstalt	–	- 90	- 90
2.1.1.8 Sonstige	–	–	–
2.1.2 Tilgung von Schulden mit Laufzeiten von einem bis zu vier Jahren	(60 580 071)	(472 291)	(61 052 362)
2.1.2.1 Bundesschatzanweisungen	58 000 000	–	58 000 000
2.1.2.2 Unverzinsliche Schatzanweisungen	–	–	211 000
2.1.2.3 Finanzierungsschätze des Bundes	2 519 671	247 291	2 766 962

Nachtrag zum Gesamtplan – Teil III: Kreditfinanzierungsplan

Kreditfinanzierungsplan	Bisheriger Betrag für 2007	Für 2007 treten hinzu	Neuer Betrag für 2007
	1000 €		
2.1.2.4 Schuldscheindarlehen	60 400	14 000	74 000
2.1.2.5 Wertpapierpensionsgeschäfte (Repo-Geschäfte)	–	–	–
2.1.3 Tilgung von Schulden mit Laufzeiten von weniger als einem Jahr	72 764 153	- 1262 890	71 501 263
2.1.4 Deckung kassenmäßiger Fehlbeträge	–	–	–
2.2 Eigenbestandsveränderung (- = Abbau)	2 126 920	- 4600 203	- 2473 283

Sachwortverzeichnis